Statistiques de l'OCDE sur les assurances 2020

OCDE

DES POLITIQUES MEILLEURES POUR UNE VIE MEILLEURE

Ce document, ainsi que les données et cartes qu'il peut comprendre, sont sans préjudice du statut de tout territoire, de la souveraineté s'exerçant sur ce dernier, du tracé des frontières et limites internationales, et du nom de tout territoire, ville ou région.

Merci de citer cet ouvrage comme suit :
OCDE (2021), *Statistiques de l'OCDE sur les assurances 2020*, Éditions OCDE, Paris, *https://doi.org/10.1787/0561d9c7-fr*.

ISBN 978-92-64-88659-9 (imprimé)
ISBN 978-92-64-36343-4 (pdf)

Statistiques de l'OCDE sur les assurances
ISSN 2226-5791 (imprimé)
ISSN 2226-5805 (en ligne)

Les corrigenda des publications sont disponibles sur : *www.oecd.org/about/publishing/corrigenda.htm*.

Table des matières

Signes conventionnels et abréviations

Signes conventionnels

c	Donnée confidentielle
..	Non disponible
.	Point décimal
|	Rupture de série

Codes ISO des pays et abréviations monétaires ISO

	Code ISO	Unité monétaire	Abréviation
Australie	AUS	dollar	AUD
Autriche	AUT	euro	EUR
Belgique	BEL	euro	EUR
Canada	CAN	dollar	CAD
Chili	CHL	peso	CLP
Colombie	COL	Peso	COP
République tchèque	CZE	couronne	CZK
Danemark	DNK	couronne	DKK
Estonie	EST	euro	EUR
Finlande	FIN	euro	EUR
France	FRA	euro	EUR
Allemagne	DEU	euro	EUR
Grèce	GRC	euro	EUR
Hongrie	HUN	forint	HUF
Islande	ISL	couronne	ISK
Irlande	IRL	euro	EUR
Israël	ISR	shekel	ILS
Italie	ITA	euro	EUR
Japon	JPN	yen	JPY
Corée	KOR	won	KRW
Lettonie	LVA	euro	EUR
Lithuanie	LTU	euro	EUR
Luxembourg	LUX	euro	EUR
Mexique	MEX	peso	MXN
Pays-Bas	NLD	euro	EUR
Nouvelle-Zélande	NZL	dollar	NZD
Norvège	NOR	couronne	NOK
Pologne	POL	zloty	PLN
Portugal	PRT	euro	EUR
République slovaque	SVK	euro	EUR
Slovénie	SVN	euro	EUR
Espagne	ESP	euro	EUR
Suède	SWE	krona	SEK
Suisse	CHE	franc	CHF
Turquie	TUR	livre	TRY
Royaume-Uni	GBR	livre sterling	GBP
États-Unis	USA	dollar	USD

Définitions communes et notes

Notes sur les sources des données

Toutes les données dans cette publication ont été communiquées par les autorités nationales compétentes en matière d'assurance. En ce qui concerne les tableaux d'indicateurs comparatifs, les données sont surtout tirées des tableaux par pays. Les données sur les taux de change sont extraites de la base de données des Statistiques Financières Internationales du FMI. Les données sur la population sont extraites de la publication du FMI *Perspectives de l'économie mondiale.* Les données sur le PIB proviennent de la base de données OCDE des Comptes nationaux annuels pour les pays de l'OCDE et de la publication du FMI, *Perspectives de l'économie mondiale*, pour tous les autres pays.

Pour plus de clarté, le nombre de variables choisies et présentées dans cette publication a été limité. Les données ont été extraites de la base de données des statistiques des assurances au niveau mondial. La base de données complète peut être consultée en ligne en utilisant le lien suivant :

Statistiques des assurances de l'OCDE, *http://dx.doi.org/10.1787/ins-data-fr*.

Un effort important a été fait pour assurer la comparabilité entre les pays. Les définitions, classifications, méthodes de calcul, et unités ont été normalisées autant que possible.

Notes générales

a) Les catégories vie et non-vie correspondent aux définitions utilisées dans la législation nationale. Cependant, les primes pour les contrats d'assurance maladie et accidents conclus par les entreprises d'assurance-vie doivent être incluses dans les chiffres sur l'activité non-vie.

b) Jusqu'en 2008, les activités dans le secteur de l'assurance sont ventilées entre les opérations vie et non-vie. À partir de 2009, les activités sont décomposées entre les opérations des entreprises d'assurance-vie, celles des entreprises d'assurance non-vie et celles des entreprises mixtes. Les activités des entreprises mixtes sont ensuite subdivisées entre les opérations vie et non-vie. Certains pays n'autorisent pas les entreprises d'assurance à exercer à la fois des activités vie et non-vie et, par conséquent, il n'existe pas d'entreprises mixtes dans ces pays. Cependant, dans d'autres pays (comme l'Autriche, la Hongrie, le Mexique et l'Espagne), les entreprises mixtes représentent plus de 25% de l'ensemble des entreprises d'assurance opérant dans ces pays. Aussi, pour disposer au fil des ans de données comparables sur les opérations vie (respectivement non-vie), il faut additionner à partir de 2009 les opérations vie (respectivement non-vie) des entreprises d'assurance-vie (respectivement non-vie) et les opérations vie (respectivement non-vie) des entreprises mixtes.

c) Les chiffres fournis sur le nombre d'entreprises et les primes d'assurance doivent prendre en compte toutes les entreprises d'assurance agréées ou autorisées dans le pays déclarant, *y compris* les réassureurs professionnels, qu'ils soient ou non contrôlés, mais *à l'exclusion* de tout système réglementaire de sécurité sociale administré par l'État.

d) Les entreprises nationales signifient les entreprises constituées en sociétés en vertu du droit national, ainsi que les entreprises dans le pays déclarant qui ne sont pas constituées en sociétés, mais à l'exclusion des succursales et agences d'entreprises étrangères.

e) Les *entreprises sous contrôle étranger* signifient les entreprises nationales contrôlées par des intérêts étrangers, ce « contrôle » étant défini en fonction de la législation nationale (voir la définition des entreprises sous contrôle étranger dans les remarques par pays). Les données concernant les *entreprises sous contrôle étranger* sont intégrées dans celles sur les *entreprises nationales*.

f) Les *entreprises étrangères* signifient les entreprises constituées en sociétés en dehors du pays déclarant.

En 2016, un nouveau cadre de supervision pour les compagnies d'assurance et de réassurance a été mis en place dans l'Union Européenne (UE) et dans l'Espace Économique Européen (EEE). Ce cadre comprend des exigences de déclaration harmonisées entre les pays de l'UE/EEE. Ces exigences ont conduit à des changements dans la collecte des données nationales, ce qui peut limiter la comparabilité des données avec celles collectées avant 2016 pour certains pays qui collectent uniquement des données dans le cadre de Solvabilité II.

Comparaisons internationales

Voir les métadonnées détaillées : *http://metalinks.oecd.org/ins/20190221/2c3c.*

Tableaux et notes méthodologiques par pays

Dans cette partie, les principales statistiques des assurances sont présentées par l'intermédiaire de tableaux distincts par pays membre de l'OCDE. Les chiffres correspondent à l'année civile. Les primes et autres montants sont donnés en millions dans la monnaie nationale.

Comparaisons internationales

COMPARAISONS INTERNATIONALES

Tableau 1. Bilan et ressource, assurance directe (Toutes compagnies d'assurance)

2019

Millions de dollars des États-Unis

	Paiements bruts des sinistres	Dépenses brutes d'exploitation	Commissions	Provision, dommages exceptionnels (changements)	Actifs totaux	Provisions techniques brutes	Provisions techniques brutes, unit-linked	Capitaux propres	Revenu net
Argentina	6 862	2 625	1 595	1 784	20 205	5 524	..	4 709	1 350
Australie	52 005	9 993	2 740	..	206 314	157 767	..	28 862	1 985
Autriche	17 319	1 057	3 711	343	148 615	104 344	20 658	12 003	..
Belgique	27 893	3 185	3 744	1 999	348 142	293 394	50 075	18 713	2 809
Bolivie	303	226	56	..	1 120	500	..	1 700	38
Brésil	12 253	12 686	6 331	124	306 646	269 599	226 089	23 376	5 906
Canada	..	..	..	..	..	..	..	..	..
Chili	8 340	2 066	1 021	2 741	71 495	61 428	5 814	6 910	572
Colombie	4 869	3 316	762	-536	26 130	19 047	..	4 670	686
Costa Rica	686	318	238	74	4 456	1 637	0	2 031	126
Cuba	..	..	..	..	..	..	..	..	..
République tchèque	4 312	2 066	391	70	20 751	14 797	4 345	3 520	759
Danemark	26 267	2 498	287	46 783	559 802	448 062	196 784	28 992	2 841
République dominicaine	..	..	..	..	..	..	..	..	..
Équateur	736	300	133	435	2 156	364	0	647	103
Égypte	1 024	176	361	..	7 097	..	..	2 098	317
El Salvador	362	224	93	101	932	222	..	400	37
Estonie	524	214	..	..	2 240	1 301	616	468	83
Finlande	11 042	1 362	259	-210	84 959	75 172	..	7 118	1 214
France	273 111	54 646	..	79 891	3 309 617	2 602 374	437 243	211 457	14 481
Allemagne	188 540	17 286	23 183	8 130	1 914 031	1 741 282	142 569	70 364	2 852
Grèce	2 604	1 205	..	..	21 204	15 751	3 111	4 137	..
Guatemala	504	297	159	..	1 435	660	..	520	122
Honduras	383	66	114	..	718	233	..	284	877
Hong-Kong, Chine	..	..	..	..	..	..	..	..	..
Hongrie	2 344	985	600	81	9 934	8 443	4 330	1 040	241
Inde	62 747	..	..	..	..	..	..	..	..
Indonesie	13 234	2 716	2 572	29	46 277	34 031	17 955	8 453	1 599
Islande	451	114	..	..	1 270	767	59	522	110
Irlande	32 815	1 333	3 482	..	449 114	392 602	285 309	33 548	..
Israël[1]	11 991	1 909	2 238	670	177 442	156 740	109 929	7 725	531
Italie	113 770	16 057	12 714	-1 222	1 041 008	900 144	180 325	78 533	9 661
Japon	331 122	74 834	13 275	17 581	3 888 899	3 042 998	..	142 062	15 465
Corée	..	..	..	..	..	..	..	..	..
Lettonie	615	151	73	-9	1 589	1 186	444	297	38
Lithuanie	390	193	11	-30	1 576	1 081	314	352	54
Luxembourg	15 060	5 372	3 651	11 159	284 656	258 729	163 400	11 529	492
Malaysie	10 083	2 732	1 420	125	82 821	65 543	13 486	8 459	1 297
Mexique	15 994	1 838	4 082	5 111	88 782	68 266	..	12 412	3 012
Maroc	..	..	..	..	..	..	..	..	..
Pays-Bas	84 279	..	..	..	..	..	..	..	..
Nouvelle-Zélande	4 657	1 240	920	-63	14 723	8 614	891	5 319	790
Nicaragua	..	..	..	..	..	..	..	..	..
Norvège	13 801	2 470	517	-34	221 950	188 619	..	22 032	2 602
Panama	..	..	..	..	..	..	..	..	..
Paraguay	193	197	59	4	626	414	..	257	43
Pérou	2 294	1 241	738	93	16 199	11 972	..	2 630	455
Pologne	10 391	5 262	2 754	436	50 810	28 878	10 955	17 123	1 882
Portugal	10 111	1 899	910	76	63 072	34 230	14 310	6 258	324
Porto Rico	..	..	..	..	..	..	..	..	..
Russie	9 921	6 188	5 042	3 078	53 914	33 566	..	13 089	3 235
Singapour	17 176	2 050	2 471	..	222 745	181 751	29 973	21 235	2 883
République slovaque	1 748	975	..	..	9 658	6 097	1 727	585	..
Slovénie	1 752	559	129	16	8 668	6 249	1 424	1 725	181
Afrique du Sud	..	..	..	..	..	..	..	..	..
Espagne	52 105	10 780	6 500	353	381 476	260 658	20 553	49 774	5 280
Sri Lanka	..	..	..	..	..	..	..	..	..
Suède	16 470	3 505	1 034	30 064	558 283	208 105	..	135 484	28 657
Suisse	78 928	4 875	5 323	-19 546	531 113	391 046	24 551	62 447	11 625
Thaïlande	..	..	..	..	..	..	..	..	..
Tunisie	..	..	..	..	..	..	..	..	..
Turquie	5 678	2 192	1 745	869	38 991	14 594	..	4 783	1 321
Royaume-Uni	388 434	45 619	..	-6 247	3 326 986	2 796 445	1 750 288	220 992	..
États-Unis	1 507 074	411 355	144 318	90 642	6 979 973	1 234 737	..	1 545 954	141 310
Uruguay	600	297	183	478	5 270	4 360	..	627	97

.. Non disponible

Note : Voir les métadonnées détaillées sur : *http://metalinks.oecd.org/ins/20210324/9735.*

1. Informations sur les données concernant Israël : *http://oe.cd/israel-disclaimer.*

Source : *Bilan et ressource, Statistiques de l'OCDE sur les assurances (base de données)*

Tableau 2. Bilan et ressource, assurance directe (Compagnies d'assurance-vie)

2019

Millions de dollars des États-Unis

	Paiements bruts des sinistres	Dépenses brutes d'exploitation	Commissions	Provision, dommages exceptionnels (changements)	Actifs totaux	Provisions techniques brutes	Provisions techniques brutes, unit-linked	Capitaux propres	Revenu net
Argentina	223	99	17	-1	3 169	2 559	..	363	167
Australie	27 522	4 389	1 427	..	125 305	102 201	..	12 458	52
Autriche	1 070	38	81	7	12 514	10 280	3 877	305	..
Belgique	777	67	75	-11	13 266	11 273	1 433	988	67
Bolivie	134	105	28	..	693	415	..	676	18
Brésil	574	1 555	214	-37	158 597	153 176	144 799	3 468	656
Canada	..	..	..	..	..	..	..	..	..
Chili	6 241	1 256	497	2 570	63 544	55 388	5 814	5 541	467
Colombie	2 377	1 576	281	-410	16 182	12 352	..	2 990	529
Costa Rica	..	..	..	..	..	..	..	..	..
Cuba	..	..	..	..	..	..	..	..	..
République tchèque	269	108	3	3	2 175	1 971	1 004	113	31
Danemark	19 199	814	52	46 404	533 649	433 672	196 784	20 901	1 476
République dominicaine	..	..	..	..	..	..	..	..	..
Équateur	95	45	1	14	266	135	0	62	11
Égypte	470	73	140	..	3 909	..	..	759	132
El Salvador	65	94	38	61	319	104	..	104	12
Estonie	.. c	.. c	..	..	.. c	.. c	.. c	..	..
Finlande	8 104	431	125	91	68 934	64 255	..	2 967	610
France	152 479	19 104	..	78 721	520 001	444 531	81 286	..	..
Allemagne	85 053	4 219	6 373	386	1 284 779	1 205 942	142 507	20 489	961
Grèce	280	51	..	..	4 080	3 483	201	505	..
Guatemala	..	..	..	..	..	..	..	..	..
Honduras	48	0	27	..	0	0	..	0	0
Hong-Kong, Chine	..	..	..	..	..	..	..	..	..
Hongrie	639	118	57	24	2 964	2 904	1 188	203	18
Inde	46 216	..	..	..	..	..	..	..	..
Indonesie	10 698	1 746	1 403	9	41 335	31 609	17 955	3 900	1 008
Islande	19	12	..	..	153	72	59	52	22
Irlande	24 397	704	1 683	..	372 497	344 577	285 309	16 436	..
Israël[1]	..	..	..	..	..	..	..	..	..
Italie	25 593	1 129	749	19	288 535	272 303	98 695	10 070	1 366
Japon	274 909	43 862	..	18 100	3 613 018	3 042 998	..	105 793	11 407
Corée	..	..	..	..	..	..	..	..	..
Lettonie	..	..	..	..	..	..	..	..	..
Lithuanie	39	19	0	0	367	327	278	34	12
Luxembourg	13 606	1 439	733	46	240 575	229 805	163 400	4 081	420
Malaysie	7 364	1 616	1 094	..	71 971	60 416	13 486	3 670	742
Mexique	1 067	88	98	92	19 762	17 903	..	1 585	296
Maroc	..	..	..	..	..	..	..	..	..
Pays-Bas	22 238	..	..	..	..	..	..	..	..
Nouvelle-Zélande	600	237	134	242	4 667	2 603	422	1 907	199
Nicaragua	..	..	..	..	..	..	..	..	..
Norvège	6 918	954	104	..	194 164	175 459	..	12 748	933
Panama	..	..	..	..	..	..	..	..	..
Paraguay	0	0	0	..	..	19	..	..	..
Pérou	270	163	87	2	1 236	1 588	..	316	50
Pologne	4 504	1 362	708	439	24 841	16 045	10 955	7 029	673
Portugal	3 516	323	147	1	34 385	16 972	14 026	1 609	36
Porto Rico	..	..	..	..	..	..	..	..	..
Russie	2 226	461	1 375	26	21 188	18 151	..	2 078	869
Singapour	7 722	582	1 219	..	120 297	103 077	20 046	6 430	1 376
République slovaque	197	185	..	..	2 066	1 104	719	167	..
Slovénie	..	..	..	..	..	..	..	..	..
Afrique du Sud	..	..	..	..	..	..	..	..	..
Espagne	2 786	458	252	-22	28 530	21 262	3 171	2 646	271
Sri Lanka	..	..	..	..	..	..	..	..	..
Suède	7 729	1 443	388	3 213	485 626	172 484	..	117 546	24 512
Suisse	52 819	1 105	856	-17 025	339 641	296 029	24 539	14 896	1 522
Thaïlande	..	..	..	..	..	..	..	..	..
Tunisie	..	..	..	..	..	..	..	..	..
Turquie	842	723	538	26	25 982	2 407	..	1 620	641
Royaume-Uni	286 093	10 533	..	-9 701	2 466 502	2 156 448	1 607 862	98 574	..
États-Unis	401 890	75 232	52 348	44 760	4 496 210	20 314	..	475 257	51 474
Uruguay	0	0	0	0	0	0	..	0	0

.. Non disponible ; c Donnée confidentielle

Note : Voir les métadonnées détaillées sur : *http://metalinks.oecd.org/ins/20210324/9735.*

1. Informations sur les données concernant Israël : *http://oe.cd/israel-disclaimer.*

Source : *Bilan et ressource, Statistiques de l'OCDE sur les assurances (base de données)*

Tableau 3. Bilan et ressource, assurance directe (Compagnies d'assurance non-vie)

2019

Millions de dollars des États-Unis

	Paiements bruts des sinistres	Dépenses brutes d'exploitation	Commissions	Provision, dommages exceptionnels (changements)	Actifs totaux	Provisions techniques brutes	Provisions techniques brutes, unit-linked	Capitaux propres	Revenu net
Argentina	3 134	685	332	858	5 839	523	..	1 132	147
Australie	24 484	5 604	1 314	..	81 009	55 566	..	16 403	1 933
Autriche	2 194	149	861	30	16 562	4 638	0	5 220	..
Belgique	1 723	403	825	1 313	20 474	12 239	..	3 334	98
Bolivie	169	121	29	..	427	84	..	1 024	20
Brésil	1 476	1 387	778	-124	7 139	4 320	0	1 483	261
Canada	..	..	..	..	..	..	..	..	..
Chili	2 099	810	524	171	7 952	6 040	0	1 369	105
Colombie	2 492	1 740	481	-126	9 947	6 696	0	1 680	157
Costa Rica	25	14	12	0	98	52	0	32	2
Cuba	..	..	..	..	..	..	..	..	..
République tchèque	215	204	32	10	691	324	0	217	24
Danemark	7 068	1 684	236	379	26 153	14 391	0	8 091	1 365
République dominicaine	..	..	..	..	..	..	..	..	..
Équateur	51	30	21	32	192	14	0	70	2
Égypte	554	103	220	..	3 188	..	..	1 339	185
El Salvador	176	54	22	14	232	38	..	125	2
Estonie	384	176	..	..	1 053	459	0	468	83
Finlande	2 939	931	133	-301	16 025	10 917	..	4 151	603
France	120 633	35 542	..	1 169	345 718	154 154	..	..	..
Allemagne	103 487	13 067	16 811	7 744	629 252	535 340	62	49 875	1 891
Grèce	293	287	..	..	2 055	1 033	0	791	..
Guatemala	19	18	7	..	149	33	..	82	13
Honduras	144	0	30	..	0	0	..	0	0
Hong-Kong, Chine	..	..	..	..	..	..	..	..	..
Hongrie	111	86	55	23	437	213	0	153	17
Inde	16 530	..	..	..	..	..	..	..	..
Indonesie	2 536	970	1 169	19	4 942	2 422	..	4 553	591
Islande	432	103	..	..	1 117	695	0	469	88
Irlande	7 328	629	1 662	..	76 617	48 025	..	17 112	..
Israël[1]	664	9	97	190	4 901	3 542	0	649	130
Italie	6 714	3 432	2 683	-163	28 023	17 061	..	7 597	696
Japon	56 213	30 972	13 275	-519	275 880	..	..	36 268	4 059
Corée	..	..	..	..	..	..	..	..	..
Lettonie	452	132	67	-9	769	492	..	178	29
Lithuanie	292	156	11	-28	822	462	0	233	35
Luxembourg	1 455	3 933	2 918	11 113	44 081	28 925	0	7 448	72
Malaysie	2 719	1 116	326	125	10 850	5 127	0	4 789	555
Mexique	1 693	469	583	1 293	8 731	4 792	..	2 160	448
Maroc	..	..	..	..	..	..	..	..	..
Pays-Bas	62 040	..	..	..	..	..	..	..	..
Nouvelle-Zélande	3 504	753	559	-341	8 784	5 557	0	2 619	512
Nicaragua	..	..	..	..	..	..	..	..	..
Norvège	6 883	1 515	413	-34	27 786	13 161	..	9 284	1 670
Panama	..	..	..	..	..	..	..	..	..
Paraguay	0	0	0	..	..	188	..	..	..
Pérou	410	245	126	-4	2 067	558	..	344	40
Pologne	5 888	3 900	2 046	-3	25 968	12 833	0	10 094	1 209
Portugal	1 735	614	319	21	4 317	2 465	0	1 131	113
Porto Rico	..	..	..	..	..	..	..	..	..
Russie	6 929	5 289	3 370	2 881	29 846	14 272	..	9 645	2 169
Singapour	3 061	757	164	..	19 973	10 039	0	7 503	445
République slovaque	20	43	..	..	142	77	..	8	..
Slovénie	485	64	1	8	340	117	..	177	15
Afrique du Sud	..	..	..	..	..	..	..	..	..
Espagne	11 127	3 461	1 821	137	30 022	15 540	0	9 258	1 132
Sri Lanka	..	..	..	..	..	..	..	..	..
Suède	8 741	2 062	646	26 851	72 656	35 621	..	17 938	4 146
Suisse	26 110	3 770	4 467	-2 521	191 473	95 018	11	47 551	10 103
Thaïlande	..	..	..	..	..	..	..	..	..
Tunisie	..	..	..	..	..	..	..	..	..
Turquie	4 836	1 469	1 207	842	13 009	12 187	..	3 163	680
Royaume-Uni	26 006	13 078	..	-238	116 596	63 681	..	32 554	..
États-Unis	1 105 184	336 123	91 970	45 882	2 483 763	1 214 423	..	1 070 697	89 836
Uruguay	19	13	6	4	56	23	..	25	1

.. Non disponible

Note : Voir les métadonnées détaillées sur : *http://metalinks.oecd.org/ins/20210324/9735*.

1. Informations sur les données concernant Israël : *http://oe.cd/israel-disclaimer*.

Source : *Bilan et ressource, Statistiques de l'OCDE sur les assurances (base de données)*

Tableau 4. Allocation de portefeuille, assurance directe (Toutes compagnies d'assurance)

2019

Millions de dollars des États-Unis

	Numéraires et dépôts	Immobilier	Actions	Bons et obligations	Emprunts	Fonds communs de placement	Fonds de capital-investissement	Fonds spéculatifs	Produits structurés	Placements en unités de compte	Total des investissements
Argentina	327	358	965	7 267	54	4 603	0	0	0	0	15 791
Australie	5 904	3 248	7 601	50 436	2 358	7 721	..	..	..	70 988	148 785
Autriche	3 966	10 684	16 236	56 665	4 735	26 281	148	0	1 269	21 395	141 466
Belgique	8 723	10 423	19 321	225 757	41 038	17 154	1 012	..	1 391	49 763	376 102
Bolivie	32	118	8	409	43	0	51	0	0	0	661
Brésil	464	313	424	23 797	130	19 665	6 945	456	0	224 098	276 337
Canada	..	..	..	..	..	..	..	..	..	..	..
Chili	1 794	9 223	614	32 435	8 060	5 499	0	0	0	5 344	62 946
Colombie	767	10	1 638	14 934	46	691	469	0	58	0	18 952
Costa Rica	245	0	130	2 819	438	41	0	0	0	0	3 673
Cuba	..	..	..	..	..	..	..	..	..	..	..
République tchèque	..	..	..	..	..	..	..	..	..	..	..
Danemark	12 215	1 643	149 180	120 153	5 654	18 641	..	..	..	207 732	559 802
République dominicaine	..	..	..	..	..	..	..	..	..	..	..
Équateur	37	155	29	631	0	0	221	0	0	0	1 073
Égypte	..	..	..	..	..	..	..	..	..	..	..
El Salvador	269	7	0	248	34	12	..	..	..	..	574
Estonie	..	..	..	..	..	..	..	..	..	..	..
Finlande	5 151	1 491	3 565	15 761	1 550	6 616	..	..	..	45 928	82 443
France	..	..	..	..	..	..	..	..	..	..	..
Allemagne	15 986	35 732	162 106	912 979	119 093	699 193	7 267	..	20 244	141 432	2 116 673
Grèce	953	775	224	12 701	124	1 377	0	0	6	3 068	19 673
Guatemala	235	49	17	553	5	..	..	..	..	..	972
Honduras	32	5	284	0	20	0	0	0	0	0	661
Hong-Kong, Chine	..	..	..	..	..	..	..	..	..	..	..
Hongrie	256	140	87	4 511	19	363	..	..	..	4 359	9 920
Inde	..	..	..	..	..	..	..	..	..	..	..
Indonesie	3 739	1 162	3 968	9 417	15	7 122	..	..	..	17 732	43 186
Islande	89	22	299	506	20	213	..	..	..	59	1 209
Irlande	..	..	..	..	..	..	..	..	..	..	..
Israël[1]	3 940	2 590	1 641	31 756	5 997	1 967	2 020	130	66	109 987	161 988
Italie	8 604	6 429	69 022	565 366	5 138	..	..	..	..	180 536	970 295
Japon	..	..	..	..	..	..	..	..	..	..	..
Corée	..	..	..	..	..	..	..	..	..	..	..
Lettonie	117	21	10	664	28	142	1	0	0	450	1 439
Lithuanie	59	8	16	765	12	86	0	0	1	337	1 317
Luxembourg	3 125	270	2 393	41 139	91	7 047	..	..	..	164 359	273 519
Malaysie	5 604	1 226	7 660	38 094	2 986	..	..	..	..	14 513	79 537
Mexique	554	921	817	52 550	1 484	10 733	0	..	..	..	71 319
Maroc	..	..	..	..	..	..	..	..	..	..	..
Pays-Bas	..	..	..	..	..	..	..	..	..	..	..
Nouvelle-Zélande	1 743	46	446	5 681	..	3 306	..	..	..	..	11 428
Nicaragua	..	..	..	..	..	..	..	..	..	..	..
Norvège	1 559	16 779	11 233	76 202	17 085	38 801	..	..	..	45 448	211 431
Panama	..	..	..	..	..	..	..	..	..	..	..
Paraguay	57	16	6	231	1	0	0	0	0	0	311
Pérou	850	1 008	676	9 777	7	663	5	0	0	0	13 775
Pologne	1 137	736	6 714	22 042	865	4 200	40	9	4	11 950	47 615
Portugal	2 405	441	3 529	33 946	98	2 577	92	1	227	14 382	57 622
Porto Rico	..	..	..	..	..	..	..	..	..	..	..
Russie	12 005	1 046	3 269	23 895	380	110	..	..	..	..	40 858
Singapour	..	..	..	..	..	..	..	..	..	..	..
République slovaque	..	..	..	..	..	..	0	0	0	437	..
Slovénie	210	295	693	4 541	26	423	..	..	7	1 907	8 112
Afrique du Sud	..	..	..	..	..	..	..	..	..	..	..
Espagne	20 020	13 003	18 252	257 081	2 833	15 040	710	957	6 287	25 379	352 281
Sri Lanka	..	..	..	..	..	..	..	..	..	..	..
Suède	10 511	12 774	152 763	145 404	10 619	69 183	..	..	..	155 087	576 231
Suisse	19 884	47 866	21 560	197 350	55 508	21 442	3 940	2 444	168	21 089	450 143
Thaïlande	..	..	..	..	..	..	..	..	..	..	..
Tunisie	..	..	..	..	..	..	..	..	..	..	..
Turquie	7 612	89	424	3 508	39	356	..	..	..	980	13 007
Royaume-Uni	94 573	4 911	19 324	368 602	71 764	56 472	573	1 697	126	1 521 955	2 141 128
États-Unis	..	..	..	..	..	..	..	..	..	..	..
Uruguay	526	12	7	4 194	7	0	0	0	0	0	4 747

.. Non disponible

Note : Voir les métadonnées détaillées sur : *http://metalinks.oecd.org/ins/20210324/4f6b*.

1. Informations sur les données concernant Israël : *http://oe.cd/israel-disclaimer*.

Source : *Encours des placements des entreprises d'assurance directe, Statistiques de l'OCDE sur les assurances (base de données)*

Tableau 5. Allocation de portefeuille, assurance directe (Compagnies d'assurance-vie)

2019

Millions de dollars des États-Unis

	Numéraires et dépôts	Immobilier	Actions	Bons et obligations	Emprunts	Fonds communs de placement	Fonds de capital-investissement	Fonds spéculatifs	Produits structurés	Placements en unités de compte	Total des investissements
Argentina	9	36	12	1 836	2	834	0	0	0	0	3 081
Australie	3 002	3 164	6 674	21 500	636	..	..	..	..	70 988	106 188
Autriche	89	9	98	3 193	194	4 836	5	..	50	3 906	12 384
Belgique	618	329	582	6 327	2 415	1 731	19	..	295	1 436	14 006
Bolivie	24	92	4	288	43	0	42	0	0	0	493
Brésil	136	36	8	5 759	130	5 670	128	171	0	144 020	156 080
Canada	..	..	..	..	..	..	..	..	..	..	..
Chili	1 334	9 163	599	30 970	8 046	5 350	0	0	0	5 344	60 714
Colombie	499	4	1 085	11 586	41	511	405	..	45	..	14 471
Costa Rica	..	..	..	..	..	..	..	..	..	..	..
Cuba	..	..	..	..	..	..	..	..	..	..	..
République tchèque	..	..	..	..	..	..	..	..	..	..	..
Danemark	9 132	1 282	144 698	105 564	5 141	17 070	..	..	..	207 732	533 649
République dominicaine	..	..	..	..	..	..	..	..	..	..	..
Équateur	0	8	3	159	0	0	41	0	0	0	210
Égypte	..	..	..	..	..	..	..	..	..	..	..
El Salvador	108	6	0	117	6	2	..	..	..	..	240
Estonie	..	..	..	..	..	..	..	..	..	..	..
Finlande	3 344	783	1 818	11 708	875	3 197	..	..	..	45 928	68 322
France	..	..	..	..	..	..	..	..	..	..	..
Allemagne	6 893	22 485	69 592	584 772	97 350	484 082	3 865	..	15 343	141 370	1 427 913
Grèce	171	5	102	3 389	0	33	0	0	0	214	3 998
Guatemala	..	..	..	..	..	..	..	..	..	..	..
Honduras	..	..	..	..	..	..	..	..	..	..	..
Hong-Kong, Chine	..	..	..	..	..	..	..	..	..	..	..
Hongrie	65	7	11	1 647	4	114	..	..	..	1 202	3 060
Inde	..	..	..	..	..	..	..	..	..	..	..
Indonesie	1 741	1 090	3 043	7 894	12	5 787	..	..	..	17 732	37 299
Islande	4	0	3	64	0	10	..	..	..	59	140
Irlande	..	..	..	..	..	..	..	..	..	..	..
Israël[1]	..	..	..	..	..	..	..	..	..	..	..
Italie	2 349	299	5 449	149 655	82	..	..	..	..	98 810	278 158
Japon	96 893	55 216	172 642	1 745 352	277 816	..	..	..	..	..	3 524 556
Corée	..	..	..	..	..	..	..	..	..	..	..
Lettonie	..	..	..	..	..	..	..	..	..	..	..
Lithuanie	17	0	0	63	0	2	0	0	0	279	362
Luxembourg	1 493	60	1 644	23 316	91	6 221	..	..	..	164 359	237 756
Malaysie	3 431	1 096	7 480	35 394	2 976	..	..	..	..	14 513	69 917
Mexique	8	22	9	18 239	235	9	0	..	..	..	19 469
Maroc	..	..	..	..	..	..	..	..	..	..	..
Pays-Bas	..	..	..	..	..	..	..	..	..	..	..
Nouvelle-Zélande	496	20	211	2 421	..	2 328	..	..	..	..	5 634
Nicaragua	..	..	..	..	..	..	..	..	..	..	..
Norvège	721	15 979	9 672	66 050	16 734	34 786	..	..	..	45 448	193 237
Panama	..	..	..	..	..	..	..	..	..	..	..
Paraguay	..	..	..	..	..	..	..	..	..	..	..
Pérou	167	161	79	1 327	3	45	0	0	0	0	1 802
Pologne	659	168	547	9 095	380	1 751	0	0	4	11 950	24 558
Portugal	551	149	222	17 260	92	531	26	0	33	14 126	32 977
Porto Rico	..	..	..	..	..	..	..	..	..	..	..
Russie	3 975	117	212	15 922	5	19	..	..	..	..	20 333
Singapour	..	..	..	..	..	..	..	..	..	..	..
République slovaque	77	3	..	802	4	36	0	0	0	711	1 757
Slovénie	..	..	..	..	..	..	..	..	..	..	..
Afrique du Sud	..	..	..	..	..	..	..	..	..	..	..
Espagne	1 443	314	446	21 935	260	721	134	24	1 173	4 542	30 857
Sri Lanka	..	..	..	..	..	..	..	..	..	..	..
Suède	8 544	10 038	134 933	123 723	8 592	58 423	..	..	..	152 301	513 852
Suisse	9 165	39 883	15 049	152 816	43 144	10 961	2 618	1 404	102	21 076	309 808
Thaïlande	..	..	..	..	..	..	..	..	..	..	..
Tunisie	..	..	..	..	..	..	..	..	..	..	..
Turquie	1 858	43	46	697	39	106	..	..	..	980	3 768
Royaume-Uni	5 759	2 971	7 322	194 187	63 237	32 907	174	940	118	1 506 746	1 811 763
États-Unis	109 889	23 118	162 316	3 075 418	685 147	..	..	28 910	1 960	..	4 317 979
Uruguay	0	0	0	0	0	0	0	0	0	0	0

.. Non disponible

Note : Voir les métadonnées détaillées sur : *http://metalinks.oecd.org/ins/20210324/4f6b.*

1. Informations sur les données concernant Israël : *http://oe.cd/israel-disclaimer.*

Source : *Encours des placements des entreprises d'assurance directe, Statistiques de l'OCDE sur les assurances (base de données)*

Tableau 6. Allocation de portefeuille, assurance directe (Compagnies d'assurance non-vie)

2019

Millions de dollars des États-Unis

	Numéraires et dépôts	Immobilier	Actions	Bons et obligations	Emprunts	Fonds communs de placement	Fonds de capital-investissement	Fonds spéculatifs	Produits structurés	Placements en unités de compte	Total des investissements
Argentina	73	83	96	1 957	2	1 712	0	0	0	0	4 806
Australie	2 903	83	927	28 936	1 722	7 721	..	..	..	..	42 596
Autriche	1 751	824	8 326	1 598	205	2 265	0	..	4	0	14 974
Belgique	854	526	1 601	6 831	288	2 503	1	..	75	..	12 701
Bolivie	8	27	4	121	0	0	9	0	0	0	169
Brésil	47	6	13	2 019	0	1 148	1	22	0	0	3 256
Canada	..	..	..	..	..	..	..	..	..	..	..
Chili	460	60	15	1 464	14	149	0	0	0	0	2 232
Colombie	268	6	553	3 348	5	180	63	..	13	..	4 481
Costa Rica	11	0	0	47	16	0	0	0	0	0	73
Cuba	..	..	..	..	..	..	..	..	..	..	..
République tchèque	..	..	..	..	..	..	..	..	..	..	..
Danemark	3 083	360	4 482	14 590	513	1 571	..	..	..	0	26 153
République dominicaine	..	..	..	..	..	..	..	..	..	..	..
Équateur	4	11	3	43	0	0	29	0	0	0	91
Égypte	..	..	..	..	..	..	..	..	..	..	..
El Salvador	53	0	0	37	2	2	..	..	..	..	94
Estonie	175	0	1	721	3	28	0	0	0	0	931
Finlande	1 806	708	1 747	4 053	675	3 419	..	..	..	..	14 121
France	..	..	..	..	..	..	..	..	..	..	..
Allemagne	9 093	13 247	92 514	328 207	21 743	215 111	3 403	..	4 901	62	688 760
Grèce	238	181	36	1 087	2	223	0	0	1	0	1 814
Guatemala	38	3	0	71	2	..	..	..	..	..	131
Honduras	..	..	..	..	..	..	..	..	..	..	..
Hong-Kong, Chine	..	..	..	..	..	..	..	..	..	..	..
Hongrie	39	6	0	313	0	6	..	..	..	0	375
Inde	..	..	..	..	..	..	..	..	..	..	..
Indonesie	1 998	73	925	1 523	3	1 335	..	..	..	..	5 887
Islande	85	22	296	442	20	203	..	..	..	0	1 069
Irlande	..	..	..	..	..	..	..	..	..	..	..
Israël[1]	318	63	107	1 746	233	969	77	13	5	0	3 560
Italie	713	489	2 193	14 199	28	..	..	..	..	0	20 499
Japon	18 718	7 806	49 441	64 805	13 842	..	..	..	..	..	242 586
Corée	..	..	..	..	..	..	..	..	..	..	..
Lettonie	85	21	10	441	28	28	0	0	0	0	616
Lithuanie	33	8	6	446	5	54	0	0	0	0	582
Luxembourg	1 632	210	749	17 823	0	826	..	..	..	0	35 763
Malaysie	2 172	130	179	2 700	10	..	..	..	..	..	9 620
Mexique	172	213	97	3 362	38	120	0	..	..	..	4 329
Maroc	..	..	..	..	..	..	..	..	..	..	..
Pays-Bas	..	..	..	..	..	..	..	..	..	..	..
Nouvelle-Zélande	894	2	45	2 168	..	671	..	..	..	..	3 814
Nicaragua	..	..	..	..	..	..	..	..	..	..	..
Norvège	838	800	1 560	10 152	351	4 015	..	..	..	..	18 194
Panama	..	..	..	..	..	..	..	..	..	..	..
Paraguay	..	..	..	..	..	..	..	..	..	..	..
Pérou	77	66	110	184	0	32	0	0	0	0	625
Pologne	478	568	6 167	12 946	485	2 448	40	9	0	0	23 057
Portugal	210	110	46	2 458	4	148	5	0	17	0	2 998
Porto Rico	..	..	..	..	..	..	..	..	..	..	..
Russie	7 473	876	2 664	6 815	335	45	..	..	..	..	18 217
Singapour	..	..	..	..	..	..	..	..	..	..	..
République slovaque	26	..	..	..	..	..	0	0	0	..	33
Slovénie	31	20	1	215	..	9	..	..	..	..	276
Afrique du Sud	..	..	..	..	..	..	..	..	..	..	..
Espagne	2 717	2 278	2 688	9 550	484	4 534	172	201	117	0	22 827
Sri Lanka	..	..	..	..	..	..	..	..	..	..	..
Suède	1 967	2 736	17 829	21 681	2 027	10 760	..	..	..	2 786	62 379
Suisse	10 719	7 983	6 511	44 534	12 364	10 481	1 322	1 040	66	12	140 335
Thaïlande	..	..	..	..	..	..	..	..	..	..	..
Tunisie	..	..	..	..	..	..	..	..	..	..	..
Turquie	5 754	45	378	2 811	..	251	..	..	..	0	9 239
Royaume-Uni	2 610	197	1 833	17 604	580	3 260	3	0	0	0	26 230
États-Unis	157 630	19 705	556 334	1 300 170	23 350	..	..	0	15	..	2 230 969
Uruguay	9	0	0	24	0	0	0	0	0	0	32

.. Non disponible

Note : Voir les métadonnées détaillées sur : *http://metalinks.oecd.org/ins/20210324/4f6b.*

1. Informations sur les données concernant Israël : *http://oe.cd/israel-disclaimer.*

Source : *Encours des placements des entreprises d'assurance directe, Statistiques de l'OCDE sur les assurances (base de données)*

Tableau 7. Primes brutes totales (Vie et Non-vie)

Millions de dollars des États-Unis

	2012	2013	2014	2015	2016	2017	2018	2019
Argentina	13 983	16 643	18 622	19 376	19 749	18 519	20 137	12 574
Australie	85 880	87 591	97 011	78 796	74 145	72 339	69 991	61 277
Autriche	..	25 084	25 102	21 091	20 647	20 485	21 880	21 090
Belgique	41 936	37 521	38 345	30 746	30 432	30 839	33 703	35 152
Bolivie	316	..	..	..	468	499	549	610
Brésil	..	..	69 867	55 519	58 914	66 431	61 462	62 990
Canada	97 020	98 512	93 189	83 612	81 909	87 408	87 012	..
Chili	11 298	11 776	10 976	11 413	12 401	12 860	14 006	12 893
Colombie	9 144	10 207	9 690	8 003	8 050	8 978	9 409	9 392
Costa Rica	927	1 036	1 157	1 049	1 211	1 319	1 333	1 416
Cuba	..	..	..	..	..	..	..	..
République tchèque	7 846	7 998	7 608	6 173	6 002	6 402	7 052	7 214
Danemark	32 745	225 775	37 098	31 997	33 498	37 549	40 976	38 589
République dominicaine	..	..	..	..	..	..	1 222	..
Équateur	..	..	..	2 316	2 135	..	..	1 797
Égypte	..	..	..	..	..	..	..	1 968
El Salvador	503	546	572	609	619	..	658	702
Estonie	617	774	839	764	815	924	1 092	1 102
Finlande	9 352	13 061	14 125	11 917	10 012	10 084	5 156	6 744
France	258 641	275 750	294 033	250 873	314 251	314 319	338 708	332 471
Allemagne	302 739	333 713	338 764	293 086	294 660	311 208	335 669	344 268
Grèce	5 781	5 407	5 056	3 964	3 908	4 213	4 485	4 538
Guatemala	611	683	749	804	856	953	964	1 006
Honduras	..	368	379	398	..	..	631	624
Hong-Kong, Chine	33 191	37 856	43 121	47 901	59 301	64 310	69 089	..
Hongrie	3 377	3 582	3 584	2 991	3 146	3 484	3 767	3 955
Inde	..	..	..	70 878	..	100 841	..	..
Indonesie	16 249	15 782	14 325	14 629	17 290	19 483	18 967	19 763
Islande	404	419	444	420	487	611	652	612
Irlande	45 586	45 314	52 557	48 802	54 182	49 821	48 129	49 889
Israël[1]	12 471	13 941	14 366	14 117	15 142	17 427	18 560	19 324
Italie	138 232	161 161	193 455	165 854	151 423	150 732	163 781	158 241
Japon	475 139	349 905	347 080	313 822	434 737	390 096	402 773	399 088
Corée	163 016	169 166	187 090	183 675	185 593	189 491	192 869	..
Lettonie	574	626	687	589	589	730	893	960
Lithuanie	665	753	798	716	786	895	1 037	1 059
Luxembourg	25 168	24 705	28 945	21 278	20 289	24 314	24 539	28 130
Malaysie	16 338	16 974	17 588	15 346	15 100	15 156	16 716	17 667
Mexique	23 596	27 184	27 349	24 929	24 150	26 569	28 250	31 346
Maroc	..	..	..	..	..	..	..	..
Pays-Bas	51 267	51 142	48 603	37 399	77 358	80 465	86 997	..
Nouvelle-Zélande	4 590	5 139	5 359	4 657	4 753	5 144	..	7 258
Nicaragua	138	157	178	191	204	..	224	..
Norvège	25 748	25 536	26 461	20 647	20 210	20 407	21 993	22 064
Panama	1 159	1 316	..	..	..	..	..	1 707
Paraguay	226	363	..	428	368	390	..	438
Pérou	3 041	3 392	3 602	3 709	3 354	3 500	3 938	4 263
Pologne	19 231	18 307	17 412	14 539	14 213	16 495	17 211	16 627
Portugal	13 559	17 003	18 667	13 945	12 079	12 941	14 868	13 338
Porto Rico	..	9 610	9 108	11 145	13 470	..	..	..
Russie	..	..	26 658	17 299	18 218	22 517	24 301	23 675
Singapour	24 947	27 186	30 379	30 331	33 160	36 830	..	44 929
République slovaque	2 772	2 959	2 986	2 400	..	5 047	..	2 823
Slovénie	2 816	2 808	2 783	2 386	2 416	2 596	2 863	2 963
Afrique du Sud	51 452	54 268	51 527	47 054	42 473	..	..	..
Espagne	72 880	77 177	76 604	65 514	73 655	74 242	78 578	74 106
Sri Lanka	..	..	746	931	..	1 128	1 147	..
Suède	24 669	27 203	49 890	40 254	39 107	44 382	49 044	48 704
Suisse	70 214	74 264	74 480	70 367	67 483	67 772	69 456	69 982
Thaïlande	..	..	..	..	..	..	..	..
Tunisie	..	..	..	..	864	909	..	..
Turquie	11 399	13 212	12 314	11 775	13 718	13 074	11 333	12 126
Royaume-Uni	368 525	340 385	365 688	336 743	403 794	394 114	469 120	418 667
États-Unis	2 279 817	2 289 921	2 431 323	2 621 083	2 703 793	2 836 293	2 632 284	2 773 916
Uruguay	1 062	1 208	1 303	1 277	..	1 576	..	1 554
Total-OCDE	4 698 713	4 874 977	4 960 762	4 851 339	5 213 834	5 344 749	5 308 135	5 029 906

.. Non disponible

Note : Voir les métadonnées détaillées sur : *http://metalinks.oecd.org/ins/20210324/6494*.

1. Informations sur les données concernant Israël : *http://oe.cd/israel-disclaimer*.

Source : *Indicateurs des activités d'assurances, Statistiques de l'OCDE sur les assurances (base de données)*

Tableau 8. Primes brutes totales (Vie)

Millions de dollars des États-Unis

	2012	2013	2014	2015	2016	2017	2018	2019
Argentina	2 891	2 969	3 076	2 966	3 158	2 724	2 886	1 716
Australie	46 069	48 122	59 315	46 633	41 066	37 668	34 664	26 477
Autriche	..	8 556	8 901	7 440	6 701	6 493	6 543	6 065
Belgique	27 140	21 651	21 664	17 045	16 560	16 547	18 437	18 181
Bolivie	69	..	..	..	157	202	238	274
Brésil	..	..	42 061	34 819	38 935	44 172	40 919	43 685
Canada	31 143	32 379	26 712	24 001	23 795	25 754	26 213	..
Chili	7 400	7 830	7 224	7 795	8 726	8 930	9 633	8 641
Colombie	4 285	5 214	4 602	3 727	3 879	4 567	4 710	4 751
Costa Rica	110	139	142	133	186	194	215	226
Cuba	..	..	..	..	..	..	..	..
République tchèque	3 680	3 657	3 429	2 537	2 435	2 451	2 583	2 314
Danemark	22 489	215 331	25 124	22 055	23 001	25 945	28 664	27 518
République dominicaine	..	..	..	..	..	..	196	..
Équateur	..	..	..	453	471	..	..	524
Égypte	..	..	..	..	..	..	..	860
El Salvador	114	146	147	156	153		165	180
Estonie	209	227	254	238	245	252	275	283
Finlande	4 786	7 423	8 108	6 943	5 063	5 115	5 156	6 744
France	160 618	172 187	188 634	160 946	182 414	173 606	186 967	185 390
Allemagne	107 425	120 293	121 746	99 628	97 651	99 769	106 802	112 711
Grèce	2 497	2 238	2 500	2 000	1 846	2 125	2 220	2 310
Guatemala	124	136	156	156	170	196	197	213
Honduras	..	114	134	145	..	..	210	201
Hong-Kong, Chine	28 123	32 425	37 459	41 972	53 421	58 134	62 257	..
Hongrie	1 790	1 951	1 965	1 529	1 559	1 679	1 742	1 751
Inde	..	..	..	55 415	..	71 312	..	..
Indonesie	11 465	10 720	9 490	10 093	12 560	14 530	13 832	13 941
Islande	29	33	36	35	43	54	54	51
Irlande	36 584	36 525	43 221	38 853	37 127	39 617	36 272	35 902
Israël[1]	6 602	7 374	7 426	7 568	7 986	9 368	10 016	10 615
Italie	91 858	115 147	148 645	129 077	114 779	112 984	122 310	118 872
Japon	475 139	349 905	347 080	313 822	328 210	293 005	302 966	292 247
Corée	96 166	100 249	106 200	104 820	104 530	102 221	102 538	..
Lettonie	101	118	142	128	137	164	171	255
Lithuanie	213	241	286	262	273	261	293	303
Luxembourg	23 497	22 711	27 166	19 641	18 568	22 318	22 523	25 512
Malaysie	9 907	10 200	10 594	9 306	9 317	9 603	10 709	11 628
Mexique	10 900	12 523	12 812	11 530	11 266	11 421	12 672	14 118
Maroc	..	..	..	..	..	..	..	..
Pays-Bas	24 392	24 263	23 202	16 307	15 198	14 654	14 136	..
Nouvelle-Zélande	..	..	..	..	..	..	..	1 714
Nicaragua	22	27	32	33	38	..	46	..
Norvège	14 051	13 838	14 629	11 383	11 202	11 313	12 291	12 351
Panama	447	523	..	..	..	..	..	428
Paraguay	..	44	..	57	1	54	..	58
Pérou	1 435	1 587	1 768	1 794	1 519	1 644	1 909	2 082
Pologne	11 170	9 892	9 087	7 302	6 051	6 499	6 009	5 372
Portugal	8 582	11 984	13 617	9 411	7 200	7 581	9 188	7 567
Porto Rico	..	411	570	542	1 279	..	..	..
Russie	..	..	3 353	2 408	3 721	6 171	7 784	6 842
Singapour	16 402	18 449	20 808	21 033	23 739	27 593	..	30 926
République slovaque	1 493	1 642	1 621	1 229	..	3 712	..	1 372
Slovénie	623	629	637	552	545	582	621	617
Afrique du Sud	40 746	42 679	41 476	37 576	33 870	..	..	..
Espagne	33 821	34 397	33 612	28 532	34 695	33 262	34 263	30 780
Sri Lanka	..	..	265	395	..	467	474	..
Suède	13 311	14 190	34 734	29 507	29 302	33 761	37 087	36 812
Suisse	33 598	35 791	36 140	34 407	31 672	30 486	30 835	30 560
Thaïlande	..	..	..	..	..	..	..	..
Tunisie	..	..	..	..	175	179	..	..
Turquie	1 758	2 072	1 510	1 390	2 048	2 268	1 801	2 433
Royaume-Uni	277 966	246 475	268 267	246 702	277 703	269 267	336 122	301 117
États-Unis	919 547	881 541	880 040	973 634	970 503	1 009 291	1 139 513	1 180 619
Uruguay	280	347	384	427	..	665	..	686
Total-OCDE	2 500 932	2 568 599	2 490 291	2 388 610	2 423 975	2 424 992	2 666 291	2 512 327

.. Non disponible

Note : Voir les métadonnées détaillées sur : *http://metalinks.oecd.org/ins/20210324/6494.*

1. Informations sur les données concernant Israël : *http://oe.cd/israel-disclaimer.*

Source : *Indicateurs des activités d'assurances, Statistiques de l'OCDE sur les assurances (base de données)*

Tableau 9. Primes brutes totales (Non-vie)

Millions de dollars des États-Unis

	2012	2013	2014	2015	2016	2017	2018	2019
Argentina	11 092	13 673	15 546	16 410	16 591	15 795	17 251	10 859
Australie	39 812	39 469	37 695	32 163	33 079	34 671	35 328	34 800
Autriche	..	16 527	16 201	13 651	13 946	13 992	15 337	15 025
Belgique	14 796	15 870	16 681	13 701	13 871	14 292	15 266	16 971
Bolivie	248	..	..	..	312	297	311	336
Brésil	..	..	27 806	20 699	19 979	22 258	20 543	19 305
Canada	65 877	66 133	66 477	59 610	58 115	61 654	60 799	..
Chili	3 898	3 946	3 751	3 619	3 676	3 930	4 373	4 252
Colombie	4 860	4 993	5 088	4 276	4 171	4 411	4 699	4 640
Costa Rica	816	897	1 014	916	1 024	1 125	1 118	1 190
Cuba	..	..	..	..	..	..	..	..
République tchèque	4 165	4 341	4 179	3 636	3 566	3 951	4 469	4 901
Danemark	10 256	10 445	11 974	9 943	10 497	11 604	12 312	11 071
République dominicaine	..	..	..	..	..	..	1 026	..
Équateur	..	..	..	1 864	1 665	..	..	1 274
Égypte	..	..	..	..	..	..	..	1 108
El Salvador	389	400	412	437	446	..	493	522
Estonie	408	547	584	526	570	672	817	818
Finlande	4 566	5 638	6 017	4 974	4 949	4 968	..	..
France	98 023	103 563	105 399	89 928	131 837	140 713	151 741	147 082
Allemagne	195 315	213 420	217 018	193 459	197 010	211 439	228 866	231 557
Grèce	3 284	3 169	2 556	1 964	2 063	2 088	2 265	2 227
Guatemala	487	547	593	648	685	757	767	792
Honduras	..	254	246	253	..	..	421	424
Hong-Kong, Chine	5 068	5 431	5 661	5 929	5 880	6 177	6 832	..
Hongrie	1 587	1 631	1 619	1 462	1 588	1 804	2 025	2 204
Inde	..	..	..	15 463	..	29 529	..	..
Indonesie	4 784	5 062	4 835	4 537	4 730	4 954	5 136	5 823
Islande	374	385	408	384	444	556	598	561
Irlande	9 002	8 789	9 335	9 949	17 055	9 625	10 006	12 517
Israël[1]	5 868	6 567	6 940	6 548	7 156	8 059	8 544	8 709
Italie	46 374	46 013	44 811	36 777	36 645	37 748	41 470	39 369
Japon	..	..	..	..	106 527	97 090	99 808	106 841
Corée	66 850	68 917	80 890	78 855	81 063	87 270	90 330	..
Lettonie	473	507	546	462	452	566	721	704
Lithuanie	452	512	513	454	513	634	744	756
Luxembourg	1 671	1 993	1 779	1 637	1 720	1 996	2 016	2 618
Malaysie	6 431	6 773	6 994	6 041	5 782	5 553	6 007	6 038
Mexique	12 696	14 661	14 536	13 399	12 884	15 148	15 578	17 228
Maroc	..	..	..	..	..	..	..	..
Pays-Bas	26 875	26 878	25 401	21 093	62 160	64 818	71 621	..
Nouvelle-Zélande	4 590	5 139	5 359	4 657	4 753	5 144	..	5 544
Nicaragua	116	130	146	158	166	..	178	..
Norvège	11 697	11 697	11 833	9 264	9 008	9 094	9 702	9 713
Panama	713	793	..	..	..	..	..	1 279
Paraguay	161	318	..	371	367	335	..	380
Pérou	1 605	1 805	1 834	1 916	1 835	1 856	2 029	2 181
Pologne	8 061	8 416	8 325	7 237	8 162	9 996	11 202	11 255
Portugal	4 977	5 018	5 050	4 534	4 879	5 360	5 680	5 771
Porto Rico	..	9 199	8 538	10 603	12 191	..	..	..
Russie	..	..	16 937	14 891	14 497	16 346	16 518	16 833
Singapour	8 544	8 737	9 571	9 298	9 421	9 238	..	14 003
République slovaque	1 279	1 318	1 366	1 171	..	1 335	..	1 451
Slovénie	2 192	2 179	2 146	1 833	1 871	2 014	2 242	2 346
Afrique du Sud	10 706	11 589	10 051	9 478	8 602	..	..	..
Espagne	39 059	42 780	42 992	36 982	38 959	40 979	44 315	43 325
Sri Lanka	..	..	481	535	..	661	673	..
Suède	11 357	13 013	15 156	10 746	9 805	10 621	11 957	11 892
Suisse	36 616	38 474	38 340	35 959	35 811	37 287	38 621	39 421
Thaïlande	..	..	..	..	..	..	..	..
Tunisie	..	..	..	..	689	730	..	..
Turquie	9 641	11 140	10 804	10 386	11 670	10 806	9 532	9 693
Royaume-Uni	90 559	93 910	97 421	90 041	126 091	124 847	132 998	117 550
États-Unis	1 360 270	1 408 380	1 551 283	1 647 449	1 733 290	1 827 002	1 492 771	1 593 297
Uruguay	782	862	918	850	..	911	..	868
Total-OCDE	2 197 781	2 306 378	2 470 471	2 462 728	2 789 859	2 918 185	2 638 754	2 516 108

.. Non disponible

Note : Voir les métadonnées détaillées sur : *http://metalinks.oecd.org/ins/20210324/6494.*

1. Informations sur les données concernant Israël : *http://oe.cd/israel-disclaimer.*

Source : *Indicateurs des activités d'assurances, Statistiques de l'OCDE sur les assurances (base de données)*

Tableau 10. Part de marché dans l'OCDE (Vie et Non-vie)

Pourcentage

	2012	2013	2014	2015	2016	2017	2018	2019
Australie	1.8	1.8	2.0	1.6	1.4	1.4	1.3	1.2
Autriche	..	0.5	0.5	0.4	0.4	0.4	0.4	0.4
Belgique	0.9	0.8	0.8	0.6	0.6	0.6	0.6	0.7
Canada	2.1	2.0	1.9	1.7	1.6	1.6	1.6	..
Chili	0.2	0.2	0.2	0.2	0.2	0.2	0.3	0.3
Colombie	..	..	..	..	..	..	..	..
République tchèque	0.2	0.2	0.2	0.1	0.1	0.1	0.1	0.1
Danemark	0.7	4.6	0.7	0.7	0.6	0.7	0.8	0.8
Estonie	0.0	0.0	0.0	0.0	0.0	0.0	0.0	0.0
Finlande	0.2	0.3	0.3	0.2	0.2	0.2	0.1	0.1
France	5.5	5.7	5.9	5.2	6.0	5.9	6.4	6.6
Allemagne	6.5	6.9	6.8	6.1	5.7	5.8	6.3	6.9
Grèce	0.1	0.1	0.1	0.1	0.1	0.1	0.1	0.1
Hongrie	0.1	0.1	0.1	0.1	0.1	0.1	0.1	0.1
Islande	0.0	0.0	0.0	0.0	0.0	0.0	0.0	0.0
Irlande	1.0	0.9	1.1	1.0	1.0	0.9	0.9	1.0
Israël	0.3	0.3	0.3	0.3	0.3	0.3	0.4	0.4
Italie	2.9	3.3	3.9	3.4	2.9	2.8	3.1	3.2
Japon	10.1	7.2	7.0	6.5	8.4	7.3	7.6	7.9
Corée	3.5	3.5	3.8	3.8	3.6	3.6	3.6	..
Lettonie	0.0	0.0	0.0	0.0	0.0	0.0	0.0	0.0
Lithuanie	0.0	0.0	0.0	0.0	0.0	0.0	0.0	0.0
Luxembourg	0.5	0.5	0.6	0.4	0.4	0.5	0.5	0.6
Mexique	0.5	0.6	0.6	0.5	0.5	0.5	0.5	0.6
Pays-Bas	1.1	1.1	1.0	0.8	1.5	1.5	1.6	..
Nouvelle-Zélande	0.1	0.1	0.1	0.1	0.1	0.1	..	0.1
Norvège	0.5	0.5	0.5	0.4	0.4	0.4	0.4	0.4
Pologne	0.4	0.4	0.4	0.3	0.3	0.3	0.3	0.3
Portugal	0.3	0.4	0.4	0.3	0.2	0.2	0.3	0.3
République slovaque	0.1	0.1	0.1	0.1	..	0.1	..	0.1
Slovénie	0.1	0.1	0.1	0.0	0.0	0.0	0.1	0.1
Espagne	1.6	1.6	1.5	1.4	1.4	1.4	1.5	1.5
Suède	0.5	0.6	1.0	0.8	0.8	0.8	0.9	1.0
Suisse	1.5	1.5	1.5	1.5	1.3	1.3	1.3	1.4
Turquie	0.2	0.3	0.2	0.2	0.3	0.2	0.2	0.2
Royaume-Uni	7.9	7.0	7.4	7.0	7.8	7.4	8.9	8.3
États-Unis	48.6	47.1	49.1	54.1	51.9	53.2	49.7	55.3
Total-OCDE	100.0	100.0	100.0	100.0	100.0	100.0	100.0	100.0

.. Non disponible

Note : Voir les métadonnées détaillées sur : *http://metalinks.oecd.org/ins/20210324/6494.*

Source : *Indicateurs des activités d'assurances, Statistiques de l'OCDE sur les assurances (base de données)*

Tableau 11. Part de marché dans l'OCDE (Vie)

Pourcentage

	2012	2013	2014	2015	2016	2017	2018	2019
Australie	1.8	1.9	2.4	2.0	1.7	1.6	1.3	1.1
Autriche	..	0.3	0.4	0.3	0.3	0.3	0.2	0.2
Belgique	1.1	0.8	0.9	0.7	0.7	0.7	0.7	0.7
Canada	1.2	1.3	1.1	1.0	1.0	1.1	1.0	..
Chili	0.3	0.3	0.3	0.3	0.4	0.4	0.4	0.3
Colombie	..	..	..	..	..	..	..	..
République tchèque	0.1	0.1	0.1	0.1	0.1	0.1	0.1	0.1
Danemark	0.9	8.4	1.0	0.9	1.0	1.1	1.1	1.1
Estonie	0.0	0.0	0.0	0.0	0.0	0.0	0.0	0.0
Finlande	0.2	0.3	0.3	0.3	0.2	0.2	0.2	0.3
France	6.4	6.7	7.6	6.7	7.5	7.2	7.0	7.4
Allemagne	4.3	4.7	4.9	4.2	4.0	4.1	4.0	4.5
Grèce	0.1	0.1	0.1	0.1	0.1	0.1	0.1	0.1
Hongrie	0.1	0.1	0.1	0.1	0.1	0.1	0.1	0.1
Islande	0.0	0.0	0.0	0.0	0.0	0.0	0.0	0.0
Irlande	1.5	1.4	1.7	1.6	1.5	1.6	1.4	1.4
Israël	0.3	0.3	0.3	0.3	0.3	0.4	0.4	0.4
Italie	3.7	4.5	6.0	5.4	4.7	4.7	4.6	4.7
Japon	19.0	13.7	14.0	13.2	13.6	12.1	11.4	11.7
Corée	3.9	3.9	4.3	4.4	4.3	4.2	3.9	..
Lettonie	0.0	0.0	0.0	0.0	0.0	0.0	0.0	0.0
Lithuanie	0.0	0.0	0.0	0.0	0.0	0.0	0.0	0.0
Luxembourg	0.9	0.9	1.1	0.8	0.8	0.9	0.8	1.0
Mexique	0.4	0.5	0.5	0.5	0.5	0.5	0.5	0.6
Pays-Bas	1.0	0.9	0.9	0.7	0.6	0.6	0.5	..
Nouvelle-Zélande	..	..	..	..	..	..	..	0.1
Norvège	0.6	0.5	0.6	0.5	0.5	0.5	0.5	0.5
Pologne	0.4	0.4	0.4	0.3	0.3	0.3	0.2	0.2
Portugal	0.3	0.5	0.5	0.4	0.3	0.3	0.3	0.3
République slovaque	0.1	0.1	0.1	0.1	..	0.2	..	0.1
Slovénie	0.0	0.0	0.0	0.0	0.0	0.0	0.0	0.0
Espagne	1.4	1.3	1.4	1.2	1.4	1.4	1.3	1.2
Suède	0.5	0.6	1.4	1.2	1.2	1.4	1.4	1.5
Suisse	1.3	1.4	1.5	1.4	1.3	1.3	1.2	1.2
Turquie	0.1	0.1	0.1	0.1	0.1	0.1	0.1	0.1
Royaume-Uni	11.1	9.6	10.8	10.3	11.5	11.1	12.6	12.0
États-Unis	36.8	34.4	35.4	40.8	40.1	41.7	42.8	47.1
Total-OCDE	100.0	100.0	100.0	100.0	100.0	100.0	100.0	100.0

.. Non disponible

Note : Voir les métadonnées détaillées sur : *http://metalinks.oecd.org/ins/20210324/6494*.

Source : *Indicateurs des activités d'assurances, Statistiques de l'OCDE sur les assurances (base de données)*

Tableau 12. Part de marché dans l'OCDE (Non-vie)

Pourcentage

	2012	2013	2014	2015	2016	2017	2018	2019
Australie	1.8	1.7	1.5	1.3	1.2	1.2	1.3	1.4
Autriche	..	0.7	0.7	0.6	0.5	0.5	0.6	0.6
Belgique	0.7	0.7	0.7	0.6	0.5	0.5	0.6	0.7
Canada	3.0	2.9	2.7	2.4	2.1	2.1	2.3	..
Chili	0.2	0.2	0.2	0.1	0.1	0.1	0.2	0.2
Colombie	..	..	..	..	..	..	..	..
République tchèque	0.2	0.2	0.2	0.1	0.1	0.1	0.2	0.2
Danemark	0.5	0.5	0.5	0.4	0.4	0.4	0.5	0.4
Estonie	0.0	0.0	0.0	0.0	0.0	0.0	0.0	0.0
Finlande	0.2	0.2	0.2	0.2	0.2	0.2	..	..
France	4.5	4.5	4.3	3.7	4.7	4.8	5.8	5.9
Allemagne	8.9	9.3	8.8	7.9	7.1	7.3	8.7	9.2
Grèce	0.2	0.1	0.1	0.1	0.1	0.1	0.1	0.1
Hongrie	0.1	0.1	0.1	0.1	0.1	0.1	0.1	0.1
Islande	0.0	0.0	0.0	0.0	0.0	0.0	0.0	0.0
Irlande	0.4	0.4	0.4	0.4	0.6	0.3	0.4	0.5
Israël	0.3	0.3	0.3	0.3	0.3	0.3	0.3	0.3
Italie	2.1	2.0	1.8	1.5	1.3	1.3	1.6	1.6
Japon	..	..	..	..	3.8	3.3	3.8	4.3
Corée	3.0	3.0	3.3	3.2	2.9	3.0	3.4	..
Lettonie	0.0	0.0	0.0	0.0	0.0	0.0	0.0	0.0
Lithuanie	0.0	0.0	0.0	0.0	0.0	0.0	0.0	0.0
Luxembourg	0.1	0.1	0.1	0.1	0.1	0.1	0.1	0.1
Mexique	0.6	0.6	0.6	0.5	0.5	0.5	0.6	0.7
Pays-Bas	1.2	1.2	1.0	0.9	2.2	2.2	2.7	..
Nouvelle-Zélande	0.2	0.2	0.2	0.2	0.2	0.2	..	0.2
Norvège	0.5	0.5	0.5	0.4	0.3	0.3	0.4	0.4
Pologne	0.4	0.4	0.3	0.3	0.3	0.3	0.4	0.4
Portugal	0.2	0.2	0.2	0.2	0.2	0.2	0.2	0.2
République slovaque	0.1	0.1	0.1	0.0	..	0.0	..	0.1
Slovénie	0.1	0.1	0.1	0.1	0.1	0.1	0.1	0.1
Espagne	1.8	1.9	1.7	1.5	1.4	1.4	1.7	1.7
Suède	0.5	0.6	0.6	0.4	0.4	0.4	0.5	0.5
Suisse	1.7	1.7	1.6	1.5	1.3	1.3	1.5	1.6
Turquie	0.4	0.5	0.4	0.4	0.4	0.4	0.4	0.4
Royaume-Uni	4.1	4.1	4.0	3.7	4.5	4.3	5.0	4.7
États-Unis	62.0	61.2	62.9	67.0	62.2	62.7	56.7	63.4
Total-OCDE	100.0	100.0	100.0	100.0	100.0	100.0	100.0	100.0

.. Non disponible

Note : Voir les métadonnées détaillées sur : *http://metalinks.oecd.org/ins/20210324/6494.*

Source : *Indicateurs des activités d'assurances, Statistiques de l'OCDE sur les assurances (base de données)*

COMPARAISONS INTERNATIONALES

Tableau 13. Densité (Vie et Non-vie)

Dollars des États-Unis par habitant

	2012	2013	2014	2015	2016	2017	2018	2019
Argentina	333	393	405	418	422	393	427	264
Australie	3 328	3 350	3 688	2 926	2 660	2 540	2 383	2 010
Autriche	2 492	2 603	2 657	2 227	2 143	2 176	2 284	2 197
Belgique	3 684	3 260	3 308	2 653	2 613	2 653	2 903	2 853
Bolivie	31	..	..	..	42	43	47	50
Brésil	334	337	346	273	287	321	295	300
Canada	2 562	2 538	2 168	1 930	1 919	2 011	2 086	..
Chili	645	665	613	630	675	692	740	668
Colombie	194	214	199	163	162	179	185	183
Costa Rica	198	218	241	216	246	265	265	278
Cuba	35	..	..	..	..	..	..	..
République tchèque	733	747	712	574	555	590	651	663
Danemark	5 823	6 079	6 543	5 610	5 699	6 315	6 842	6 486
République dominicaine	..	..	..	..	..	..	119	..
Équateur	..	..	..	139	127	98	100	103
Égypte	..	..	..	..	..	14	17	19
El Salvador	..	..	..	..	..	..	94	99
Estonie	466	587	638	581	619	702	828	835
Finlande	1 699	2 371	2 556	2 150	1 797	1 803	935	1 221
France	3 645	3 893	4 110	3 554	4 108	4 248	4 569	4 472
Allemagne	2 890	3 112	3 131	2 597	2 602	2 838	3 049	3 095
Grèce	511	480	457	361	359	388	414	420
Guatemala	39	43	46	48	50	55	54	56
Honduras	42	43	43	44	..	..	67	65
Hong-Kong, Chine	4 403	5 003	5 658	6 259	7 652	8 266	8 803	..
Hongrie	336	357	360	300	317	350	381	401
Inde	..	..	..	55	63	72	..	..
Indonesie	63	60	55	56	66	73	71	72
Islande	1 232	1 270	1 329	1 245	1 436	1 783	1 840	1 684
Irlande	9 702	9 606	11 052	10 154	11 107	10 205	9 554	9 492
Israël[1]	1 577	1 731	1 749	1 685	1 772	2 001	2 090	2 134
Italie	2 239	2 600	3 125	2 678	2 445	2 437	2 645	2 595
Japon	3 355	2 545	2 580	2 370	3 201	2 893	3 010	2 989
Corée	3 089	3 181	3 503	3 418	3 437	3 478	3 504	..
Lettonie	277	309	343	297	299	374	461	497
Lithuanie	222	254	272	246	274	317	370	380
Luxembourg	47 314	45 569	51 995	37 506	35 103	41 043	40 668	43 263
Malaysie	514	520	530	454	441	439	481	504
Mexique	198	226	224	203	194	211	223	244
Maroc	..	..	..	..	..	115	124	..
Pays-Bas	3 023	3 002	2 846	2 176	4 532	4 626	4 971	4 871
Nouvelle-Zélande	1 024	1 141	1 169	964	983	1 006	..	1 440
Nicaragua	23	26	29	30	32	34	35	..
Norvège	5 111	5 011	5 132	3 967	3 972	3 858	4 131	4 120
Panama	286	321	..	..	..	..	..	372
Paraguay	46	54	..	63	53	56	61	61
Pérou	99	110	116	118	106	109	122	130
Pologne	500	475	453	372	361	420	436	418
Portugal	1 237	1 570	1 735	1 293	1 110	1 189	1 370	1 228
Porto Rico	..	2 661	2 552	3 182	3 927	..	..	..
Russie	..	..	176	115	120	149	161	156
Singapour	3 728	4 047	4 489	4 400	4 631	5 411	..	5 799
République slovaque	508	542	544	434	..	927	..	518
Slovénie	1 202	1 209	1 198	1 012	1 028	1 105	1 223	1 257
Afrique du Sud	..	986	923	830	733	..	..	..
Espagne	1 518	1 529	1 521	1 295	1 458	1 471	1 559	1 460
Sri Lanka	..	..	35	44	..	51	52	..
Suède	2 376	2 644	4 908	3 961	3 796	4 248	4 646	4 575
Suisse	7 634	7 898	7 892	7 456	7 025	6 904	6 962	6 878
Thaïlande	..	..	..	..	..	..	..	..
Tunisie	..	..	..	..	75	75	72	..
Turquie	146	168	151	145	162	152	126	131
Royaume-Uni	5 316	4 793	5 098	4 598	3 950	5 113	5 645	5 041
États-Unis	5 752	5 686	5 970	6 305	6 500	6 717	7 082	7 482
Uruguay	310	351	377	368	..	451	425	442
Total-OCDE	3 090	3 026	3 183	3 048	3 198	3 305	3 501	3 572

.. Non disponible

Note : Voir les métadonnées détaillées sur : *http://metalinks.oecd.org/ins/20210324/6494.*

1. Informations sur les données concernant Israël : *http://oe.cd/israel-disclaimer.*

Source : *Indicateurs des activités d'assurances, Statistiques de l'OCDE sur les assurances (base de données)*

Tableau 14. Densité (Vie)

Dollars des États-Unis par habitant

	2012	2013	2014	2015	2016	2017	2018	2019
Argentina	68	70	70	67	70	60	63	37
Australie	1 856	1 898	2 321	1 781	1 521	1 335	1 180	847
Autriche	981	1 007	1 039	860	765	735	735	676
Belgique	2 445	1 937	1 930	1 512	1 458	1 454	1 613	1 580
Bolivie	7	..	..	..	14	17	20	22
Brésil	210	204	209	171	190	214	196	208
Canada	820	834	629	555	561	604	625	..
Chili	424	444	406	432	475	481	509	448
Colombie	92	111	96	77	80	93	94	94
Costa Rica	24	29	30	27	38	39	43	45
Cuba	..	..	..	..	..	..	..	..
République tchèque	350	348	326	241	229	230	242	216
Danemark	4 005	4 236	4 443	3 878	4 006	4 495	4 939	4 719
République dominicaine	..	..	..	..	..	..	19	..
Équateur	..	..	..	28	28	27	30	30
Égypte	..	..	..	..	..	6	7	9
El Salvador	..	..	..	..	..	..	24	25
Estonie	158	172	193	181	186	191	209	215
Finlande	885	1 366	1 485	1 268	923	929	935	1 221
France	2 305	2 486	2 684	2 344	2 391	2 450	2 641	2 587
Allemagne	1 326	1 445	1 456	1 180	1 148	1 197	1 282	1 352
Grèce	225	203	228	184	171	197	207	216
Guatemala	8	9	10	9	10	11	11	12
Honduras	20	21	15	16	..	..	22	21
Hong-Kong, Chine	3 882	4 446	5 082	5 644	7 041	7 642	8 149	..
Hongrie	180	197	199	155	159	171	178	179
Inde	..	..	..	43	48	54	..	..
Indonesie	47	43	38	39	49	56	52	52
Islande	92	103	111	107	128	161	155	142
Irlande	7 851	7 803	9 158	8 141	7 729	8 197	7 413	7 231
Israël[1]	835	915	904	903	935	1 076	1 128	1 172
Italie	1 487	1 866	2 413	2 096	1 864	1 837	1 994	1 963
Japon	3 355	2 545	2 580	2 370	2 496	2 252	2 348	2 277
Corée	1 894	1 966	2 070	2 032	2 015	1 960	1 951	..
Lettonie	49	59	71	64	70	84	89	132
Lithuanie	71	81	97	90	95	92	105	109
Luxembourg	44 173	41 868	48 768	34 604	32 123	37 673	37 331	39 401
Malaysie	332	333	340	294	290	295	325	351
Mexique	93	105	106	95	92	92	101	111
Maroc	..	..	..	..	..	51	55	..
Pays-Bas	1 457	1 446	1 378	964	895	857	823	806
Nouvelle-Zélande	..	..	..	..	..	..	..	340
Nicaragua	4	4	5	5	6	7	7	..
Norvège	2 789	2 715	2 837	2 187	2 133	2 139	2 309	2 306
Panama	112	128	..	..	..	..	..	96
Paraguay	..	7	..	8	0	8	9	8
Pérou	47	51	57	57	48	52	59	64
Pologne	293	260	239	192	159	171	158	141
Portugal	816	1 146	1 309	908	697	736	894	737
Porto Rico	..	114	161	156	373	..	..	..
Russie	..	..	23	16	25	42	53	47
Singapour	2 725	3 045	3 392	3 404	3 611	4 374	..	4 564
République slovaque	276	303	299	227	..	683	..	252
Slovénie	303	305	309	268	264	282	300	298
Afrique du Sud	..	794	760	678	602	..	..	..
Espagne	722	729	712	606	737	706	727	649
Sri Lanka	..	..	13	19	..	22	22	..
Suède	1 362	1 469	3 562	2 994	2 931	3 335	3 625	3 566
Suisse	4 177	4 385	4 378	4 113	3 739	3 573	3 592	3 532
Thaïlande	..	..	..	..	..	..	..	..
Tunisie	..	..	..	..	15	15	16	..
Turquie	23	26	19	17	25	27	21	28
Royaume-Uni	4 054	3 488	3 781	3 411	2 508	3 652	4 114	3 786
États-Unis	2 641	2 472	2 475	2 576	2 587	2 641	2 779	2 941
Uruguay	82	101	111	123	..	190	169	195
Total-OCDE	1 786	1 679	1 761	1 642	1 597	1 647	1 746	1 764

.. Non disponible

Note : Voir les métadonnées détaillées sur : *http://metalinks.oecd.org/ins/20210324/6494.*

1. Informations sur les données concernant Israël : *http://oe.cd/israel-disclaimer.*

Source : *Indicateurs des activités d'assurances, Statistiques de l'OCDE sur les assurances (base de données)*

COMPARAISONS INTERNATIONALES

Tableau 15. Densité (Non-vie)

Dollars des États-Unis par habitant

	2012	2013	2014	2015	2016	2017	2018	2019
Argentina	265	323	335	351	352	333	364	227
Australie	1 473	1 453	1 367	1 145	1 139	1 205	1 203	1 163
Autriche	1 511	1 596	1 617	1 367	1 377	1 441	1 550	1 521
Belgique	1 239	1 323	1 378	1 142	1 156	1 200	1 290	1 273
Bolivie	24	..	..	..	28	25	27	27
Brésil	124	133	138	102	97	108	99	92
Canada	1 743	1 704	1 539	1 375	1 358	1 407	1 461	..
Chili	221	221	208	198	200	211	231	220
Colombie	102	103	103	85	83	86	91	88
Costa Rica	174	189	211	188	208	226	222	233
Cuba	35	..	..	..	..	..	..	..
République tchèque	383	399	386	333	325	360	409	448
Danemark	1 818	1 843	2 101	1 732	1 692	1 820	1 903	1 767
République dominicaine	..	..	..	..	..	..	100	..
Équateur	..	..	..	112	98	71	71	73
Égypte	..	..	..	..	..	8	10	10
El Salvador	..	..	..	..	..	..	70	74
Estonie	308	415	444	400	433	510	620	620
Finlande	814	1 005	1 071	882	875	873	..	..
France	1 340	1 407	1 427	1 209	1 717	1 798	1 928	1 885
Allemagne	1 564	1 667	1 674	1 417	1 454	1 641	1 767	1 743
Grèce	286	277	229	177	188	190	207	204
Guatemala	31	34	36	39	40	43	43	44
Honduras	22	22	28	28	..	..	45	44
Hong-Kong, Chine	521	557	577	615	611	624	654	..
Hongrie	156	160	161	145	158	179	203	222
Inde	..	..	..	12	15	18	..	..
Indonesie	17	17	18	17	17	18	18	20
Islande	1 140	1 166	1 217	1 138	1 308	1 621	1 685	1 542
Irlande	1 851	1 803	1 894	2 013	3 378	1 890	1 915	2 116
Israël[1]	742	815	845	782	838	925	962	962
Italie	752	735	712	582	581	600	651	632
Japon	..	..	..	..	705	641	662	712
Corée	1 196	1 215	1 433	1 386	1 421	1 519	1 553	..
Lettonie	228	250	273	232	230	290	373	365
Lithuanie	151	173	175	156	179	224	265	272
Luxembourg	3 141	3 700	3 227	2 902	2 980	3 370	3 337	3 862
Malaysie	182	187	190	160	150	144	156	153
Mexique	105	121	118	108	103	119	122	133
Maroc	..	..	..	..	..	64	69	..
Pays-Bas	1 566	1 556	1 467	1 212	3 637	3 768	4 148	4 065
Nouvelle-Zélande	1 024	1 141	1 169	964	983	1 006	..	1 100
Nicaragua	19	21	24	25	26	28	28	..
Norvège	2 322	2 295	2 295	1 780	1 840	1 719	1 822	1 813
Panama	174	192	..	..	..	..	..	275
Paraguay	27	48	..	54	53	48	53	53
Pérou	53	59	59	61	58	58	62	66
Pologne	207	216	214	180	202	249	278	277
Portugal	421	424	426	385	413	454	476	491
Porto Rico	..	2 546	2 391	3 026	3 554	..	..	..
Russie	..	..	110	98	95	107	108	109
Singapour	1 004	1 001	1 098	996	1 021	1 037	..	1 235
République slovaque	232	238	244	207	..	244	..	266
Slovénie	899	904	889	744	765	823	923	959
Afrique du Sud	..	192	163	152	131	..	..	..
Espagne	795	800	809	690	721	765	833	812
Sri Lanka	..	..	22	25	..	30	30	..
Suède	1 015	1 175	1 346	967	865	913	1 021	1 009
Suisse	3 458	3 513	3 514	3 343	3 286	3 331	3 370	3 346
Thaïlande	..	..	..	..	..	..	..	..
Tunisie	..	..	..	..	60	59	56	..
Turquie	123	141	131	128	137	125	105	103
Royaume-Uni	1 262	1 306	1 317	1 188	1 441	1 461	1 531	1 255
États-Unis	3 111	3 214	3 495	3 729	3 913	4 076	4 304	4 541
Uruguay	228	250	266	245	..	261	256	247
Total-OCDE	1 304	1 347	1 421	1 405	1 601	1 657	1 754	1 808

.. Non disponible

Note : Voir les métadonnées détaillées sur : *http://metalinks.oecd.org/ins/20210324/6494*.

1. Informations sur les données concernant Israël : *http://oe.cd/israel-disclaimer*.

Source : *Indicateurs des activités d'assurances, Statistiques de l'OCDE sur les assurances (base de données)*

COMPARAISONS INTERNATIONALES

Tableau 16. Pénétration (Vie et Non-vie)

Pourcentage

	2012	2013	2014	2015	2016	2017	2018	2019
Argentina	2.3	2.4	2.4	2.6	2.6	2.6	2.3	2.1
Australie	4.8	5.1	6.0	5.6	5.0	4.4	4.1	3.7
Autriche	5.1	5.1	5.1	5.0	4.7	4.6	4.5	4.4
Belgique	8.2	7.0	6.9	6.4	6.2	6.0	6.1	6.2
Bolivie	1.2	..	..	..	1.4	1.3	1.3	1.4
Brésil	2.7	2.7	2.8	3.1	3.3	3.2	3.3	3.5
Canada	4.9	4.8	4.2	4.4	4.5	4.4	4.5	..
Chili	4.2	4.2	4.2	4.6	4.9	4.6	4.7	4.5
Colombie	2.4	2.6	2.5	2.7	2.8	2.8	2.8	2.8
Costa Rica	2.0	2.1	2.3	1.9	2.1	2.3	2.2	2.3
Cuba	..	..	..	..	..	..	..	..
République tchèque	3.7	3.7	3.6	3.2	3.0	2.9	2.8	2.8
Danemark	9.9	9.9	10.4	10.5	10.4	11.0	11.1	10.9
République dominicaine	..	..	..	..	..	..	1.4	..
Équateur	..	..	..	2.3	2.1	1.6	1.6	1.7
Égypte	..	..	..	..	..	0.7	0.7	0.6
El Salvador	..	..	..	..	..	..	2.4	2.5
Estonie	2.7	3.1	3.1	3.3	3.4	3.4	3.6	3.5
Finlande	3.6	4.7	5.1	5.0	4.1	3.9	1.9	2.5
France	8.6	8.8	9.2	9.4	10.7	10.6	10.6	10.7
Allemagne	6.6	6.7	6.5	6.3	6.2	6.4	6.4	6.7
Grèce	2.3	2.2	2.1	2.0	2.0	2.1	2.0	2.1
Guatemala	1.2	1.2	1.2	1.2	1.2	1.2	1.2	1.2
Honduras	1.9	2.0	1.9	1.9	..	..	2.6	2.5
Hong-Kong, Chine	12.0	13.1	14.1	14.8	17.6	17.9	18.2	..
Hongrie	2.6	2.6	2.5	2.4	2.4	2.4	2.4	2.4
Inde	..	..	..	3.4	3.6	3.6	..	..
Indonesie	1.7	1.6	1.6	1.7	1.8	1.9	1.8	1.7
Islande	2.7	2.6	2.4	2.4	2.3	2.5	2.5	2.5
Irlande	19.9	18.6	19.9	16.4	17.6	14.7	12.2	12.1
Israël[1]	4.8	4.8	4.6	4.7	4.8	4.9	5.0	4.9
Italie	6.5	7.3	8.8	8.9	7.9	7.5	7.7	7.8
Japon	6.8	6.4	6.8	6.8	7.7	7.4	7.8	7.3
Corée	12.1	11.7	12.0	11.9	11.7	11.0	10.5	..
Lettonie	2.0	2.1	2.2	2.2	2.1	2.4	2.6	2.8
Lithuanie	1.6	1.6	1.6	1.7	1.8	1.9	1.9	2.0
Luxembourg	43.8	39.6	43.2	36.6	33.3	37.8	34.5	37.4
Malaysie	4.8	4.8	4.7	4.7	4.6	4.4	4.3	4.5
Mexique	1.9	2.1	2.0	2.1	2.2	2.3	2.3	2.4
Maroc	..	..	..	..	..	3.6	3.7	..
Pays-Bas	6.0	5.7	5.4	4.8	9.8	9.5	9.3	9.3
Nouvelle-Zélande	2.6	2.7	2.7	2.5	2.5	2.4	..	3.5
Nicaragua	1.3	1.4	1.5	1.5	1.5	1.6	1.7	..
Norvège	5.1	4.9	5.3	5.4	5.7	5.1	5.1	5.5
Panama	2.7	2.7	..	..	..	..	..	2.3
Paraguay	0.9	0.9	..	1.0	1.0	1.0	1.0	1.0
Pérou	1.6	1.7	1.8	1.9	1.7	1.6	1.7	1.8
Pologne	3.8	3.5	3.2	3.0	2.9	3.0	2.8	2.7
Portugal	6.0	7.2	7.8	6.7	5.6	5.5	5.8	5.3
Porto Rico	..	9.3	8.8	10.7	12.8	..	..	..
Russie	..	..	1.2	1.2	1.4	1.4	1.4	1.4
Singapour	6.7	7.1	7.8	7.9	8.2	9.0	..	9.0
République slovaque	2.9	3.0	2.9	2.7	..	5.3	..	2.7
Slovénie	5.3	5.1	4.9	4.8	4.8	4.7	4.7	4.8
Afrique du Sud	..	14.5	14.4	14.5	13.9	..	..	..
Espagne	5.4	5.3	5.2	5.0	5.5	5.2	5.1	4.9
Sri Lanka	..	..	0.9	1.1	..	1.3	1.3	..
Suède	4.1	4.3	8.2	7.7	7.4	7.9	8.6	8.9
Suisse	9.1	9.2	9.1	9.0	8.7	8.5	8.4	8.4
Thaïlande	..	..	..	..	..	..	..	..
Tunisie	..	..	..	..	2.0	2.2	2.1	..
Turquie	1.3	1.3	1.2	1.3	1.5	1.4	1.3	1.4
Royaume-Uni	12.5	11.0	10.7	10.2	9.6	12.7	13.1	11.9
États-Unis	11.2	10.7	10.9	11.1	11.2	11.2	11.2	11.5
Uruguay	2.1	2.1	2.3	2.4	..	2.6	2.5	2.7
Total-OCDE	8.3	8.1	8.4	8.6	8.8	8.8	8.9	9.0

.. Non disponible

Note : Voir les métadonnées détaillées sur : *http://metalinks.oecd.org/ins/20210324/6494.*

1. Informations sur les données concernant Israël : *http://oe.cd/israel-disclaimer.*

Source : *Indicateurs des activités d'assurances, Statistiques de l'OCDE sur les assurances (base de données)*

COMPARAISONS INTERNATIONALES

Tableau 17. Pénétration (Vie)

Pourcentage

	2012	2013	2014	2015	2016	2017	2018	2019
Argentina	0.5	0.4	0.4	0.4	0.4	0.4	0.3	0.3
Australie	2.7	2.9	3.7	3.4	2.8	2.3	2.0	1.6
Autriche	2.0	2.0	2.0	1.9	1.7	1.5	1.4	1.4
Belgique	5.5	4.1	4.0	3.7	3.5	3.3	3.4	3.4
Bolivie	0.3	..	..	..	0.5	0.5	0.6	0.6
Brésil	1.7	1.7	1.7	1.9	2.2	2.2	2.2	2.4
Canada	1.6	1.6	1.2	1.3	1.3	1.3	1.3	..
Chili	2.8	2.8	2.8	3.2	3.4	3.2	3.2	3.0
Colombie	1.2	1.4	1.2	1.3	1.4	1.5	1.4	1.5
Costa Rica	0.2	0.3	0.3	0.2	0.3	0.3	0.4	0.4
Cuba	..	..	..	..	..	..	..	..
République tchèque	1.8	1.7	1.6	1.3	1.2	1.1	1.0	0.9
Danemark	6.8	6.9	7.1	7.3	7.3	7.8	8.0	7.9
République dominicaine	..	..	..	..	..	..	0.2	..
Équateur	..	..	..	0.5	0.5	0.4	0.5	0.5
Égypte	..	..	..	..	..	0.3	0.3	0.3
El Salvador	..	..	..	..	..	..	0.6	0.6
Estonie	0.9	0.9	0.9	1.0	1.0	0.9	0.9	0.9
Finlande	1.9	2.7	2.9	3.0	2.1	2.0	1.9	2.5
France	5.4	5.6	6.0	6.2	6.2	6.1	6.1	6.2
Allemagne	3.0	3.1	3.0	2.9	2.7	2.7	2.7	2.9
Grèce	1.0	0.9	1.1	1.0	0.9	1.0	1.0	1.1
Guatemala	0.2	0.3	0.3	0.2	0.2	0.3	0.2	0.3
Honduras	0.9	1.0	0.7	0.7	..	..	0.9	0.8
Hong-Kong, Chine	10.6	11.6	12.6	13.3	16.2	16.6	16.8	..
Hongrie	1.4	1.4	1.4	1.2	1.2	1.2	1.1	1.1
Inde	..	..	..	2.7	2.7	2.7	..	..
Indonesie	1.2	1.2	1.1	1.2	1.3	1.4	1.3	1.2
Islande	0.2	0.2	0.2	0.2	0.2	0.2	0.2	0.2
Irlande	16.1	15.1	16.5	13.2	12.3	11.8	9.5	9.2
Israël[1]	2.6	2.5	2.4	2.5	2.5	2.7	2.7	2.7
Italie	4.3	5.3	6.8	6.9	6.0	5.7	5.8	5.9
Japon	6.8	6.4	6.8	6.8	6.0	5.8	6.1	5.6
Corée	7.4	7.2	7.1	7.1	6.9	6.2	5.9	..
Lettonie	0.4	0.4	0.5	0.5	0.5	0.5	0.5	0.7
Lithuanie	0.5	0.5	0.6	0.6	0.6	0.5	0.5	0.6
Luxembourg	40.9	36.4	40.5	33.7	30.5	34.7	31.7	34.0
Malaysie	3.1	3.1	3.0	3.0	3.0	3.0	2.9	3.1
Mexique	0.9	1.0	1.0	1.0	1.0	1.0	1.0	1.1
Maroc	..	..	..	..	..	1.6	1.6	..
Pays-Bas	2.9	2.8	2.6	2.1	1.9	1.8	1.5	1.5
Nouvelle-Zélande	..	..	..	..	..	..	..	0.8
Nicaragua	0.2	0.2	0.3	0.3	0.3	0.3	0.3	..
Norvège	2.8	2.6	2.9	3.0	3.0	2.8	2.8	3.1
Panama	1.0	1.1	..	..	..	..	..	0.6
Paraguay	..	0.1	..	0.1	0.0	0.1	0.1	0.1
Pérou	0.7	0.8	0.9	0.9	0.8	0.8	0.8	0.9
Pologne	2.2	1.9	1.7	1.5	1.3	1.2	1.0	0.9
Portugal	4.0	5.3	5.9	4.7	3.5	3.4	3.8	3.2
Porto Rico	..	0.4	0.6	0.5	1.2	..	..	..
Russie	..	..	0.2	0.2	0.3	0.4	0.5	0.4
Singapour	4.9	5.3	5.9	6.1	6.4	7.3	..	7.1
République slovaque	1.6	1.7	1.6	1.4	..	3.9	..	1.3
Slovénie	1.3	1.3	1.3	1.3	1.2	1.2	1.1	1.1
Afrique du Sud	..	11.6	11.8	11.8	11.4	..	..	..
Espagne	2.5	2.5	2.4	2.4	2.8	2.5	2.4	2.2
Sri Lanka	..	..	0.3	0.5	..	0.5	0.5	..
Suède	2.4	2.4	6.0	5.8	5.7	6.2	6.7	6.9
Suisse	5.0	5.1	5.0	5.0	4.6	4.4	4.3	4.3
Thaïlande	..	..	..	..	..	..	..	..
Tunisie	..	..	..	..	0.4	0.4	0.5	..
Turquie	0.2	0.2	0.2	0.2	0.2	0.3	0.2	0.3
Royaume-Uni	9.5	8.0	8.0	7.6	6.1	9.0	9.6	8.9
États-Unis	5.1	4.7	4.5	4.5	4.5	4.4	4.4	4.5
Uruguay	0.5	0.6	0.7	0.8	..	1.1	1.0	1.2
Total-OCDE	4.8	4.5	4.7	4.6	4.4	4.4	4.4	4.4

.. Non disponible

Note : Voir les métadonnées détaillées sur : *http://metalinks.oecd.org/ins/20210324/6494*.

1. Informations sur les données concernant Israël : *http://oe.cd/israel-disclaimer*.

Source : *Indicateurs des activités d'assurances, Statistiques de l'OCDE sur les assurances (base de données)*

Tableau 18. Pénétration (Non-vie)

Pourcentage

	2012	2013	2014	2015	2016	2017	2018	2019
Argentina	1.8	2.0	2.0	2.2	2.1	2.2	2.0	1.8
Australie	2.1	2.2	2.2	2.2	2.1	2.1	2.1	2.2
Autriche	3.1	3.1	3.1	3.1	3.0	3.0	3.0	3.1
Belgique	2.8	2.8	2.9	2.8	2.7	2.7	2.7	2.8
Bolivie	0.9	..	..	..	0.9	0.8	0.8	0.8
Brésil	1.0	1.1	1.1	1.1	1.1	1.1	1.1	1.1
Canada	3.3	3.2	3.0	3.2	3.2	3.1	3.1	..
Chili	1.4	1.4	1.4	1.5	1.4	1.4	1.5	1.5
Colombie	1.3	1.3	1.3	1.4	1.4	1.4	1.4	1.4
Costa Rica	1.8	1.8	2.0	1.7	1.8	1.9	1.9	1.9
Cuba	..	..	..	..	..	..	..	..
République tchèque	1.9	2.0	1.9	1.9	1.8	1.7	1.7	1.9
Danemark	3.1	3.0	3.3	3.2	3.1	3.2	3.1	3.0
République dominicaine	..	..	..	..	..	..	1.2	..
Équateur	..	..	..	1.8	1.6	1.1	1.1	1.2
Égypte	..	..	..	..	..	0.4	0.4	0.3
El Salvador	..	..	..	..	..	..	1.8	1.8
Estonie	1.8	2.2	2.2	2.3	2.4	2.5	2.7	2.6
Finlande	1.7	2.0	2.1	2.1	2.0	1.9	..	..
France	3.2	3.2	3.2	3.2	4.5	4.5	4.5	4.5
Allemagne	3.6	3.6	3.5	3.4	3.5	3.7	3.7	3.7
Grèce	1.3	1.3	1.1	1.0	1.0	1.0	1.0	1.0
Guatemala	0.9	1.0	1.0	1.0	1.0	1.0	0.9	0.9
Honduras	1.0	1.0	1.2	1.2	..	..	1.8	1.7
Hong-Kong, Chine	1.4	1.5	1.4	1.5	1.4	1.4	1.4	..
Hongrie	1.2	1.2	1.1	1.2	1.2	1.2	1.3	1.3
Inde	..	..	..	0.7	0.9	0.9	..	..
Indonesie	0.4	0.5	0.5	0.5	0.5	0.5	0.5	0.5
Islande	2.5	2.3	2.2	2.2	2.1	2.2	2.3	2.3
Irlande	3.8	3.5	3.4	3.3	5.4	2.7	2.4	2.7
Israël[1]	2.3	2.2	2.2	2.2	2.2	2.3	2.3	2.2
Italie	2.2	2.1	2.0	1.9	1.9	1.9	1.9	1.9
Japon	..	..	..	..	1.7	1.6	1.7	1.7
Corée	4.7	4.5	4.9	4.8	4.9	4.8	4.7	..
Lettonie	1.7	1.7	1.7	1.7	1.6	1.9	2.1	2.1
Lithuanie	1.1	1.1	1.1	1.1	1.2	1.3	1.4	1.4
Luxembourg	2.9	3.2	2.7	2.8	2.8	3.1	2.8	3.3
Malaysie	1.7	1.7	1.7	1.7	1.6	1.4	1.4	1.4
Mexique	1.0	1.1	1.1	1.1	1.2	1.3	1.2	1.3
Maroc	..	..	..	..	..	2.0	2.1	..
Pays-Bas	3.1	3.0	2.8	2.7	7.9	7.7	7.8	7.7
Nouvelle-Zélande	2.6	2.7	2.7	2.5	2.5	2.4	..	2.7
Nicaragua	1.1	1.2	1.2	1.2	1.3	1.3	1.4	..
Norvège	2.3	2.2	2.4	2.4	2.6	2.3	2.2	2.4
Panama	1.6	1.6	..	..	..	..	..	1.7
Paraguay	0.5	0.8	..	0.9	1.0	0.9	0.9	0.9
Pérou	0.8	0.9	0.9	1.0	0.9	0.9	0.9	0.9
Pologne	1.6	1.6	1.5	1.4	1.6	1.8	1.8	1.8
Portugal	2.0	2.0	1.9	2.0	2.1	2.1	2.0	2.1
Porto Rico	..	8.9	8.3	10.2	11.6	..	..	..
Russie	..	..	0.8	1.1	1.1	1.0	1.0	1.0
Singapour	1.8	1.8	1.9	1.8	1.8	1.7	..	1.9
République slovaque	1.3	1.3	1.3	1.3	..	1.4	..	1.4
Slovénie	4.0	3.8	3.7	3.6	3.5	3.5	3.5	3.7
Afrique du Sud	..	2.8	2.5	2.7	2.5	..	..	..
Espagne	2.8	2.8	2.7	2.7	2.7	2.7	2.7	2.7
Sri Lanka	..	..	0.6	0.6	..	0.7	0.7	..
Suède	1.8	1.9	2.3	1.9	1.7	1.7	1.9	2.0
Suisse	4.1	4.1	4.0	4.1	4.1	4.1	4.1	4.1
Thaïlande	..	..	..	..	..	..	..	..
Tunisie	..	..	..	..	1.6	1.7	1.6	..
Turquie	1.1	1.1	1.1	1.2	1.3	1.2	1.1	1.1
Royaume-Uni	3.0	3.0	2.8	2.6	3.5	3.6	3.6	3.0
États-Unis	6.0	6.1	6.4	6.6	6.7	6.8	6.8	7.0
Uruguay	1.5	1.5	1.6	1.6	..	1.5	1.5	1.5
Total-OCDE	4.0	4.0	4.1	4.4	4.4	4.4	4.5	4.6

.. Non disponible

Note : Voir les métadonnées détaillées sur : *http://metalinks.oecd.org/ins/20210324/6494.*

1. Informations sur les données concernant Israël : *http://oe.cd/israel-disclaimer.*

Source : *Indicateurs des activités d'assurances, Statistiques de l'OCDE sur les assurances (base de données)*

Tableau 19. Part de l'assurance-vie

Pourcentage du total de l'assurance

Pourcentage

	2012	2013	2014	2015	2016	2017	2018	2019
Argentina	20.7	17.8	16.5	15.3	16.0	14.7	14.3	13.6
Australie	53.6	54.9	61.1	59.2	55.4	52.1	49.5	43.2
Autriche	..	34.1	35.5	35.3	32.5	31.7	29.9	28.8
Belgique	64.7	57.7	56.5	55.4	54.4	53.7	54.7	51.7
Bolivie	21.8	..	..	..	33.5	40.4	43.3	44.9
Brésil	..	..	60.2	62.7	66.1	66.5	66.6	69.4
Canada	32.1	32.9	28.7	28.7	29.1	29.5	30.1	..
Chili	65.5	66.5	65.8	68.3	70.4	69.4	68.8	67.0
Colombie	46.9	51.1	47.5	46.6	48.2	50.9	50.1	50.6
Costa Rica	11.9	13.4	12.3	12.7	15.4	14.7	16.1	16.0
Cuba	..	..	..	..	..	..	..	..
République tchèque	46.9	45.7	45.1	41.1	40.6	38.3	36.6	32.1
Danemark	68.7	95.4	67.7	68.9	68.7	69.1	70.0	71.3
République dominicaine	..	..	..	..	..	..	16.1	..
Équateur	..	..	..	19.5	22.0	..	..	29.1
Égypte	..	..	..	..	..	..	..	43.7
El Salvador	22.7	26.7	25.7	25.6	24.7	..	25.1	25.6
Estonie	33.9	29.3	30.3	31.2	30.0	27.3	25.2	25.7
Finlande	51.2	56.8	57.4	58.3	50.6	50.7	100.0	100.0
France	62.1	62.4	64.2	64.2	58.0	55.2	55.2	55.8
Allemagne	35.5	36.0	35.9	34.0	33.1	32.1	31.8	32.7
Grèce	43.2	41.4	49.5	50.5	47.2	50.4	49.5	50.9
Guatemala	20.3	19.9	20.8	19.4	19.9	20.5	20.5	21.2
Honduras	..	30.9	35.3	36.4	..	..	33.3	32.2
Hong-Kong, Chine	84.7	85.7	86.9	87.6	90.1	90.4	90.1	..
Hongrie	53.0	54.5	54.8	51.1	49.5	48.2	46.2	44.3
Inde	..	..	..	78.2	..	70.7	..	..
Indonesie	70.6	67.9	66.2	69.0	72.6	74.6	72.9	70.5
Islande	7.3	7.9	8.2	8.4	8.8	8.9	8.3	8.3
Irlande	80.3	80.6	82.2	79.6	68.5	79.5	75.4	72.0
Israël[1]	52.9	52.9	51.7	53.6	52.7	53.8	54.0	54.9
Italie	66.5	71.4	76.8	77.8	75.8	75.0	74.7	75.1
Japon	100.0	100.0	100.0	100.0	75.5	75.1	75.2	73.2
Corée	59.0	59.3	56.8	57.1	56.3	53.9	53.2	..
Lettonie	17.6	18.9	20.6	21.6	23.2	22.5	19.2	26.6
Lithuanie	32.0	32.0	35.8	36.6	34.7	29.2	28.3	28.6
Luxembourg	93.4	91.9	93.9	92.3	91.5	91.8	91.8	90.7
Malaysie	60.6	60.1	60.2	60.6	61.7	63.4	64.1	65.8
Mexique	46.2	46.1	46.8	46.3	46.7	43.0	44.9	45.0
Maroc	..	..	..	..	..	..	..	..
Pays-Bas	47.6	47.4	47.7	43.6	19.6	18.2	16.2	..
Nouvelle-Zélande	..	..	..	..	..	..	..	23.6
Nicaragua	15.8	17.2	17.8	17.4	18.6	..	20.4	..
Norvège	54.6	54.2	55.3	55.1	55.4	55.4	55.9	56.0
Panama	38.5	39.7	..	..	..	..	..	25.1
Paraguay	..	12.2	..	13.3	0.2	13.9	..	13.3
Pérou	47.2	46.8	49.1	48.4	45.3	47.0	48.5	48.8
Pologne	58.1	54.0	52.2	50.2	42.6	39.4	34.9	32.3
Portugal	63.3	70.5	72.9	67.5	59.6	58.6	61.8	56.7
Porto Rico	..	4.3	6.3	4.9	9.5	..	..	..
Russie	..	..	12.6	13.9	20.4	27.4	32.0	28.9
Singapour	65.8	67.9	68.5	69.3	71.6	74.9	..	68.8
République slovaque	53.9	55.5	54.3	51.2	..	73.6	..	48.6
Slovénie	22.1	22.4	22.9	23.1	22.5	22.4	21.7	20.8
Afrique du Sud	79.2	78.6	80.5	79.9	79.7	..	..	..
Espagne	46.4	44.6	43.9	43.6	47.1	44.8	43.6	41.5
Sri Lanka	..	..	35.5	42.5	..	41.4	41.3	..
Suède	54.0	52.2	69.6	73.3	74.9	76.1	75.6	75.6
Suisse	47.9	48.2	48.5	48.9	46.9	45.0	44.4	43.7
Thaïlande	..	..	..	..	..	..	..	..
Tunisie	..	..	..	..	20.3	19.7	..	..
Turquie	15.4	15.7	12.3	11.8	14.9	17.3	15.9	20.1
Royaume-Uni	75.4	72.4	73.4	73.3	68.8	68.3	71.7	71.9
États-Unis	40.3	38.5	36.2	37.1	35.9	35.6	43.3	42.6
Uruguay	26.4	28.7	29.5	33.4	..	42.2	..	44.1
Total-OCDE	53.2	52.7	50.2	49.2	46.5	45.4	50.2	49.9

.. Non disponible

Note : Voir les métadonnées détaillées sur : *http://metalinks.oecd.org/ins/20210324/6494.*

1. Informations sur les données concernant Israël : *http://oe.cd/israel-disclaimer.*

Source : *Indicateurs des activités d'assurances, Statistiques de l'OCDE sur les assurances (base de données)*

Tableau 20. Total des primes brutes directes par employé d'entreprise d'assurances

Dollars des États-Unis

	2012	2013	2014	2015	2016	2017	2018	2019
Argentina	..	289 071	296 157	290 581	..	264 715	291 050	165 282
Australie	..	..	..	..	..	..	..	..
Autriche	765 392	795 367	816 717	688 586	660 884	676 184	729 985	704 559
Belgique	..	..	..	..	..	..	..	..
Bolivie	..	..	..	..	112 942	99 464	101 913	106 567
Brésil	..	..	..	..	..	..	..	..
Canada	..	..	..	..	..	..	..	..
Chili	486 192	493 638	454 677	495 261	510 666	519 672	558 276	512 932
Colombie	..	..	502 752	375 951	347 555	..	..	..
Costa Rica	..	..	..	..	..	..	..	..
Cuba	..	..	..	..	..	..	..	..
République tchèque	..	..	..	..	..	..	..	..
Danemark	2 052 306	2 215 121	2 158 639	1 927 585	2 018 459	2 661 767	3 419 049	2 616 680
République dominicaine	..	..	..	..	..	..	..	..
Équateur	..	..	..	2 202 989	292 344	..	..	..
Égypte	..	..	..	..	..	..	..	40 536
El Salvador	..	..	..	..	..	..	195 773	..
Estonie	224 236	200 224	221 998	200 416	..	..	..	..
Finlande	949 631	1 363 735	1 514 861	1 311 479	1 088 453	1 237 491	633 977	965 645
France	..	..	..	..	..	..	..	..
Allemagne	1 508 895	1 607 786	1 649 160	1 371 091	1 367 654	1 520 578	1 653 171	1 701 918
Grèce	..	..	..	..	..	..	..	..
Guatemala	137 904	..	159 900	..	181 604	186 479	185 720	189 576
Honduras	..	267 721	183 148	217 165	..	..	1 497 747	1 768 927
Hong-Kong, Chine	..	..	..	..	..	617 084	632 451	..
Hongrie	143 598	157 425	161 509	147 122	169 626	168 073	197 023	177 672
Inde	..	..	..	..	..	32 479	..	..
Indonesie	23 320	..	..	..	..	..	..	..
Islande	..	665 881	731 603	703 782	..	..	..	..
Irlande	5 145 784	5 005 661	..	..	..	..	..	..
Israël[1]	..	..	..	..	..	..	..	..
Italie	516 300	588 605	729 106	622 717	585 098	..	..	..
Japon	..	129 385	130 139	144 659	..	1 060 963	..	..
Corée	442 456	466 422	580 368	591 071	610 886	638 233	628 010	..
Lettonie	144 559	198 764	237 445	301 825	..	..	..	..
Lithuanie	116 317	128 847	136 520	120 842	130 040	147 705	172 038	179 804
Luxembourg	1 776 184	1 556 437	4 328 321	2 997 287	2 886 004	3 019 973	2 823 429	2 443 072
Malaysie	567 984	651 774	650 745	461 454	465 847	435 343	475 776	493 540
Mexique	457 259	436 528	403 458	330 532	410 335	423 179	..	..
Maroc	..	..	..	..	..	..	..	..
Pays-Bas	..	..	..	..	..	..	..	..
Nouvelle-Zélande	425 805	473 708	..	..	..	..	..	..
Nicaragua	..	1 704 849	119 312	2 050 664	..	..	..	..
Norvège	..	..	..	..	..	..	..	..
Panama	347 935	392 524	..	..	..	..	..	243 877
Paraguay	104 274	382 149	..	124 344	..	..	..	..
Pérou	251 417	285 142	301 442	290 594	..	..	295 065	306 299
Pologne	198 127	169 341	183 458	167 678	..	..	..	..
Portugal	389 138	490 972	551 505	416 277	371 983	413 352	506 932	493 481
Porto Rico	..	780 437	704 962	856 812	1 042 984	..	..	..
Russie	..	..	73 609	..	61 185	121 961	89 910	72 008 946
Singapour	..	..	..	..	..	..	..	..
République slovaque	378 453	..	403 610	..	..	..	..	..
Slovénie	..	..	..	..	..	..	..	..
Afrique du Sud	..	..	..	..	..	..	..	..
Espagne	..	424 700	403 450	..	..	..	..	..
Sri Lanka	..	..	24 436	26 631	..	17 383	17 439	..
Suède	1 073 328	1 210 867	2 042 276	1 771 433	..	1 686 900	1 927 908	2 031 531
Suisse	..	..	..	..	..	..	..	..
Thaïlande	..	..	..	..	..	..	..	..
Tunisie	..	..	..	..	173 680	..	..	..
Turquie	322 731	379 315	335 385	298 749	233 812	204 510	261 141	201 229
Royaume-Uni	..	..	..	..	..	..	..	..
États-Unis	..	..	..	..	..	..	..	..
Uruguay	..	..	..	..	..	..	..	..
Total-OCDE	665 094	318 545	333 913	333 824	710 683	919 678	960 372	1 188 148

.. Non disponible

Note : Voir les métadonnées détaillées sur : *http://metalinks.oecd.org/ins/20210324/6494.*

1. Informations sur les données concernant Israël : *http://oe.cd/israel-disclaimer.*

Source : *Indicateurs des activités d'assurances, Statistiques de l'OCDE sur les assurances (base de données)*

COMPARAISONS INTERNATIONALES

Tableau 21. Taux de rétention (Vie et Non-vie)

Pourcentage

	2012	2013	2014	2015	2016	2017	2018	2019
Argentina	88.9	90.6	86.5	87.5	88.4	88.7	89.3	87.3
Australie	84.1	84.5	86.0	83.8	80.4	77.1	77.9	74.1
Autriche	..	81.3	83.6	84.2	81.1	82.7	87.2	86.4
Belgique	92.6	91.2	88.7	88.5	87.2	87.5	87.2	76.2
Bolivie	50.3	..	..	..	49.8	51.5	54.9	53.9
Brésil	..	..	95.2	95.4	95.8	95.7	95.6	95.5
Canada	73.3	73.1	73.5	71.4	74.0	72.4	79.1	..
Chili	83.1	84.4	84.0	84.8	84.4	83.4	84.1	82.8
Colombie	81.3	82.9	82.5	81.5	80.1	81.6	81.1	80.4
Costa Rica	80.9	78.6	80.2	77.9	78.9	79.4	77.5	78.3
Cuba	..	..	..	..	..	..	..	..
République tchèque	81.3	80.6	80.3	79.3	78.9	78.7	79.0	79.4
Danemark	96.3	99.4	97.2	97.1	96.9	96.7	97.2	97.8
République dominicaine	..	..	..	..	..	..	69.1	..
Équateur	..	..	..	72.4	72.3	..	..	67.0
Égypte	..	..	..	..	..	..	..	62.0
El Salvador	62.0	66.6	66.6	66.5	64.2	..	63.7	63.0
Estonie	..	..	..	..	..	..	..	..
Finlande	96.7	97.4	97.6	97.7	97.3	97.4	99.5	99.5
France	89.2	89.3	91.0	88.6	84.8	88.0	87.7	87.0
Allemagne	90.2	89.7	89.0	87.7	87.9	87.5	86.1	86.4
Grèce	88.1	79.8	87.6	87.2	88.8	89.2	88.7	89.6
Guatemala	68.0	66.3	64.2	64.9	67.8	67.2	65.2	65.6
Honduras	..	55.7	54.4	53.0	..	..	58.7	63.1
Hong-Kong, Chine	87.6	87.0	87.7	88.3	90.4	90.4	90.7	..
Hongrie	83.3	86.1	86.1	86.1	86.7	87.4	87.6	87.9
Inde	..	..	..	95.2	..	91.8	..	..
Indonesie	86.2	85.5	83.8	84.8	86.0	87.3	86.8	85.6
Islande	93.3	93.9	94.4	94.8	95.4	96.0	95.9	96.3
Irlande	88.4	87.8	89.2	88.0	79.6	..	..	..
Israël[1]	85.7	87.3	88.5	88.4	84.9	86.5	85.8	85.3
Italie	95.1	96.2	97.1	97.2	96.4	96.3	96.2	96.5
Japon	94.1	94.9	94.3	94.6	89.5	89.8	88.8	85.1
Corée	95.0	94.7	94.7	94.7	94.7	94.3	94.0	..
Lettonie	94.2	96.3	96.3	95.9	95.3	93.2	89.8	90.3
Lithuanie	..	..	95.2	95.1	95.0	91.5	90.4	90.9
Luxembourg	68.6	74.9	71.8	84.1	82.2	85.8	76.8	73.0
Malaysie	86.9	87.8	87.8	87.9	88.3	88.6	89.2	89.9
Mexique	83.8	82.6	83.9	83.0	84.4	81.4	83.2	81.3
Maroc	..	..	..	..	..	..	..	..
Pays-Bas	92.0	92.3	89.4	91.7	98.3	97.6	98.0	..
Nouvelle-Zélande	112.4	107.9	111.2	112.7	107.0	106.8	..	70.3
Nicaragua	62.0	63.8	63.3	65.7	66.7	..	60.9	..
Norvège	93.0	92.9	93.1	92.2	92.7	93.0	93.3	93.7
Panama	57.4	55.6	..	..	..	..	..	63.4
Paraguay	102.3	79.1	..	79.6	78.0	77.4	..	74.2
Pérou	76.7	76.7	75.5	74.5	73.3	75.0	76.3	77.0
Pologne	92.7	92.7	92.4	90.5	87.9	88.4	88.4	87.6
Portugal	89.6	91.1	92.0	90.5	88.9	88.6	89.4	86.3
Porto Rico	..	99.6	98.6	92.9	93.9	..	..	..
Russie	..	..	86.9	88.6	88.9	91.7	92.4	91.9
Singapour	85.5	85.9	86.8	79.2	77.6	77.0	..	74.2
République slovaque	85.6	85.8	85.3	84.5	..	92.2	..	85.5
Slovénie	87.1	87.8	86.9	88.1	87.7	86.5	86.8	85.8
Afrique du Sud	90.9	87.6	88.2	89.7	88.9	..	..	..
Espagne	92.5	90.0	91.3	91.3	91.0	90.6	91.0	89.6
Sri Lanka	..	..	87.0	86.6	..	85.6	87.9	..
Suède	92.2	92.7	95.6	97.0	97.3	97.2	97.4	96.9
Suisse	92.5	92.6	92.9	93.1	93.7	92.6	92.6	92.3
Thaïlande	..	..	..	..	..	..	..	..
Tunisie	..	..	..	..	80.9	100.0	..	..
Turquie	77.9	75.6	75.0	74.8	76.1	72.0	70.9	71.5
Royaume-Uni	87.7	87.4	84.8	89.0	77.0	87.9	80.6	80.5
États-Unis	73.6	71.3	74.9	72.8	72.5	71.4	83.7	84.4
Uruguay	91.0	91.2	90.8	91.5	..	92.9	..	91.9
Total-OCDE	82.1	81.5	82.5	80.7	79.4	79.6	85.6	85.0

.. Non disponible

Note : Voir les métadonnées détaillées sur : *http://metalinks.oecd.org/ins/20210324/6494*.

1. Informations sur les données concernant Israël : *http://oe.cd/israel-disclaimer*.

Source : *Indicateurs des activités d'assurances, Statistiques de l'OCDE sur les assurances (base de données)*

Tableau 22. Taux de rétention (Vie)

Pourcentage

	2012	2013	2014	2015	2016	2017	2018	2019
Argentina	92.7	96.6	97.1	97.2	96.7	96.8	96.8	95.7
Australie	92.1	92.3	92.5	91.3	89.3	82.5	84.2	76.5
Autriche	..	96.7	97.4	97.6	97.4	97.8	97.8	97.8
Belgique	97.7	97.0	97.6	97.9	96.7	98.0	97.7	96.9
Bolivie	79.5	..	..	..	64.6	63.7	71.9	68.2
Brésil	..	..	99.6	99.5	99.6	99.5	99.6	99.6
Canada	73.9	75.2	69.5	67.6	72.1	72.9	75.4	..
Chili	97.4	98.0	97.7	97.5	95.0	92.6	93.3	93.1
Colombie	93.7	94.4	94.2	94.7	93.9	92.8	92.0	91.2
Costa Rica	90.8	84.7	87.4	81.4	82.8	81.4	79.0	80.5
Cuba	..	..	..	..	..	..	..	..
République tchèque	95.0	93.9	93.0	92.4	92.3	91.7	91.4	95.3
Danemark	99.7	100.0	99.8	99.8	99.8	99.8	99.9	99.9
République dominicaine	..	..	..	..	..	..	76.5	..
Équateur	..	..	..	81.6	99.2	..	..	99.0
Égypte	..	..	..	..	..	..	..	64.7
El Salvador	81.1	95.0	87.3	81.6	80.8	..	78.2	76.6
Estonie	..	..	..	..	..	..	..	..
Finlande	99.0	99.4	99.5	99.5	99.3	99.4	99.5	99.5
France	92.9	92.5	94.1	90.7	86.5	93.2	93.9	93.1
Allemagne	96.9	96.8	97.0	97.0	96.6	97.0	96.2	97.3
Grèce	95.1	94.8	95.6	95.9	96.2	95.0	95.1	95.7
Guatemala	76.6	75.3	76.6	76.9	80.9	79.9	78.1	79.2
Honduras	..	61.1	45.4	56.1	..	..	56.0	60.3
Hong-Kong, Chine	91.0	90.0	90.5	91.0	92.8	92.7	93.4	..
Hongrie	93.6	95.0	96.3	96.8	97.3	98.7	99.1	99.1
Inde	..	..	..	99.6	..	99.5	..	..
Indonesie	97.3	97.2	96.7	96.8	97.3	97.4	97.1	96.8
Islande	82.5	83.9	82.3	83.7	85.2	85.9	85.0	85.6
Irlande	94.4	93.7	94.0	94.1	94.9	..	..	..
Israël[1]	95.2	95.3	95.2	95.5	95.1	95.2	95.4	95.8
Italie	98.3	98.8	99.0	99.1	99.1	99.1	99.1	99.5
Japon	94.1	94.9	94.3	94.6	93.1	93.6	92.7	88.2
Corée	98.8	98.8	98.8	98.7	98.6	98.4	98.4	..
Lettonie	99.7	99.8	99.8	99.8	99.8	99.8	99.8	99.2
Lithuanie	..	..	98.5	98.0	98.5	98.3	97.8	98.5
Luxembourg	68.9	76.4	72.1	85.3	83.6	87.4	77.4	73.5
Malaysie	96.7	97.3	96.9	96.7	96.6	95.9	96.0	95.8
Mexique	94.8	95.3	96.6	96.4	96.2	95.4	95.4	95.5
Maroc	..	..	..	..	..	..	..	..
Pays-Bas	94.9	95.4	89.6	94.0	97.2	96.4	97.7	..
Nouvelle-Zélande	..	..	..	..	..	..	..	60.6
Nicaragua	63.7	60.3	55.3	59.2	58.2	..	62.4	..
Norvège	98.6	98.8	98.9	98.7	98.9	98.9	99.1	99.3
Panama	80.4	77.7	..	..	..	..	..	49.0
Paraguay	..	80.7	..	81.7	41.0	83.0	..	80.0
Pérou	88.8	89.5	84.4	84.7	82.4	83.7	85.0	86.9
Pologne	97.6	98.6	98.5	98.2	98.3	99.4	98.7	98.4
Portugal	96.4	97.0	97.7	97.2	96.5	96.5	96.9	96.5
Porto Rico	..	103.3	100.0	56.0	78.0	..	..	..
Russie	..	..	98.4	98.6	98.8	99.2	99.3	99.3
Singapour	96.6	95.1	96.1	88.4	84.3	82.3	..	79.0
République slovaque	98.4	98.4	98.2	97.9	..	99.0	..	95.5
Slovénie	97.5	97.2	96.9	96.7	96.3	96.4	96.4	96.3
Afrique du Sud	94.9	92.5	93.2	95.2	94.6	..	..	..
Espagne	94.7	93.9	96.4	96.8	97.3	96.2	97.1	97.0
Sri Lanka	..	..	96.3	96.3	..	96.0	99.5	..
Suède	99.1	98.7	99.6	99.8	99.9	99.7	99.8	99.7
Suisse	99.4	99.3	99.4	99.4	99.3	99.3	98.8	99.4
Thaïlande	..	..	..	..	..	..	..	..
Tunisie	..	..	..	..	90.4	100.0	..	..
Turquie	95.1	95.7	94.8	95.1	95.8	96.2	95.5	96.0
Royaume-Uni	89.0	88.9	85.4	91.2	80.3	95.3	84.5	84.3
États-Unis	83.5	77.4	88.3	80.4	80.0	77.8	75.2	78.6
Uruguay	97.0	97.5	97.6	97.6	..	97.4	..	97.5
Total-OCDE	89.8	88.7	91.6	88.6	86.7	87.6	84.9	85.1

.. Non disponible

Note : Voir les métadonnées détaillées sur : *http://metalinks.oecd.org/ins/20210324/6494.*

1. Informations sur les données concernant Israël : *http://oe.cd/israel-disclaimer.*

Source : *Indicateurs des activités d'assurances, Statistiques de l'OCDE sur les assurances (base de données)*

Tableau 23. Taux de rétention (Non-vie)

Pourcentage

	2012	2013	2014	2015	2016	2017	2018	2019
Argentina	87.9	89.3	84.4	85.7	86.8	87.3	88.0	86.0
Australie	74.9	75.0	75.7	73.0	69.3	71.3	71.8	72.3
Autriche	..	73.2	76.0	77.0	73.3	75.8	82.7	81.7
Belgique	83.2	83.4	77.2	76.8	75.8	75.4	74.5	54.0
Bolivie	42.2	..	..	..	42.4	43.1	41.9	42.3
Brésil	..	..	88.5	88.5	88.4	88.3	87.7	86.4
Canada	73.0	72.1	75.2	72.9	74.7	72.2	80.6	..
Chili	55.9	57.6	57.7	57.4	59.1	62.7	63.8	61.8
Colombie	70.3	70.8	72.0	69.9	67.3	70.1	70.2	69.3
Costa Rica	79.5	77.6	79.2	77.3	78.2	79.0	77.2	77.8
Cuba	..	..	..	..	..	..	..	..
République tchèque	69.2	69.4	69.8	70.2	69.8	70.6	71.9	72.0
Danemark	88.9	88.1	91.7	91.1	90.6	89.9	91.1	92.5
République dominicaine	..	..	..	..	..	..	67.7	..
Équateur	..	..	..	70.1	64.7	..	..	53.8
Égypte	..	..	..	..	..	..	..	59.8
El Salvador	56.3	56.2	58.4	60.1	57.1	..	58.8	58.4
Estonie	..	..	..	..	..	..	..	..
Finlande	94.3	94.7	95.0	95.2	95.3	95.4	..	..
France	83.2	84.1	85.3	84.8	82.4	81.7	80.1	79.2
Allemagne	86.5	85.7	84.6	82.9	83.7	83.0	81.3	81.1
Grèce	82.9	69.1	79.8	78.3	82.2	83.3	82.5	83.2
Guatemala	65.9	64.0	61.0	62.0	64.5	63.9	61.8	62.0
Honduras	..	53.3	59.3	51.3	..	..	60.1	64.4
Hong-Kong, Chine	68.7	69.3	69.0	69.8	68.9	68.7	65.8	..
Hongrie	71.6	75.3	73.6	75.0	76.2	76.9	77.7	79.0
Inde	..	..	..	79.5	..	73.1	..	..
Indonesie	59.4	60.8	58.4	58.3	55.7	57.6	58.9	58.8
Islande	94.2	94.7	95.5	95.8	96.3	97.0	96.9	97.2
Irlande	64.1	63.1	67.1	64.1	46.3	..	..	..
Israël[1]	75.0	78.2	81.2	80.2	73.6	76.4	74.6	72.6
Italie	89.0	89.9	90.5	90.6	87.9	87.8	87.6	87.3
Japon	..	..	..	..	78.4	78.2	76.9	76.6
Corée	89.5	88.6	89.5	89.4	89.8	89.5	88.9	..
Lettonie	93.0	95.5	95.4	94.8	93.9	91.3	87.4	87.1
Lithuanie	..	..	93.3	93.4	93.0	88.6	87.5	87.9
Luxembourg	64.3	58.5	65.9	68.9	66.7	67.7	69.2	68.3
Malaysie	71.8	73.6	74.0	74.4	74.9	76.0	77.0	78.4
Mexique	74.4	71.7	72.8	71.5	74.0	70.8	73.2	69.7
Maroc	..	..	..	..	..	..	..	..
Pays-Bas	89.4	89.5	89.2	89.9	98.5	98.1	98.3	..
Nouvelle-Zélande	78.7	77.5	80.0	80.5	73.8	74.4	..	73.4
Nicaragua	61.7	64.6	65.0	67.0	68.7	..	60.5	..
Norvège	86.2	85.9	85.9	84.3	85.0	85.5	86.0	86.5
Panama	43.0	41.0	..	..	..	..	..	68.2
Paraguay	71.2	78.9	..	79.3	78.0	76.5	..	73.3
Pérou	65.8	65.5	67.0	65.0	65.7	67.3	68.1	67.4
Pologne	85.9	85.8	85.8	82.8	80.2	81.3	82.8	82.4
Portugal	77.9	76.9	76.8	76.6	77.7	77.4	77.1	72.8
Porto Rico	..	99.5	98.5	94.8	95.5	..	..	..
Russie	..	..	82.0	87.0	86.4	88.9	89.2	88.9
Singapour	64.2	66.5	66.5	58.4	60.9	61.0	..	63.5
République slovaque	70.7	70.1	69.9	70.4	..	73.3	..	76.1
Slovénie	84.2	85.1	84.0	85.5	85.2	83.6	84.2	83.0
Afrique du Sud	75.7	69.8	67.7	68.0	66.8	..	..	..
Espagne	90.5	86.8	87.3	87.0	85.3	86.0	86.2	84.3
Sri Lanka	..	..	81.9	79.4	..	78.3	79.8	..
Suède	84.0	86.1	86.5	89.3	89.5	89.1	89.9	88.2
Suisse	86.1	86.4	86.7	87.0	88.8	87.1	87.5	86.7
Thaïlande	..	..	..	..	..	..	..	..
Tunisie	..	..	..	..	78.6	100.0	..	..
Turquie	74.8	71.9	72.2	72.1	72.7	66.9	66.2	65.3
Royaume-Uni	83.8	83.4	83.2	82.8	69.5	72.0	70.7	70.5
États-Unis	66.9	67.4	67.3	68.2	68.3	67.9	90.1	88.8
Uruguay	88.9	88.7	87.9	88.4	..	89.7	..	87.4
Total-OCDE	73.3	73.5	73.4	73.0	73.0	72.9	86.3	85.0

.. Non disponible

Note : Voir les métadonnées détaillées sur : *http://metalinks.oecd.org/ins/20210324/6494.*

1. Informations sur les données concernant Israël : *http://oe.cd/israel-disclaimer.*

Source : *Indicateurs des activités d'assurances, Statistiques de l'OCDE sur les assurances (base de données)*

Tableau 24. Taux de réassurance acceptée (Vie et Non-vie)

Pourcentage

	2012	2013	2014	2015	2016	2017	2018	2019
Argentina	0.5	0.3	7.2	7.0	6.7	6.6	5.5	5.5
Australie	11.1	10.9	10.1	10.9	12.5	13.0	14.3	16.1
Autriche	..	12.0	9.6	8.9	9.3	6.4	7.2	6.8
Belgique	2.7	3.2	3.5	3.0	2.9	2.3	1.8	7.0
Bolivie	0.6	..	..	..	1.0	3.9	3.3	6.1
Brésil	..	..	0.0	0.0	0.0	0.0	0.0	0.0
Canada	8.5	9.7	17.7	17.6	15.6	16.1	11.3	..
Chili	0.5	0.5	0.6	0.8	1.1	0.9	0.9	1.0
Colombie	1.1	1.3	1.9	2.0	1.8	1.9	2.0	2.0
Costa Rica	0.2	0.3	0.3	0.3	0.3	0.3	0.3	0.4
Cuba	..	..	..	..	..	..	..	..
République tchèque	1.9	1.8	1.6	2.0	2.4	2.5	2.1	2.2
Danemark	0.8	84.9	0.8	0.8	2.9	3.3	3.5	2.4
République dominicaine	..	..	..	..	..	..	..	..
Équateur	..	..	..	2.0	1.7	..	..	0.6
Égypte	..	..	..	..	..	..	..	4.9
El Salvador	..	..	..	..	..	..	5.1	5.5
Estonie	..	..	..	..	..	..	0.0	0.0
Finlande	1.9	1.5	1.4	1.3	1.5	1.6	0.0	0.1
France	10.7	10.1	10.5	8.9	15.7	12.7	12.7	12.8
Allemagne	23.2	22.4	22.4	24.6	24.5	24.6	24.7	25.4
Grèce	2.0	2.3	1.2	1.1	1.0	0.9	0.9	0.9
Guatemala	2.9	2.7	2.7	3.1	2.9	2.9	3.4	2.8
Honduras	..	0.0	0.0	0.0	..	..	..	0.0
Hong-Kong, Chine	4.9	4.7	4.8	4.5	4.8	4.7	4.6	..
Hongrie	1.0	1.3	0.9	1.0	1.0	1.5	1.1	1.0
Inde	..	..	..	0.7	..	5.8	..	..
Indonesie	4.2	4.9	2.5	2.1	2.0	1.8	1.8	2.2
Islande	2.3	2.3	2.5	2.4	1.7	1.4	1.7	1.7
Irlande	2.0	1.8	1.9	1.9	2.2	1.2	3.0	5.8
Israël[1]	..	..	..	..	0.0	..	..	..
Italie	2.5	2.4	1.8	1.8	2.1	2.1	2.3	1.0
Japon	9.9	7.4	5.5	4.1	6.5	6.0	5.5	5.5
Corée	4.9	5.2	5.0	5.1	5.2	5.6	6.2	..
Lettonie	1.4	0.0	0.0	0.0	0.0	0.0	0.0	0.1
Lithuanie	0.1	0.1	0.0	0.0	0.0	0.0	0.0	0.0
Luxembourg	1.3	0.9	1.2	0.8	0.3	0.2	0.2	5.6
Malaysie	7.1	7.4	7.5	7.7	7.7	7.2	6.7	6.5
Mexique	1.8	1.7	1.8	1.7	1.6	1.7	1.7	1.8
Maroc	..	..	..	..	..	..	..	..
Pays-Bas	1.4	1.5	1.5	1.7	0.5	1.8	1.8	..
Nouvelle-Zélande	1.3	0.6	0.6	3.8	1.8	5.3	..	0.1
Nicaragua	..	0.0	..	..	..	..	..	..
Norvège	..	..	..	..	..	..	..	..
Panama	6.7	6.2	..	..	..	..	..	8.2
Paraguay	2.0	1.5	..	1.1	1.0	0.7	..	0.4
Pérou	1.4	1.0	0.7	0.6	0.6	0.7	0.6	0.8
Pologne	1.0	1.2	1.0	2.7	3.5	3.2	3.7	4.5
Portugal	4.1	3.5	3.3	3.9	5.1	5.3	5.3	5.5
Porto Rico	..	0.5	0.9	0.8	0.6	..	..	..
Russie	..	..	3.5	2.8	3.0	2.7	2.9	3.4
Singapour	20.6	19.6	19.2	19.7	21.7	17.6	..	26.8
République slovaque	1.0	0.9	1.4	2.0	..	0.2	..	0.0
Slovénie	12.3	11.3	11.3	12.5	12.1	12.1	11.7	12.2
Afrique du Sud	..	2.3	2.3	2.2	2.9	..	..	..
Espagne	2.6	7.7	7.8	8.2	8.2	8.1	7.8	8.1
Sri Lanka	..	..	2.2	1.5	..	2.4	2.2	..
Suède	7.9	6.3	4.1	3.1	3.0	3.1	3.1	3.0
Suisse	13.5	14.5	13.8	12.7	13.3	14.2	15.0	16.0
Thaïlande	..	..	..	..	..	..	..	..
Tunisie	..	..	..	..	1.2	5.3	..	..
Turquie	2.9	2.7	5.0	3.1	5.9	6.0	8.5	10.0
Royaume-Uni	8.1	9.7	9.9	11.1	35.8	14.3	20.4	19.5
États-Unis	20.7	21.5	21.8	22.8	22.3	23.0	11.9	11.2
Uruguay	0.0	0.0	0.0	0.0	..	0.0	..	0.0
Total-OCDE	14.9	15.4	15.4	16.6	18.4	17.2	11.8	11.8

.. Non disponible

Note : Voir les métadonnées détaillées sur : *http://metalinks.oecd.org/ins/20210324/6494.*

1. Informations sur les données concernant Israël : *http://oe.cd/israel-disclaimer.*

Source : *Indicateurs des activités d'assurances, Statistiques de l'OCDE sur les assurances (base de données)*

Tableau 25. Taux de réassurance acceptée (Vie)

Pourcentage

	2012	2013	2014	2015	2016	2017	2018	2019
Argentina	1.1	0.6	3.0	2.3	3.0	2.9	2.8	3.1
Australie	7.6	8.1	7.5	8.4	9.7	12.2	14.3	18.2
Autriche	..	0.2	0.2	0.2	0.2	0.2	0.2	0.3
Belgique	0.2	0.4	0.4	0.3	0.4	0.3	0.3	0.5
Bolivie	0.4	..	..	..	0.0	3.3	4.8	6.1
Brésil	..	..	0.0	0.0	0.0	0.0	0.0	0.0
Canada	8.8	9.7	16.6	17.5	15.0	14.4	11.8	..
Chili	0.0	0.0	0.1	0.4	1.0	0.8	0.8	0.9
Colombie	0.1	0.0	0.1	0.1	0.1	0.0	0.0	0.0
Costa Rica	0.1	0.0	0.0	0.0	0.0	0.0	0.0	0.0
Cuba	..	..	..	..	..	..	..	..
République tchèque	0.0	0.0	0.0	0.0	0.6	0.6	0.7	0.9
Danemark	0.6	89.0	0.5	0.5	0.6	0.4	0.4	0.4
République dominicaine	..	..	..	..	..	..	..	..
Équateur	..	..	..	0.6	0.0	..	..	0.0
Égypte	..	..	..	..	..	..	..	0.3
El Salvador	..	..	..	..	..	..	5.0	5.1
Estonie	..	..	..	..	..	..	0.0	0.0
Finlande	0.1	0.1	0.2	0.0	0.0	0.0	0.0	0.1
France	9.1	8.0	8.9	6.3	15.5	8.8	8.6	9.6
Allemagne	0.7	0.7	0.6	0.6	0.6	0.8	0.5	0.5
Grèce	0.2	0.2	0.2	0.2	0.1	0.0	0.0	0.0
Guatemala	2.1	1.0	1.6	1.7	1.9	1.4	1.5	0.9
Honduras	..	0.0	0.0	0.0	..	..	..	0.0
Hong-Kong, Chine	1.0	1.1	1.6	1.7	2.8	2.5	2.0	..
Hongrie	0.0	0.0	0.0	0.0	0.0	0.0	0.0	0.0
Inde	..	..	..	0.0	..	0.2	..	..
Indonesie	0.0	0.0	..	..	..	..	..	..
Islande	0.0	0.0	0.0	0.1	..	0.0	..	..
Irlande	1.2	1.1	1.1	1.2	0.7	0.2	0.1	0.3
Israël[1]	..	..	..	..	0.0	..	..	..
Italie	2.6	1.9	1.3	1.3	1.5	1.5	1.4	0.3
Japon	9.9	7.4	5.5	4.1	3.4	2.6	2.0	1.7
Corée	1.1	1.1	1.1	1.1	1.3	1.4	1.7	..
Lettonie	0.0	0.0	0.0	0.0	0.0	0.0	0.0	0.0
Lithuanie	0.0	0.0	0.0	0.0	0.0	0.0	0.0	0.0
Luxembourg	1.3	1.0	1.3	0.8	0.4	0.2	0.2	5.2
Malaysie	1.2	1.3	1.4	1.4	1.4	1.6	1.7	1.1
Mexique	0.5	0.6	0.7	0.4	0.5	0.6	0.4	0.6
Maroc	..	..	..	..	..	..	..	..
Pays-Bas	0.1	0.0	0.0	0.0	0.0	0.1	0.0	..
Nouvelle-Zélande	..	..	..	..	..	..	..	0.2
Nicaragua	..	0.0	..	..	..	..	..	..
Norvège	..	..	..	..	..	..	..	..
Panama	5.1	5.5	..	..	..	..	..	5.2
Paraguay	..	0.8	..	0.7	0.0	0.2	..	0.0
Pérou	1.6	1.2	0.6	0.5	0.3	0.1	0.0	0.2
Pologne	0.1	0.1	0.1	0.1	0.1	0.1	0.0	0.0
Portugal	0.0	0.0	0.0	0.0	0.0	0.0	0.0	0.0
Porto Rico	..	0.0	0.0	0.0	0.5	..	..	..
Russie	..	..	0.0	0.0	0.0	0.0	0.0	0.1
Singapour	11.8	10.9	10.8	10.4	14.7	11.0	..	16.3
République slovaque	0.0	0.0	0.0	0.0	..	0.0	..	0.0
Slovénie	..	..	..	..	..	..	..	..
Afrique du Sud	..	0.0	0.0	0.0	0.0	..	..	..
Espagne	0.2	1.3	1.6	1.5	1.5	1.4	1.5	1.7
Sri Lanka	..	..	..	0.0	..	0.6	..	..
Suède	2.3	0.2	0.0	0.0	0.0	0.0	0.0	0.0
Suisse	1.1	1.5	1.4	1.5	1.7	1.3	1.2	1.2
Thaïlande	..	..	..	..	..	..	..	..
Tunisie	..	..	..	..	1.5	1.5	..	..
Turquie	1.6	2.1	1.5	1.6	4.3	3.6	3.9	3.3
Royaume-Uni	7.1	9.3	9.0	10.0	40.7	10.4	18.7	15.9
États-Unis	9.8	11.3	10.4	15.1	13.8	14.9	20.2	18.0
Uruguay	0.0	0.0	0.0	0.0	..	0.0	..	0.0
Total-OCDE	7.4	7.5	6.7	8.8	12.4	8.9	12.4	11.7

.. Non disponible

Note : Voir les métadonnées détaillées sur : *http://metalinks.oecd.org/ins/20210324/6494*.

1. Informations sur les données concernant Israël : *http://oe.cd/israel-disclaimer*.

Source : *Indicateurs des activités d'assurances, Statistiques de l'OCDE sur les assurances (base de données)*

Tableau 26. Taux de réassurance acceptée (Non-vie)

Pourcentage

	2012	2013	2014	2015	2016	2017	2018	2019
Argentina	0.4	0.3	8.0	7.8	7.5	7.2	6.0	5.9
Australie	15.2	14.2	14.3	14.7	16.0	13.9	14.3	14.5
Autriche	..	18.2	14.7	13.6	13.7	9.2	10.2	9.4
Belgique	7.3	7.1	7.6	6.4	5.8	4.7	3.7	14.0
Bolivie	0.6	..	..	..	1.4	4.2	2.1	6.1
Brésil	..	..	0.1	0.0	0.0	0.0	0.0	0.0
Canada	8.3	9.7	18.1	17.7	15.8	16.7	11.1	..
Chili	1.2	1.4	1.5	1.6	1.3	1.1	1.1	1.2
Colombie	1.9	2.5	3.5	3.7	3.5	3.8	3.9	4.0
Costa Rica	0.2	0.4	0.3	0.4	0.3	0.3	0.4	0.4
Cuba	..	..	..	..	..	..	..	..
République tchèque	3.5	3.3	2.9	3.4	3.7	3.7	2.9	2.8
Danemark	1.1	1.1	1.3	1.4	8.0	9.8	10.7	7.3
République dominicaine	..	..	..	..	..	..	..	..
Équateur	..	..	..	2.4	2.2	..	..	0.9
Égypte	..	..	..	..	..	..	..	8.5
El Salvador	..	..	..	..	..	..	5.2	5.7
Estonie	..	..	..	..	..	..	0.0	0.0
Finlande	3.7	3.3	3.0	3.0	3.0	3.3	..	..
France	13.3	13.4	13.3	13.5	16.1	17.4	17.8	16.9
Allemagne	35.6	34.6	34.7	37.0	36.4	35.9	36.0	37.6
Grèce	3.3	3.7	2.2	1.9	1.8	1.8	1.7	1.7
Guatemala	3.1	3.2	3.0	3.4	3.2	3.3	3.9	3.3
Honduras	..	0.0	0.0	0.0	..	..	..	0.0
Hong-Kong, Chine	26.2	26.0	26.1	24.2	23.3	25.1	28.3	..
Hongrie	2.2	2.9	1.9	2.1	2.0	2.9	2.0	1.7
Inde	..	..	..	3.0	..	19.4	..	..
Indonesie	14.4	15.2	7.3	6.8	7.5	7.2	6.6	7.3
Islande	2.5	2.5	2.7	2.6	1.9	1.5	1.9	1.8
Irlande	5.3	5.0	5.3	4.6	5.5	5.3	6.5	16.3
Israël[1]	..	..	..	..	0.0	..	..	..
Italie	2.4	3.4	3.4	3.8	3.9	3.7	5.1	3.1
Japon	..	..	..	..	16.0	16.3	16.1	15.9
Corée	10.2	11.1	10.1	10.3	10.2	10.5	11.2	..
Lettonie	1.7	0.0	0.0	0.0	0.0	0.0	0.0	0.1
Lithuanie	0.2	0.2	0.0	0.0	0.0	0.0	0.0	0.0
Luxembourg	1.3	0.3	0.2	0.2	0.2	0.2	0.4	9.4
Malaysie	16.4	16.5	16.7	17.3	17.8	16.8	15.8	16.8
Mexique	2.9	2.7	2.7	2.7	2.6	2.6	2.7	2.8
Maroc	..	..	..	..	..	..	..	..
Pays-Bas	2.5	2.9	2.8	2.9	0.6	0.7	0.5	..
Nouvelle-Zélande	1.3	0.6	0.6	3.8	1.8	5.3	..	0.0
Nicaragua	..	0.0	..	..	..	..	..	..
Norvège	..	..	..	..	..	..	..	..
Panama	7.7	6.6	..	..	..	..	..	9.2
Paraguay	2.2	1.5	..	1.2	1.0	0.8	..	0.5
Pérou	1.3	1.0	0.8	0.7	0.8	1.3	1.1	1.4
Pologne	2.3	2.5	2.1	5.3	6.1	5.2	5.7	6.7
Portugal	11.0	11.7	12.3	12.1	12.6	12.9	13.8	12.7
Porto Rico	..	0.5	1.0	0.9	0.6	..	..	..
Russie	..	..	5.0	3.3	3.7	3.7	4.2	4.7
Singapour	37.6	38.1	37.3	40.7	39.2	37.0	..	50.0
République slovaque	2.1	2.1	3.1	4.0	..	0.8	..	0.0
Slovénie	15.8	14.6	14.6	16.3	15.7	15.5	14.9	15.5
Afrique du Sud	..	10.8	11.6	11.1	14.2	..	..	..
Espagne	4.8	12.9	12.6	13.5	14.1	13.4	12.7	12.6
Sri Lanka	..	..	3.5	2.6	..	3.7	3.7	..
Suède	14.6	12.9	13.5	11.4	11.8	13.0	12.6	12.4
Suisse	24.9	26.6	25.4	23.4	23.6	24.8	26.0	27.5
Thaïlande	..	..	..	..	..	..	..	..
Tunisie	..	..	..	..	1.1	6.2	..	..
Turquie	3.1	2.8	5.4	3.3	6.1	6.5	9.3	11.7
Royaume-Uni	11.2	10.9	12.6	14.1	25.0	22.7	24.8	28.6
États-Unis	28.2	27.8	28.2	27.4	27.0	27.4	5.6	6.2
Uruguay	0.0	0.0	0.0	0.0	..	0.0	..	0.0
Total-OCDE	23.5	23.5	24.1	24.2	23.6	24.0	11.1	11.8

.. Non disponible

Note : Voir les métadonnées détaillées sur : *http://metalinks.oecd.org/ins/20210324/6494.*

1. Informations sur les données concernant Israël : *http://oe.cd/israel-disclaimer.*

Source : *Indicateurs des activités d'assurances, Statistiques de l'OCDE sur les assurances (base de données)*

Tableau 27. Part du marché national détenue par les entreprises étrangères (Vie)

Pourcentage

	2012	2013	2014	2015	2016	2017	2018	2019
Argentina	18.3	31.8	31.4	30.8	30.4	30.0	27.9	29.0
Australie	15.8	16.8	15.5	17.7	20.8	25.5	29.8	37.5
Autriche	..	37.5	39.2	37.7	39.3	39.7	39.7	39.1
Belgique	..	..	..	..	..	..	..	..
Bolivie	..	..	..	..	29.9	20.8	27.8	28.0
Brésil	..	..	18.6	18.3	17.2	21.3	26.5	29.5
Canada	6.3	5.6	26.0	21.0	18.7	18.1	15.2	..
Chili	43.7	46.7	45.0	41.8	41.6	44.5	43.0	45.0
Colombie	25.6	24.2	21.6	20.9	18.1	18.6	18.8	17.2
Costa Rica	5.5	12.4	17.0	23.0	25.0	33.9	37.2	37.5
Cuba	..	..	..	..	..	..	..	..
République tchèque	97.1	96.8	96.7	96.3	96.8	96.4	95.9	97.1
Danemark	19.3	2.5	19.5	18.6	18.8	19.9	19.8	13.8
République dominicaine	..	..	..	..	..	..	46.5	..
Équateur	..	..	..	..	11.7	..	..	0.0
Égypte	..	..	..	..	..	..	..	..
El Salvador	9.7	17.4	9.6	9.4	9.6	..	10.3	9.9
Estonie	100.0	100.0	100.0	100.0	100.0	100.0	100.0	100.0
Finlande	38.3	42.0	43.0	38.5	..	..	..	..
France	..	..	..	..	..	..	..	..
Allemagne	30.1	27.4	26.0	26.7	25.3	24.6	24.9	23.4
Grèce	63.3	53.8	48.0	55.7	76.9	74.0	73.2	66.8
Guatemala	..	..	..	..	..	..	..	..
Honduras	..	13.8	59.6	62.2	..	..	62.7	59.6
Hong-Kong, Chine	..	..	..	..	..	..	..	..
Hongrie	93.5	95.6	96.2	95.8	96.9	96.6	96.3	96.4
Inde	..	..	..	0.0	..	0.1	..	..
Indonesie	..	..	..	..	..	..	..	..
Islande	3.9	4.3	5.0	5.8	..	..	..	..
Irlande	3.9	4.9	4.5	4.7	..	5.3	2.5	1.3
Israël[1]	0.3	0.4	0.4	0.4	0.4	0.4	0.4	17.7
Italie	27.4	28.9	31.3	30.5	33.1	32.1	37.1	37.0
Japon	22.4	20.7	20.1	20.6	21.8	22.7	22.5	22.5
Corée	16.3	16.1	13.2	12.4	14.7	16.1	14.3	..
Lettonie	90.0	91.8	91.0	89.8	90.8	91.3	91.6	91.8
Lithuanie	96.8	97.0	97.4	97.4	97.5	97.1	97.3	97.2
Luxembourg	94.6	96.2	96.4	92.5	77.2	90.6	92.2	93.1
Malaysie	68.1	68.6	68.8	69.6	69.7	71.8	70.4	72.5
Mexique	71.1	6.3	74.0	72.3	70.6	68.0	68.8	68.5
Maroc	..	..	..	..	..	..	..	..
Pays-Bas	21.1	19.2	4.6	18.5	19.2	23.3	19.9	..
Nouvelle-Zélande	..	..	..	..	..	..	..	77.7
Nicaragua	32.6	29.1	26.6	26.4	18.0	..	25.8	..
Norvège	10.7	12.3	13.3	15.1	0.7	0.7	0.5	0.4
Panama	54.1	59.9	..	..	..	..	..	39.9
Paraguay	..	6.2	..	0.0	0.0	5.5	..	5.6
Pérou	20.7	23.5	30.7	56.8	28.1	27.6	23.4	35.0
Pologne	51.1	48.8	50.0	50.7	54.3	45.2	44.0	44.5
Portugal	7.9	6.8	54.0	64.2	77.5	93.8	90.8	85.2
Porto Rico	..	10.4	7.8	0.0	38.0	..	..	..
Russie	..	..	8.5	18.1	15.5	10.2	10.4	12.1
Singapour	66.3	67.2	71.3	70.6	70.0	53.3	..	53.3
République slovaque	90.2	90.4	90.0	89.0	..	5.6	..	87.8
Slovénie	16.8	17.6	17.2	17.0	17.1	15.7	15.4	25.3
Afrique du Sud	33.0	31.9	35.2	33.3	34.6	..	..	..
Espagne	19.1	12.4	12.8	12.3	..	..	..	..
Sri Lanka	..	..	2.4	1.7	..	..	..	..
Suède	18.4	19.5	7.9	8.8	11.2	12.2	13.2	12.3
Suisse	30.6	31.2	27.9	26.9	25.6	25.3	26.1	10.6
Thaïlande	..	..	..	..	..	..	..	..
Tunisie	..	..	..	..	..	..	..	..
Turquie	27.1	47.1	47.9	59.7	54.2	56.4	59.2	52.7
Royaume-Uni	26.4	23.3	16.0	16.9	..	0.0	..	0.0
États-Unis	19.6	20.0	21.0	17.4	22.5	21.7	23.0	19.8
Uruguay	33.5	32.8	33.4	30.1	..	21.3	..	21.3

.. Non disponible

Note : Voir les métadonnées détaillées sur : *http://metalinks.oecd.org/ins/20210324/6494.*

1. Informations sur les données concernant Israël : *http://oe.cd/israel-disclaimer.*

Source : *Indicateurs des activités d'assurances, Statistiques de l'OCDE sur les assurances (base de données)*

Tableau 28. Part du marché des entreprises étrangères dans le marché national (Vie)

Succursales ou agences d'entreprises

Pourcentage

	2012	2013	2014	2015	2016	2017	2018	2019
Argentina	1.5	1.8	3.9	3.2	3.4	3.5	3.7	5.0
Australie	..	..	..	..	..	..	..	..
Autriche	..	0.0	0.0	0.0	0.0	0.0	0.0	0.0
Belgique	..	..	..	..	..	..	..	..
Bolivie	..	..	..	..	..	..	..	..
Brésil	..	..	..	0.0	0.0	0.0	0.0	0.0
Canada	2.6	2.2	15.5	15.8	13.2	12.7	9.0	..
Chili	..	..	..	..	..	..	..	..
Colombie	..	..	0.0	..	..	..	..	..
Costa Rica	0.0	0.2	0.6	1.1	1.0	1.3	1.6	1.5
Cuba	..	..	..	..	..	..	..	..
République tchèque	8.1	7.5	7.2	10.8	10.9	11.4	11.5	14.6
Danemark	..	..	..	..	..	..	..	..
République dominicaine	..	..	..	..	..	..	..	..
Équateur	..	..	..	..	..	..	..	0.0
Égypte	..	..	..	..	..	..	..	..
El Salvador	9.7	17.4	9.6	9.4	9.6	..	10.3	9.9
Estonie	2.9	2.5	2.7	2.8	2.2	3.1	5.2	8.3
Finlande	..	..	..	..	..	..	..	..
France	..	..	..	..	..	..	..	..
Allemagne	4.0	4.0	3.9	4.0	3.9	4.0	3.8	3.7
Grèce	0.4	0.0	0.0	0.0	0.0	0.0	0.0	0.0
Guatemala	..	..	..	..	..	..	..	..
Honduras	..	13.8	25.6	23.1	..	..	62.7	59.6
Hong-Kong, Chine	..	..	..	..	..	..	..	..
Hongrie	..	..	..	..	..	..	..	..
Inde	..	..	..	0.0	..	0.1	..	..
Indonesie	..	..	..	..	..	..	..	..
Islande	..	..	..	..	..	..	..	..
Irlande	3.9	4.9	4.5	4.7	..	5.3	2.5	1.3
Israël[1]	..	..	..	..	..	..	..	..
Italie	0.0	0.0	0.0	0.0	0.0	0.0	..	..
Japon	5.5	4.9	4.2	4.1	4.3	4.5	0.1	0.1
Corée	2.2	2.2	2.4	0.2	2.0	2.1	2.3	..
Lettonie	55.7	56.3	58.5	59.3	61.4	63.1	65.5	44.8
Lithuanie	41.5	41.6	43.1	41.8	40.8	41.4	43.3	62.2
Luxembourg	0.3	0.5	0.1	0.1	0.1	0.1	0.1	5.1
Malaysie	0.4	0.5	0.5	0.5	0.5	0.6	0.7	..
Mexique	..	..	..	..	..	..	..	..
Maroc	..	..	..	..	..	..	..	..
Pays-Bas	2.7	2.0	0.0	0.0	..	..	..	..
Nouvelle-Zélande	..	..	..	..	..	..	..	20.8
Nicaragua	..	..	..	..	..	..	..	..
Norvège	0.8	1.3	1.4	0.7	0.7	0.7	0.5	0.4
Panama	10.3	10.0	..	..	..	..	..	39.3
Paraguay	..	..	..	0.0	0.0	..	..	0.0
Pérou	..	..	..	..	..	..	..	..
Pologne	..	..	..	..	..	..	..	..
Portugal	0.0	0.0	0.0	0.0	0.0	0.0	0.0	0.0
Porto Rico	..	..	..	..	..	..	..	..
Russie	..	..	..	..	..	0.0	0.0	0.0
Singapour	15.1	15.0	32.6	30.7	32.3	8.7	..	15.2
République slovaque	4.3	5.4	4.4	4.8	..	5.6	..	15.3
Slovénie	..	..	..	..	..	..	..	..
Afrique du Sud	..	0.0	..	..	..	..	..	..
Espagne	0.2	0.0	0.0	0.0	..	..	..	..
Sri Lanka	..	..	..	0.0	..	..	..	..
Suède	..	..	0.7	..	..	..	..	..
Suisse	2.1	1.5	0.0	0.0	0.0	0.0	0.0	0.1
Thaïlande	..	..	..	..	..	..	..	..
Tunisie	..	..	..	..	..	..	..	..
Turquie	..	..	..	..	0.0	0.0	0.0	..
Royaume-Uni	0.0	0.0	0.0	0.0	..	0.0	..	0.0
États-Unis	..	..	..	..	0.0	0.0	0.0	0.0
Uruguay	..	0.0	0.0	0.0	..	0.0	..	0.0

.. Non disponible

Note : Voir les métadonnées détaillées sur : *http://metalinks.oecd.org/ins/20210324/6494.*

1. Informations sur les données concernant Israël : *http://oe.cd/israel-disclaimer.*

Source : *Indicateurs des activités d'assurances, Statistiques de l'OCDE sur les assurances (base de données)*

Tableau 29. Part du marché national détenue par les entreprises étrangères (Non-vie)

Pourcentage

	2012	2013	2014	2015	2016	2017	2018	2019
Argentina	17.6	20.1	21.1	22.0	23.4	30.5	30.0	29.6
Australie	27.1	27.7	28.7	28.2	28.7	29.5	34.8	37.3
Autriche	..	35.2	37.5	36.9	36.6	33.2	32.9	33.1
Belgique	..	..	..	..	..	..	..	..
Bolivie	..	..	..	..	27.9	29.1	25.5	25.1
Brésil	..	..	51.3	32.4	35.7	39.4	53.9	43.9
Canada	29.0	27.9	44.8	41.6	40.9	41.3	37.5	..
Chili	65.7	63.7	63.5	62.7	79.0	75.6	73.8	73.5
Colombie	47.1	46.2	55.4	52.7	50.8	47.7	45.8	45.8
Costa Rica	7.6	10.0	14.2	17.5	20.5	22.8	25.4	25.4
Cuba	..	..	..	..	..	..	..	..
République tchèque	88.6	88.2	89.4	90.0	89.1	88.6	87.8	86.9
Danemark	16.6	16.4	27.5	27.9	28.3	25.3	23.1	21.9
République dominicaine	..	..	..	..	..	..	28.4	..
Équateur	..	..	..	..	0.4	..	..	0.0
Égypte	..	..	..	..	..	..	..	..
El Salvador	2.4	0.0	0.0	0.0	0.0	..	4.5	4.2
Estonie	92.7	94.3	95.1	95.2	94.8	100.0	95.4	95.6
Finlande	25.0	23.8	23.7	100.0	..	..	..	..
France	0.1	0.1	0.1	0.1	..	..	..	..
Allemagne	13.2	14.0	14.5	14.3	13.3	13.6	14.4	13.6
Grèce	41.2	34.5	41.2	43.0	57.3	57.3	56.4	55.7
Guatemala	..	..	..	..	..	..	..	..
Honduras	..	10.5	40.3	42.8	..	..	49.3	47.3
Hong-Kong, Chine	..	..	..	..	..	..	..	..
Hongrie	95.7	94.9	94.7	92.8	91.7	91.4	91.4	91.4
Inde	..	..	..	..	..	2.9	..	..
Indonesie	..	..	..	..	..	..	..	..
Islande	9.9	10.4	10.9	11.3	..	..	..	..
Irlande	17.6	14.3	24.3	22.2	..	17.1	16.6	22.8
Israël[1]	3.3	3.3	3.4	4.0	3.8	3.8	3.8	18.9
Italie	27.5	27.8	28.9	32.2	31.8	31.1	30.0	31.4
Japon	..	..	..	..	9.4	7.5	9.4	8.7
Corée	3.8	4.0	3.7	3.7	3.7	3.8	4.1	..
Lettonie	48.1	49.4	48.7	57.1	79.0	77.2	79.5	83.5
Lithuanie	98.5	98.8	99.0	99.0	99.3	99.5	99.5	99.6
Luxembourg	58.9	52.1	53.3	52.8	51.7	51.1	50.2	63.7
Malaysie	43.9	45.8	46.6	47.8	48.5	51.9	52.9	53.4
Mexique	52.4	9.7	48.7	52.2	48.5	50.3	48.1	49.5
Maroc	..	..	..	..	..	..	..	..
Pays-Bas	29.4	22.7	11.6	16.3	2.6	2.3	1.7	..
Nouvelle-Zélande	..	..	..	..	..	..	..	74.7
Nicaragua	24.6	25.7	24.7	25.7	26.0	..	29.4	..
Norvège	43.9	43.4	41.1	40.2	40.3	37.8	37.3	37.3
Panama	39.2	47.0	..	..	..	..	..	43.4
Paraguay	0.0	26.4	..	0.0	22.8	24.7	..	27.5
Pérou	19.1	19.9	20.6	45.9	24.8	25.7	25.0	40.1
Pologne	62.8	61.3	61.3	61.8	59.1	58.4	59.1	60.0
Portugal	26.5	26.6	84.2	84.3	91.0	91.6	91.0	91.1
Porto Rico	..	52.6	51.8	41.0	55.6	..	..	..
Russie	..	..	2.2	13.7	13.7	14.0	13.9	14.6
Singapour	86.8	86.2	89.0	89.2	90.2	80.0	..	79.0
République slovaque	94.0	93.8	93.6	93.2	..	8.3	..	96.8
Slovénie	4.9	5.1	5.2	5.3	5.7	5.9	5.8	18.3
Afrique du Sud	63.5	45.2	39.5	34.6	37.4	..	..	..
Espagne	32.2	29.1	28.8	23.6	..	..	..	..
Sri Lanka	..	..	4.7	4.8	..	16.0	10.6	..
Suède	63.8	57.6	55.4	44.8	46.7	48.0	52.6	52.3
Suisse	20.4	20.6	19.6	20.3	20.1	18.7	17.4	16.9
Thaïlande	..	..	..	..	..	..	..	..
Tunisie	..	..	..	..	..	..	..	..
Turquie	53.8	62.2	59.3	66.7	63.7	57.1	54.2	52.9
Royaume-Uni	55.2	58.0	57.8	57.5	0.3	0.4	0.4	1.0
États-Unis	10.1	10.4	9.4	9.5	10.2	10.0	0.8	5.5
Uruguay	31.3	31.4	32.2	33.6	..	34.7	..	34.6

.. Non disponible

Note : Voir les métadonnées détaillées sur : *http://metalinks.oecd.org/ins/20210324/6494.*

1. Informations sur les données concernant Israël : *http://oe.cd/israel-disclaimer.*

Source : *Indicateurs des activités d'assurances, Statistiques de l'OCDE sur les assurances (base de données)*

Tableau 30. Part du marché des entreprises étrangères dans le marché national (Non-vie)

Succursales ou agences d'entreprises

Pourcentage

	2012	2013	2014	2015	2016	2017	2018	2019
Argentina	0.1	0.1	3.2	2.5	2.4	2.6	2.1	2.2
Australie	9.7	9.7	10.1	9.1	9.9	9.6	11.9	13.2
Autriche	..	0.1	0.1	0.0	0.0	0.1	0.1	0.1
Belgique	..	..	..	..	..	..	..	..
Bolivie	..	..	..	..	..	..	..	..
Brésil	..	..	..	0.0	0.0	0.0	0.0	0.0
Canada	13.4	13.1	23.2	21.0	19.4	19.0	15.1	..
Chili	..	..	..	..	..	..	..	..
Colombie	..	..	0.0	..	..	..	..	..
Costa Rica	0.1	0.3	0.4	0.8	1.3	1.5	1.7	1.7
Cuba	..	..	..	..	..	..	..	..
République tchèque	2.7	3.7	4.7	4.9	5.3	5.4	4.4	4.8
Danemark	..	..	..	..	..	..	..	..
République dominicaine	..	..	..	..	..	..	..	..
Équateur	..	..	..	..	..	..	..	0.0
Égypte	..	..	..	..	..	..	..	..
El Salvador	2.4	0.0	0.0	0.0	0.0	..	4.5	4.2
Estonie	14.5	13.6	14.8	13.5	15.0	15.1	15.3	15.9
Finlande	..	..	..	..	..	..	..	..
France	0.1	0.1	0.1	0.1	..	..	..	..
Allemagne	3.1	2.7	3.2	3.5	3.1	3.8	4.0	3.6
Grèce	7.9	0.0	0.0	0.0	0.0	0.0	0.0	0.0
Guatemala	..	..	..	..	..	..	..	..
Honduras	..	10.5	4.4	3.6	..	..	49.3	47.3
Hong-Kong, Chine	..	..	..	..	..	..	..	..
Hongrie	..	..	..	..	..	..	..	..
Inde	..	..	..	..	..	2.9	..	..
Indonesie	..	..	..	..	..	..	..	..
Islande	..	..	..	..	..	..	..	..
Irlande	17.6	14.3	24.3	22.2	..	17.1	16.6	22.8
Israël[1]	..	..	..	..	..	..	..	..
Italie	1.1	1.1	1.1	1.4	1.6	1.5	1.6	1.7
Japon	..	..	..	..	2.3	2.5	2.8	2.3
Corée	2.0	3.1	2.3	2.3	2.3	2.4	2.8	..
Lettonie	13.3	18.5	20.4	20.2	22.6	27.0	28.1	29.6
Lithuanie	39.7	52.9	53.1	53.9	46.8	48.4	51.4	51.5
Luxembourg	7.5	6.5	3.6	3.6	3.5	3.3	3.6	11.7
Malaysie	5.8	6.7	7.3	8.4	9.6	8.9	8.8	10.0
Mexique	..	..	..	..	..	..	..	..
Maroc	..	..	..	..	..	..	..	..
Pays-Bas	1.9	0.3	0.3	0.0	..	..	..	..
Nouvelle-Zélande	..	..	..	..	..	..	..	13.0
Nicaragua	..	..	..	..	..	..	..	..
Norvège	43.2	43.4	41.1	40.2	40.3	37.8	37.3	37.3
Panama	7.9	7.7	..	..	..	..	..	41.4
Paraguay	..	..	..	0.0	0.0	..	..	0.0
Pérou	..	..	..	..	..	..	..	..
Pologne	..	..	..	..	..	..	..	..
Portugal	0.0	0.0	0.0	0.0	0.0	0.0	0.0	0.0
Porto Rico	..	..	..	..	..	..	..	..
Russie	..	..	..	..	0.1	0.0	0.0	0.0
Singapour	42.7	46.8	39.6	38.2	37.4	36.5	..	31.7
République slovaque	7.1	8.0	8.7	8.5	..	8.3	..	7.7
Slovénie	..	..	..	..	..	..	..	..
Afrique du Sud	..	0.0	..	..	..	..	..	..
Espagne	0.2	0.0	0.0	0.0	..	..	..	..
Sri Lanka	..	..	..	0.0	..	..	..	..
Suède	..	..	8.2	..	..	..	..	..
Suisse	4.9	5.0	5.5	6.0	7.1	7.5	5.8	5.2
Thaïlande	..	..	..	..	..	..	..	..
Tunisie	..	..	..	..	..	..	..	..
Turquie	0.3	0.3	0.3	0.4	0.4	0.5	0.7	1.0
Royaume-Uni	4.7	3.7	4.1	4.6	0.3	0.4	0.4	1.0
États-Unis	0.1	0.0	0.0	0.1	0.1	0.1	0.1	0.0
Uruguay	..	0.0	0.0	0.0	..	0.0	..	0.0

.. Non disponible

Note : Voir les métadonnées détaillées sur : *http://metalinks.oecd.org/ins/20210324/6494.*

1. Informations sur les données concernant Israël : *http://oe.cd/israel-disclaimer.*

Source : *Indicateurs des activités d'assurances, Statistiques de l'OCDE sur les assurances (base de données)*

Tableaux par pays

AUSTRALIE

Tableau 1. Agrégats sélectionnés

Millions AUD

	2012	2013	2014	2015	2016	2017	2018	2019
1.1 Opérations d'assurance conclues dans le pays déclarant								
1.1.1 Opérations d'assurance, par intérêt								
Primes brutes								
Entreprises nationales	79 230	86 754	103 414	100 992	95 348	90 032	88 064	81 517
Entreprises sous contrôle étranger	13 757	15 722	17 983	19 150	19 836	21 498	24 659	26 308
Succursales d'entreprises étrangères	3 713	3 977	4 206	3 893	4 393	4 353	5 613	6 630
Ensemble des entreprises	82 943	90 731	107 620	104 885	99 741	94 385	93 677	88 147
Primes cédées								
Entreprises nationales	11 507	12 121	13 268	15 209	17 826	19 711	18 794	20 650
Entreprises sous contrôle étranger	4 111	4 666	5 483	5 986	6 268	8 647	8 223	8 676
Succursales d'entreprises étrangères	1 659	1 947	1 842	1 739	1 759	1 873	1 875	2 155
Ensemble des entreprises	13 166	14 068	15 110	16 948	19 585	21 584	20 669	22 805
Primes nettes émises								
Entreprises nationales	67 724	74 633	90 147	85 783	77 522	70 321	69 270	60 869
Entreprises sous contrôle étranger	9 646	11 055	12 500	13 164	13 568	12 851	16 436	17 632
Succursales d'entreprises étrangères	2 054	2 030	2 365	2 154	2 634	2 480	3 738	4 475
Ensemble des entreprises	69 778	76 663	92 511	87 937	80 156	72 801	73 008	65 344
1.1.2 Opérations d'assurance par risque à l'étranger, primes brutes								
Vie	491	574	686	701	711	706	880	1 176
Non-vie	..	..	..	..	..	..	..	..
Mixtes total	..	..	..	..	..	..	..	..
Total	491	574	686	701	711	706	880	1 176
1.1.3 Paiement par catégories d'assurance, primes brutes (vie)								
Rentes	..	..	..	..	..	..	..	..
Unit linked	..	..	..	..	..	..	..	..
Autre assurance vie	..	..	..	..	..	..	..	..
Total assurance vie	41 091	45 794	60 881	56 868	49 890	43 141	39 741	31 149
***dont :** Contrats de retraite*	..	..	..	..	..	..	..	..
1.1.4 Paiement par catégories d'assurance, primes brutes (non-vie)								
L'assurance automobile	12 114	12 924	13 467	13 749	14 512	15 447	15 789	16 471
Les assurances transport (y compris maritime et aérien)	1 484	1 523	1 598	1 673	1 648	1 739	1 871	1 899
L'assurance de fret	..	..	..	..	..	..	..	..
L'assurance incendie et des dommages aux bien	10 918	12 038	11 836	12 031	12 297	12 713	13 428	14 391
L'assurance des pertes pécuniaires	1 207	1 258	1 454	1 493	1 443	1 352	1 230	1 169
L'assurance de la responsabilité civile générale	5 008	5 283	5 418	5 435	5 348	5 491	5 893	6 391
Les assurances accidents et maladie	1 049	1 134	1 124	1 130	1 064	1 021	1 006	1 022
***dont :** Maladie*	..	..	..	..	..	..	..	..
Autres assurances non-vie	835	900	951	1 029	1 071	1 205	1 325	1 444
Réassurance obligatoire	5 836	5 823	5 970	6 271	7 115	6 269	6 742	7 273
Total assurance non-vie	38 450	40 884	41 818	42 811	44 498	45 237	47 283	50 060
1.2 Paiements bruts des sinistres								
Vie								
Entreprises nationales	45 777	47 647	64 828	56 547	59 350	47 307	46 989	43 814
Entreprises sous contrôle étranger	4 181	5 212	5 876	6 681	7 133	9 207	8 564	9 141
Succursales d'entreprises étrangères	..	..	..	..	..	..	..	..
Ensemble des entreprises	45 777	47 647	64 828	56 547	59 350	47 307	46 989	43 814
Non-vie								
Entreprises nationales	22 048	24 141	26 293	29 311	28 026	29 946	30 252	33 037
Entreprises sous contrôle étranger	4 538	4 542	5 446	6 183	5 534	6 453	8 199	8 425
Succursales d'entreprises étrangères	1 749	1 984	3 318	2 585	3 217	3 124	3 853	5 088
Ensemble des entreprises	23 797	26 126	29 611	31 896	31 243	33 070	34 105	38 125
Mixtes, ensemble des entreprises	..	..	..	..	..	..	..	..
Total								
Entreprises nationales	67 825	71 788	91 121	85 858	87 376	77 253	77 241	76 851
Entreprises sous contrôle étranger	8 719	9 754	11 322	12 864	12 667	15 660	16 763	17 566
Succursales d'entreprises étrangères	1 749	1 984	3 318	2 585	3 217	3 124	3 853	5 088
Ensemble des entreprises	69 574	73 773	94 439	88 443	90 593	80 377	81 094	81 939
1.3 Commissions								
Vie								
Entreprises nationales	3 007	3 015	3 118	3 087	3 129	2 514	2 402	2 052
Entreprises sous contrôle étranger	252	447	451	460	464	494	483	470
Succursales d'entreprises étrangères	..	..	..	..	..	..	..	..
Ensemble des entreprises	3 007	3 015	3 118	3 087	3 129	2 514	2 402	2 052
Non-vie								
Entreprises nationales	..	506	566	816	1 038	1 070	1 310	1 338
Entreprises sous contrôle étranger	..	239	270	276	308	341	418	452
Succursales d'entreprises étrangères	..	264	287	301	327	324	250	280
Ensemble des entreprises	..	770	853	1 117	1 364	1 394	1 560	1 618
Mixtes, ensemble des entreprises	..	..	..	..	..	..	..	..
Total								
Entreprises nationales	3 007	3 521	3 684	3 903	4 167	3 584	3 712	3 390
Entreprises sous contrôle étranger	252	686	721	736	772	835	901	923
Succursales d'entreprises étrangères	..	264	287	301	327	324	250	280
Ensemble des entreprises	3 007	3 785	3 971	4 204	4 493	3 908	3 962	3 671

AUSTRALIE

Tableau 1. Agrégats sélectionnés *(suite)*

Millions AUD

	2012	2013	2014	2015	2016	2017	2018	2019
1.4 Dépenses brutes d'exploitation								
Vie								
Entreprises nationales	7 274	7 830	8 128	8 041	8 666	8 457	9 370	8 045
Entreprises sous contrôle étranger	1 430	2 392	2 393	2 487	3 038	3 239	4 439	3 546
Succursales d'entreprises étrangères	..	..	..	..	..	..	..	..
Ensemble des entreprises	7 274	7 830	8 128	8 041	8 666	8 457	9 370	8 045
Non-vie								
Entreprises nationales	7 197	7 361	7 502	7 497	7 368	7 475	7 517	7 979
Entreprises sous contrôle étranger	1 490	1 618	1 704	1 850	1 829	1 975	2 378	2 710
Succursales d'entreprises étrangères	559	597	629	660	618	563	790	1 003
Ensemble des entreprises	7 756	7 959	8 131	8 157	7 987	8 038	8 307	8 982
Mixtes, ensemble des entreprises	..	..	..	..	..	..	..	..
Total								
Entreprises nationales	14 471	15 191	15 630	15 538	16 034	15 932	16 887	16 024
Entreprises sous contrôle étranger	2 920	4 010	4 097	4 337	4 867	5 214	6 817	6 256
Succursales d'entreprises étrangères	559	597	629	660	618	563	790	1 003
Ensemble des entreprises	15 030	15 789	16 259	16 198	16 653	16 495	17 677	17 027
1.5 Opérations à l'étranger par succursale, primes brutes								
Vie								
Succursales et agences	..	..	..	..	..	..	..	..
Filiales	..	..	..	..	..	..	..	..
Total	..	..	..	..	..	..	..	..
Non-vie								
Succursales et agences	..	..	..	..	..	..	..	..
Filiales	..	..	..	..	..	..	..	..
Total	..	..	..	..	..	..	..	..
Mixtes total	..	..	..	..	..	..	..	..
Total								
Succursales et agences	..	..	..	..	..	..	..	..
Filiales	..	..	..	..	..	..	..	..
Total	..	..	..	..	..	..	..	..

.. Non disponible

Note : Voir les métadonnées détaillées sur : *http://metalinks.oecd.org/ins/20210324/665f.*

Source : *Statistiques de l'OCDE sur les assurances (base de données)*

AUSTRALIE

Tableau 2. Nombre d'entreprises et d'employés

	2012	2013	2014	2015	2016	2017	2018	2019
2.1 Nombre d'entreprises								
Vie								
Entreprises nationales	28	28	28	28	29	29	29	28
Entreprises sous contrôle étranger	14	14	14	13	13	13	14	13
Succursales d'entreprises étrangères	..	..	..	..	..	..	..	..
Ensemble des entreprises	28	28	28	28	29	29	29	28
Non-vie								
Entreprises nationales	79	75	74	70	68	58	58	58
Entreprises sous contrôle étranger	17	18	19	19	17	15	17	16
Succursales d'entreprises étrangères	30	29	29	29	31	28	28	27
Ensemble des entreprises	109	104	103	99	99	86	86	85
Mixtes, ensemble des entreprises	..	..	..	0	..	..	..	..
Réassurance								
Entreprises nationales	3	3	3	2	2	2	2	2
Entreprises sous contrôle étranger	1	1	1	1	1	1	1	2
Succursales d'entreprises étrangères	9	9	9	9	8	8	8	9
Ensemble des entreprises	12	12	12	11	10	10	10	11
Total								
Entreprises nationales	110	106	105	100	99	89	89	88
Entreprises sous contrôle étranger	32	33	34	33	31	29	32	31
Succursales d'entreprises étrangères	39	38	38	38	39	36	36	36
Ensemble des entreprises	149	144	143	138	138	125	125	124
2.2 Nombre d'employés								
Entreprises d'assurance	..	..	..	..	..	..	..	..
Intermédiaires	..	..	..	..	..	..	..	..
Total	..	..	..	..	..	..	..	..

.. Non disponible
Note : Voir les métadonnées détaillées sur : *http://metalinks.oecd.org/ins/20210324/665f.*
Source : *Statistiques de l'OCDE sur les assurances (base de données)*

AUTRICHE

Tableau 1. Agrégats sélectionnés

Millions EUR

	2012	2013	2014	2015	2016	2017	2018	2019
1.1 Opérations d'assurance conclues dans le pays déclarant								
1.1.1 Opérations d'assurance, par intérêt								
Primes brutes								
Entreprises nationales	..	18 879	18 889	19 003	18 647	18 126	18 520	18 831
Entreprises sous contrôle étranger	..	6 781	7 196	7 060	6 979	6 390	6 467	6 549
Succursales d'entreprises étrangères	..	8	6	6	6	7	8	8
Ensemble des entreprises	..	18 887	18 895	19 009	18 653	18 134	18 527	18 839
Primes cédées								
Entreprises nationales	..	3 539	3 102	2 996	3 521	3 130	2 376	2 570
Entreprises sous contrôle étranger	..	1 127	1 171	1 113	1 636	1 280	475	549
Succursales d'entreprises étrangères	..	0	0	0	0	0	0	0
Ensemble des entreprises	..	3 539	3 102	2 996	3 522	3 131	2 376	2 571
Primes nettes émises								
Entreprises nationales	..	15 340	15 787	16 007	15 126	14 996	16 144	16 261
Entreprises sous contrôle étranger	..	5 654	6 024	5 948	5 343	5 110	5 991	6 000
Succursales d'entreprises étrangères	..	8	6	6	6	7	7	8
Ensemble des entreprises	..	15 348	15 793	16 013	15 131	15 003	16 151	16 268
1.1.2 Opérations d'assurance par risque à l'étranger, primes brutes								
Vie	72	157	22	20	14	3	4	23
Non-vie	662	717	726	702	753	777	931	858
Mixtes	626	595	489	391	371	363	358	387
dont :								
Vie	188	202	158	111	95	89	82	80
Non-vie	438	393	331	280	276	274	276	306
Total	1 360	1 469	1 237	1 114	1 138	1 143	1 293	1 268
1.1.3 Paiement par catégories d'assurance, primes brutes (vie)								
Rentes	..	1 441	1 822	1 946	1 531	1 434	1 367	1 361
Unit linked	1 846	1 248	1 011	933	864	812	972	1 013
Autre assurance vie	4 588	3 738	3 852	3 812	3 646	3 488	3 188	3 029
Total Assurance Vie	6 434	6 427	6 685	6 692	6 041	5 735	5 527	5 403
***dont :** Contrats de retraite*	..	997	1 116	1 031	940	964	923	831
1.1.4 Paiement par catégories d'assurance, primes brutes (non-vie)								
L'assurance automobile	1 386	1 487	1 447	3 920	4 043	3 980	4 207	4 292
Les assurances transport (y compris maritime et aérien)	165	174	138	11	9	10	9	6
L'assurance de fret	..	..	..	155	148	137	165	164
L'assurance incendie et des dommages aux bien	1 008	1 081	1 058	3 153	3 178	3 013	3 030	3 170
L'assurance des pertes pécuniaires	167	174	183	178	176	166	169	168
L'assurance de la responsabilité civile générale	834	860	886	889	905	868	903	932
Les assurances accidents et maladie	3 024	3 150	3 143	3 257	3 391	3 473	3 627	3 780
***dont :** Maladie*	1 762	1 841	1 905	2 007	2 096	2 167	2 264	2 374
Autres assurances non-vie	5 672	5 517	5 340	742	749	739	877	910
Réassurance obligatoire	..	..	..	..	..	..	..	..
Total assurance non-vie	12 255	12 444	12 195	12 303	12 599	12 386	12 987	13 421
1.2 Paiements bruts des sinistres								
Vie								
Entreprises nationales	360	358	1 110	1 254	947	977	933	956
Entreprises sous contrôle étranger	145	140	714	837	920	959	914	938
Succursales d'entreprises étrangères	..	0	0	0	0	0	0	0
Ensemble des entreprises	360	358	1 110	1 254	947	977	933	956
Non-vie								
Entreprises nationales	2 675	1 107	1 632	2 072	2 203	1 939	1 936	1 995
Entreprises sous contrôle étranger	1 490	905	873	1 288	2 620	1 893	1 862	1 936
Succursales d'entreprises étrangères	5	4	3	2	3	3	3	4
Ensemble des entreprises	2 681	1 111	1 636	2 075	2 206	1 942	1 939	2 000
Mixtes								
Entreprises nationales	11 652	11 676	11 289	12 780	12 440	12 173	11 700	12 554
Entreprises sous contrôle étranger	3 829	3 846	3 026	3 760	10 479	9 813	9 865	11 072
Succursales d'entreprises étrangères	..	0	0	0	0	0	0	0
Ensemble des entreprises	11 652	11 676	11 289	12 780	12 440	12 173	11 700	12 554
dont :								
Vie	6 047	6 011	5 955	7 193	6 817	6 194	5 688	6 294
Entreprises nationales	6 047	6 011	5 955	7 193	6 817	6 194	5 688	6 294
Entreprises sous contrôle étranger	2 281	2 274	1 630	2 235	3 500	3 281	3 307	3 710
Succursales d'entreprises étrangères	..	0	0	0	0	0	0	0
Ensemble des entreprises	6 047	6 011	5 955	7 193	6 817	6 194	5 688	6 294
Non-vie	5 605	5 665	5 335	5 588	5 623	5 980	6 012	6 261
Entreprises nationales	5 605	5 665	5 335	5 588	5 623	5 980	6 012	6 261
Entreprises sous contrôle étranger	1 549	1 572	1 396	1 525	6 979	6 532	6 558	7 362
Succursales d'entreprises étrangères	..	0	0	0	0	0	0	0
Ensemble des entreprises	5 605	5 665	5 335	5 588	5 623	5 980	6 012	6 261
Total								
Entreprises nationales	14 687	13 141	14 032	16 107	15 590	15 089	14 568	15 506
Entreprises sous contrôle étranger	5 464	4 891	4 613	5 885	14 018	12 665	12 641	13 945
Succursales d'entreprises étrangères	5	4	3	2	3	3	3	4
Ensemble des entreprises	14 692	13 145	14 036	16 109	15 593	15 092	14 572	15 510

AUTRICHE

Tableau 1. Agrégats sélectionnés *(suite)*

Millions EUR

	2012	2013	2014	2015	2016	2017	2018	2019
1.3 Commissions								
Vie								
Entreprises nationales	75	99	98	98	80	73	73	73
Entreprises sous contrôle étranger	17	5	70	70	79	72	72	72
Succursales d'entreprises étrangères	..	0	0	0	0	0	0	0
Ensemble des entreprises	75	99	98	98	80	73	73	73
Non-vie								
Entreprises nationales	338	354	398	386	399	408	411	416
Entreprises sous contrôle étranger	309	319	329	341	348	352	350	350
Succursales d'entreprises étrangères	2	2	1	1	1	2	2	2
Ensemble des entreprises	340	356	399	387	400	410	413	418
Mixtes								
Entreprises nationales	2 309	2 285	2 279	2 354	2 392	2 365	2 335	2 402
Entreprises sous contrôle étranger	750	752	666	739	734	725	706	747
Succursales d'entreprises étrangères	..	0	0	0	0	0	0	0
Ensemble des entreprises	2 309	2 285	2 279	2 354	2 392	2 365	2 335	2 402
dont :								
Vie	692	644	624	623	579	538	454	463
Entreprises nationales	692	644	624	623	579	538	454	463
Entreprises sous contrôle étranger	253	238	163	188	163	149	106	112
Succursales d'entreprises étrangères	..	0	0	0	0	0	0	0
Ensemble des entreprises	692	644	624	623	579	538	454	463
Non-vie	1 616	1 641	1 655	1 731	1 812	1 827	1 881	1 939
Entreprises nationales	1 616	1 641	1 655	1 731	1 812	1 827	1 881	1 939
Entreprises sous contrôle étranger	497	514	503	551	571	576	600	635
Succursales d'entreprises étrangères	..	0	0	0	0	0	0	0
Ensemble des entreprises	1 616	1 641	1 655	1 731	1 812	1 827	1 881	1 939
Total								
Entreprises nationales	2 722	2 738	2 775	2 839	2 871	2 846	2 819	2 891
Entreprises sous contrôle étranger	1 077	1 076	1 065	1 150	1 161	1 149	1 128	1 170
Succursales d'entreprises étrangères	2	2	1	1	1	2	2	2
Ensemble des entreprises	2 724	2 740	2 776	2 840	2 872	2 848	2 821	2 893
1.4 Dépenses brutes d'exploitation								
Vie								
Entreprises nationales	95	120	43	40	37	42	37	34
Entreprises sous contrôle étranger	0	14	30	30	36	41	37	33
Succursales d'entreprises étrangères	..	0	0	0	0	0	0	0
Ensemble des entreprises	95	120	43	40	37	42	37	34
Non-vie								
Entreprises nationales	860	697	153	143	192	191	210	218
Entreprises sous contrôle étranger	447	414	116	92	111	105	103	99
Succursales d'entreprises étrangères	3	3	1	1	1	1	1	1
Ensemble des entreprises	863	700	154	144	193	192	210	219
Mixtes								
Entreprises nationales	1 918	2 306	623	678	702	696	741	777
Entreprises sous contrôle étranger	695	699	167	185	177	181	178	183
Succursales d'entreprises étrangères	..	0	0	0	0	0	0	0
Ensemble des entreprises	1 918	2 306	623	678	702	696	741	777
dont :								
Vie	513	848	194	202	223	224	236	238
Entreprises nationales	513	848	194	202	223	224	236	238
Entreprises sous contrôle étranger	339	323	61	68	63	58	60	63
Succursales d'entreprises étrangères	..	0	0	0	0	0	0	0
Ensemble des entreprises	513	848	194	202	223	224	236	238
Non-vie	1 405	1 458	428	476	479	472	505	539
Entreprises nationales	1 405	1 458	428	476	479	472	505	539
Entreprises sous contrôle étranger	356	376	106	117	114	123	118	120
Succursales d'entreprises étrangères	..	0	0	0	0	0	0	0
Ensemble des entreprises	1 405	1 458	428	476	479	472	505	539
Total								
Entreprises nationales	2 873	3 124	819	861	930	929	988	1 028
Entreprises sous contrôle étranger	1 143	1 128	313	308	324	328	318	315
Succursales d'entreprises étrangères	3	3	1	1	1	1	1	1
Ensemble des entreprises	2 876	3 127	820	862	931	930	989	1 029

AUTRICHE

Tableau 1. Agrégats sélectionnés *(suite)*

Millions EUR

	2012	2013	2014	2015	2016	2017	2018	2019
1.5 Opérations à l'étranger par succursale, primes brutes								
Vie								
Succursales et agences	72	157	22	19	13	11	10	29
Filiales	..	..	..	..	..	..	..	..
Total	72	157	22	19	13	11	10	29
Non-vie								
Succursales et agences	149	159	198	204	217	215	220	245
Filiales	..	..	..	..	..	..	..	..
Total	149	159	198	204	217	215	220	245
Mixtes								
Succursales et agences	557	480	368	284	251	275	279	261
Filiales	..	..	..	..	..	..	..	..
Total	557	480	368	284	251	275	279	261
dont :								
Vie	168	140	103	78	83	78	73	71
Succursales et agences	168	140	103	78	83	78	73	71
Filiales	..	..	..	..	..	..	..	..
Total	168	140	103	78	83	78	73	71
Non-vie	389	340	266	206	168	198	206	190
Succursales et agences	389	340	266	206	168	198	206	190
Filiales	..	..	..	..	..	..	..	..
Total	389	340	266	206	168	198	206	190
Total								
Succursales et agences	778	796	587	507	481	501	510	535
Filiales	..	..	..	..	..	..	..	..
Total	778	796	587	507	481	501	510	535

.. Non disponible
Note : Voir les métadonnées détaillées sur : *http://metalinks.oecd.org/ins/20210324/bfb1.*
Source : *Statistiques de l'OCDE sur les assurances (base de données)*

AUTRICHE

Tableau 2. Nombre d'entreprises et d'employés

	2012	2013	2014	2015	2016	2017	2018	2019
2.1 Nombre d'entreprises								
Vie								
Entreprises nationales	3	3	7	7	6	6	6	6
Entreprises sous contrôle étranger	1	1	3	3	4	4	4	4
Succursales d'entreprises étrangères	0	0	0	0	0	0	0	0
Ensemble des entreprises	3	3	7	7	6	6	6	6
Non-vie								
Entreprises nationales	14	14	12	12	12	12	12	12
Entreprises sous contrôle étranger	7	7	8	8	8	8	7	7
Succursales d'entreprises étrangères	1	1	1	1	1	1	1	1
Ensemble des entreprises	15	15	13	13	13	13	13	13
Mixtes								
Entreprises nationales	27	26	21	20	17	17	16	16
Entreprises sous contrôle étranger	10	9	6	5	4	4	4	4
Succursales d'entreprises étrangères	0	0	0	0	0	0	0	0
Ensemble des entreprises	27	26	21	20	17	17	16	16
Réassurance								
Entreprises nationales	3	3	3	2	3	2	1	1
Entreprises sous contrôle étranger	2	1	2	1	1	0	0	0
Succursales d'entreprises étrangères	0	0	0	0	0	0	0	0
Ensemble des entreprises	3	3	3	2	3	2	1	1
Total								
Entreprises nationales	47	46	43	41	38	37	35	35
Entreprises sous contrôle étranger	20	18	19	17	17	16	15	15
Succursales d'entreprises étrangères	1	1	1	1	1	1	1	1
Ensemble des entreprises	48	47	44	42	39	38	36	36
2.2 Nombre d'employés								
Entreprises d'assurance	27 430	27 738	27 791	27 911	28 336	28 367	27 804	27 903
Intermédiaires	9 255	..	..	..	..	..	..	..
Total	27 430	27 738	27 791	27 911	28 336	28 367	27 804	27 903

.. Non disponible

Note : Voir les métadonnées détaillées sur : *http://metalinks.oecd.org/ins/20210324/bfb1.*

Source : *Statistiques de l'OCDE sur les assurances (base de données)*

BELGIQUE

Tableau 1. Agrégats sélectionnés

Millions EUR

	2012	2013	2014	2015	2016	2017	2018	2019
1.1 Opérations d'assurance conclues dans le pays déclarant								
1.1.1 Opérations d'assurance, par intérêt								
Primes brutes								
Entreprises nationales	32 640	28 251	28 863	27 712	27 493	27 299	28 539	31 400
Entreprises sous contrôle étranger	..	..	..	..	..	..	..	..
Succursales d'entreprises étrangères	..	..	..	..	..	..	..	..
Ensemble des entreprises	32 640	28 251	28 863	27 712	27 493	27 299	28 539	31 400
Primes cédées								
Entreprises nationales	2 417	2 474	3 251	3 183	3 520	3 412	3 656	7 478
Entreprises sous contrôle étranger	..	..	..	..	..	..	..	..
Succursales d'entreprises étrangères	..	..	..	..	..	..	..	..
Ensemble des entreprises	2 417	2 474	3 251	3 183	3 520	3 412	3 656	7 478
Primes nettes émises								
Entreprises nationales	30 223	25 777	25 612	24 529	23 973	23 887	24 882	23 923
Entreprises sous contrôle étranger	..	..	..	..	..	..	..	..
Succursales d'entreprises étrangères	..	..	..	..	..	..	..	..
Ensemble des entreprises	30 223	25 777	25 612	24 529	23 973	23 887	24 882	23 923
1.1.2 Opérations d'assurance par risque à l'étranger, primes brutes								
Vie	31	25	15	24	20	17	6	15
Non-vie	242	268	563	436	515	553	611	453
Mixtes	230	218	223	321	331	331	378	580
dont :								
Vie	77	53	39	38	23	17	14	15
Non-vie	153	165	184	282	308	313	364	565
Total	502	511	801	781	866	901	995	1 048
1.1.3 Paiement par catégories d'assurance, primes brutes (vie)								
Rentes	..	..	..	..	..	..	..	..
Unit linked	4 844	2 743	2 524	3 008	2 221	3 182	3 520	3 341
Autre assurance vie	16 235	13 501	13 723	12 302	12 674	11 424	12 051	12 826
Total Assurance Vie	21 078	16 244	16 247	15 310	14 895	14 606	15 571	16 167
***dont :** Contrats de retraite*	..	..	..	..	..	..	..	..
1.1.4 Paiement par catégories d'assurance, primes brutes (non-vie)								
L'assurance automobile	3 459	3 487	3 542	3 585	..	..	..	..
Les assurances transport (y compris maritime et aérien)	78	71	69	81	..	..	..	..
L'assurance de fret	116	104	100	73	..	..	..	..
L'assurance incendie et des dommages aux bien	2 573	2 696	2 755	2 708	..	..	..	..
L'assurance des pertes pécuniaires	407	404	725	598	..	..	..	..
L'assurance de la responsabilité civile générale	780	770	785	762	..	..	..	..
Les assurances accidents et maladie	3 361	3 592	3 695	3 653	..	..	..	..
***dont :** Maladie*	1 517	1 618	1 708	1 849	..	..	..	..
Autres assurances non-vie	737	825	885	888	..	..	..	..
Réassurance obligatoire	7	..	..	..	..	..	..	..
Total assurance non-vie	11 516	11 949	12 556	12 349	12 532	12 652	12 926	15 159
1.2 Paiements bruts des sinistres								
Vie								
Entreprises nationales	592	528	626	469	642	521	731	694
Entreprises sous contrôle étranger	..	..	..	..	..	..	..	..
Succursales d'entreprises étrangères	..	..	..	..	..	..	..	..
Ensemble des entreprises	592	528	626	469	642	521	731	694
Non-vie								
Entreprises nationales	1 898	1 960	2 272	2 363	2 539	2 316	1 489	1 989
Entreprises sous contrôle étranger	..	..	..	..	..	..	..	..
Succursales d'entreprises étrangères	..	..	..	..	..	..	..	..
Ensemble des entreprises	1 898	1 960	2 272	2 363	2 539	2 316	1 489	1 989
Mixtes								
Entreprises nationales	23 438	23 890	24 323	25 926	25 229	24 184	22 308	22 683
Entreprises sous contrôle étranger	..	..	..	..	..	..	..	..
Succursales d'entreprises étrangères	..	..	..	..	..	..	..	..
Ensemble des entreprises	23 438	23 890	24 323	25 926	25 229	24 184	22 308	22 683
dont :								
Vie	17 427	17 746	17 418	19 244	18 328	17 466	16 063	15 914
Entreprises nationales	17 427	17 746	17 418	19 244	18 328	17 466	16 063	15 914
Entreprises sous contrôle étranger	..	..	..	..	..	..	..	..
Succursales d'entreprises étrangères	..	..	..	..	..	..	..	..
Ensemble des entreprises	17 427	17 746	17 418	19 244	18 328	17 466	16 063	15 914
Non-vie	6 010	6 144	6 905	6 682	6 901	6 717	6 244	6 770
Entreprises nationales	6 010	6 144	6 905	6 682	6 901	6 717	6 244	6 770
Entreprises sous contrôle étranger	..	..	..	..	..	..	..	..
Succursales d'entreprises étrangères	..	..	..	..	..	..	..	..
Ensemble des entreprises	6 010	6 144	6 905	6 682	6 901	6 717	6 244	6 770
Total								
Entreprises nationales	25 928	26 378	27 222	28 758	28 410	27 020	24 527	25 366
Entreprises sous contrôle étranger	..	..	..	..	..	..	..	..
Succursales d'entreprises étrangères	..	..	..	..	..	..	..	..
Ensemble des entreprises	25 928	26 378	27 222	28 758	28 410	27 020	24 527	25 366

BELGIQUE

Tableau 1. Agrégats sélectionnés (*suite*)

Millions EUR

	2012	2013	2014	2015	2016	2017	2018	2019
1.3 Commissions								
Vie								
Entreprises nationales	59	55	45	47	55	56	64	67
Entreprises sous contrôle étranger	..	..	..	..	..	..	..	..
Succursales d'entreprises étrangères	..	..	..	..	..	..	..	..
Ensemble des entreprises	59	55	45	47	55	56	64	67
Non-vie								
Entreprises nationales	394	391	450	550	616	607	303	287
Entreprises sous contrôle étranger	..	..	..	..	..	..	..	..
Succursales d'entreprises étrangères	..	..	..	..	..	..	..	..
Ensemble des entreprises	394	391	450	550	616	607	303	287
Mixtes								
Entreprises nationales	2 397	2 446	2 478	2 493	2 484	2 536	2 161	2 442
Entreprises sous contrôle étranger	..	..	..	..	..	..	..	..
Succursales d'entreprises étrangères	..	..	..	..	..	..	..	..
Ensemble des entreprises	2 397	2 446	2 478	2 493	2 484	2 536	2 161	2 442
dont :								
Vie	905	875	852	833	765	756	730	735
Entreprises nationales	905	875	852	833	765	756	730	735
Entreprises sous contrôle étranger	..	..	..	..	..	..	..	..
Succursales d'entreprises étrangères	..	..	..	..	..	..	..	..
Ensemble des entreprises	905	875	852	833	765	756	730	735
Non-vie	1 493	1 572	1 626	1 660	1 719	1 779	1 431	1 707
Entreprises nationales	1 493	1 572	1 626	1 660	1 719	1 779	1 431	1 707
Entreprises sous contrôle étranger	..	..	..	..	..	..	..	..
Succursales d'entreprises étrangères	..	..	..	..	..	..	..	..
Ensemble des entreprises	1 493	1 572	1 626	1 660	1 719	1 779	1 431	1 707
Total								
Entreprises nationales	2 851	2 892	2 973	3 090	3 155	3 198	2 529	2 797
Entreprises sous contrôle étranger	..	..	..	..	..	..	..	..
Succursales d'entreprises étrangères	..	..	..	..	..	..	..	..
Ensemble des entreprises	2 851	2 892	2 973	3 090	3 155	3 198	2 529	2 797
1.4 Dépenses brutes d'exploitation								
Vie								
Entreprises nationales	118	58	41	45	47	51	61	60
Entreprises sous contrôle étranger	..	..	..	..	..	..	..	..
Succursales d'entreprises étrangères	..	..	..	..	..	..	..	..
Ensemble des entreprises	118	58	41	45	47	51	61	60
Non-vie								
Entreprises nationales	806	386	643	618	641	678	382	363
Entreprises sous contrôle étranger	..	..	..	..	..	..	..	..
Succursales d'entreprises étrangères	..	..	..	..	..	..	..	..
Ensemble des entreprises	806	386	643	618	641	678	382	363
Mixtes								
Entreprises nationales	4 401	2 084	2 197	2 205	2 320	2 402	2 306	2 425
Entreprises sous contrôle étranger	..	..	..	..	..	..	..	..
Succursales d'entreprises étrangères	..	..	..	..	..	..	..	..
Ensemble des entreprises	4 401	2 084	2 197	2 205	2 320	2 402	2 306	2 425
dont :								
Vie	1 702	830	833	824	859	869	883	895
Entreprises nationales	1 702	830	833	824	859	869	883	895
Entreprises sous contrôle étranger	..	..	..	..	..	..	..	..
Succursales d'entreprises étrangères	..	..	..	..	..	..	..	..
Ensemble des entreprises	1 702	830	833	824	859	869	883	895
Non-vie	2 699	1 254	1 364	1 382	1 461	1 533	1 423	1 529
Entreprises nationales	2 699	1 254	1 364	1 382	1 461	1 533	1 423	1 529
Entreprises sous contrôle étranger	..	..	..	..	..	..	..	..
Succursales d'entreprises étrangères	..	..	..	..	..	..	..	..
Ensemble des entreprises	2 699	1 254	1 364	1 382	1 461	1 533	1 423	1 529
Total								
Entreprises nationales	5 325	2 528	2 881	2 868	3 008	3 130	2 749	2 847
Entreprises sous contrôle étranger	..	..	..	..	..	..	..	..
Succursales d'entreprises étrangères	..	..	..	..	..	..	..	..
Ensemble des entreprises	5 325	2 528	2 881	2 868	3 008	3 130	2 749	2 847

BELGIQUE

Tableau 1. Agrégats sélectionnés *(suite)*

Millions EUR

	2012	2013	2014	2015	2016	2017	2018	2019
1.5 Opérations à l'étranger par succursale, primes brutes								
Vie								
Succursales et agences	2	2	2	0	0	0	0	0
Filiales	..	..	..	..	..	..	..	..
Total	2	2	2	..	0	0	0	0
Non-vie								
Succursales et agences	698	727	1 572	1 931	1 854	1 843	1 912	991
Filiales	..	..	..	..	..	..	..	..
Total	698	727	1 572	1 931	1 854	1 843	1 912	991
Mixtes								
Succursales et agences	442	448	1 121	1 156	1 197	1 337	1 246	2 622
Filiales	..	..	..	..	..	..	..	..
Total	442	448	1 121	1 156	1 197	1 337	1 246	2 622
dont :								
Vie	32	28	16	16	14	61	57	559
Succursales et agences	32	28	16	16	14	61	57	559
Filiales	..	..	..	..	..	..	..	..
Total	32	28	16	16	14	61	57	559
Non-vie	409	421	1 105	1 141	1 183	1 276	1 189	2 063
Succursales et agences	409	421	1 105	1 141	1 183	1 276	1 189	2 063
Filiales	..	..	..	..	..	..	..	..
Total	409	421	1 105	1 141	1 183	1 276	1 189	2 063
Total								
Succursales et agences	1 142	1 178	2 696	3 087	3 051	3 181	3 158	3 614
Filiales	..	..	..	..	..	..	..	..
Total	1 142	1 178	2 696	3 087	3 051	3 181	3 158	3 614

.. Non disponible

Note : Voir les métadonnées détaillées sur : *http://metalinks.oecd.org/ins/20210324/c46f.*

Source : *Statistiques de l'OCDE sur les assurances (base de données)*

BELGIQUE

Tableau 2. Nombre d'entreprises et d'employés

	2012	2013	2014	2015	2016	2017	2018	2019
2.1 Nombre d'entreprises								
Vie								
Entreprises nationales	17	16	15	15	12	10	9	9
Entreprises sous contrôle étranger	..	..	..	..	..	..	..	..
Succursales d'entreprises étrangères	7	7	8	8	10	10	7	7
Ensemble des entreprises	24	23	23	23	22	20	16	16
Non-vie								
Entreprises nationales	49	44	42	41	38	34	36	35
Entreprises sous contrôle étranger	..	..	..	..	..	..	..	..
Succursales d'entreprises étrangères	36	36	36	32	32	33	36	36
Ensemble des entreprises	85	80	78	73	70	67	72	71
Mixtes								
Entreprises nationales	23	23	23	23	22	23	22	22
Entreprises sous contrôle étranger	..	..	..	..	..	..	..	..
Succursales d'entreprises étrangères	2	2	2	2	2	2	2	2
Ensemble des entreprises	25	25	25	25	24	25	24	24
Réassurance								
Entreprises nationales	1	1	1	1	1	1	2	2
Entreprises sous contrôle étranger	..	..	..	..	..	..	..	..
Succursales d'entreprises étrangères	1	1	1	1	1	1	1	0
Ensemble des entreprises	2	2	2	2	2	2	3	2
Total								
Entreprises nationales	90	84	81	80	73	68	69	68
Entreprises sous contrôle étranger	..	..	..	..	..	..	..	..
Succursales d'entreprises étrangères	46	46	47	43	45	46	46	45
Ensemble des entreprises	136	130	128	123	118	114	115	113
2.2 Nombre d'employés								
Entreprises d'assurance	..	..	..	..	..	..	..	..
Intermédiaires	..	..	..	..	..	..	..	..
Total	..	..	..	..	..	..	..	..

.. Non disponible

Note : Voir les métadonnées détaillées sur : *http://metalinks.oecd.org/ins/20210324/c46f.*

Source : *Statistiques de l'OCDE sur les assurances (base de données)*

CANADA

Tableau 1. Agrégats sélectionnés

Millions CAD

	2012	2013	2014	2015	2016	2017	2018	2019
1.1 Opérations d'assurance conclues dans le pays déclarant								
1.1.1 Opérations d'assurance, par intérêt								
Primes brutes								
Entreprises nationales	87 337	91 830	81 347	86 082	89 439	93 962	97 815	..
Entreprises sous contrôle étranger	11 465	11 237	18 957	17 321	18 250	19 658	19 804	..
Succursales d'entreprises étrangères	9 621	9 651	21 604	20 840	19 141	19 488	14 937	..
Ensemble des entreprises	96 958	101 481	102 951	106 922	108 580	113 450	112 752	..
Primes cédées								
Entreprises nationales	23 483	25 176	22 771	25 855	23 885	26 759	19 135	..
Entreprises sous contrôle étranger	2 413	2 504	5 070	4 912	5 107	7 154	6 751	..
Succursales d'entreprises étrangères	2 405	2 094	4 469	4 735	4 370	4 568	4 467	..
Ensemble des entreprises	25 888	27 270	27 240	30 590	28 255	31 327	23 602	..
Primes nettes émises								
Entreprises nationales	63 854	66 655	58 576	60 227	65 554	67 204	78 680	..
Entreprises sous contrôle étranger	9 052	8 733	13 888	12 410	13 142	12 504	13 053	..
Succursales d'entreprises étrangères	7 216	7 557	17 135	16 104	14 771	14 920	10 470	..
Ensemble des entreprises	71 070	74 212	75 710	76 331	80 325	82 123	89 150	..
1.1.2 Opérations d'assurance par risque à l'étranger, primes brutes								
Vie	..	..	..	..	..	..	..	..
Non-vie	..	..	..	..	..	..	..	..
Mixtes	..	..	..	..	..	..	..	..
dont :								
Vie	..	..	..	..	..	..	..	..
Non-vie	..	..	..	..	..	..	..	..
Total	..	..	..	..	..	..	..	..
1.1.3 Paiement par catégories d'assurance, primes brutes (vie)								
Rentes	5 276	6 263	5 562	5 539	5 966	6 558	7 390	..
Unit linked	..	..	..	..	..	..	..	..
Autre assurance vie	..	..	..	..	..	..	..	..
Total Assurance Vie	..	..	..	..	..	..	..	..
***dont :** Contrats de retraite*	..	..	..	..	..	..	..	..
1.1.4 Paiement par catégories d'assurance, primes brutes (non-vie)								
L'assurance automobile	21 805	22 857	21 007	21 426	21 938	23 234	24 519	..
Les assurances transport (y compris maritime et aérien)	672	630	773	716	769	700	1 143	..
L'assurance de fret	..	..	..	..	..	..	..	..
L'assurance incendie et des dommages aux bien	16 577	16 687	18 994	19 992	20 599	21 593	28 429	..
L'assurance des pertes pécuniaires	1 785	1 748	2 271	2 613	2 659	2 708	2 559	..
L'assurance de la responsabilité civile générale	5 197	5 267	5 830	6 289	6 339	6 398	10 463	..
Les assurances accidents et maladie	19 672	20 262	25 708	26 370	25 944	26 471	24 315	..
***dont :** Maladie*	..	..	..	..	..	..	..	..
Autres assurances non-vie	14	32	138	275	368	440	170	..
Réassurance obligatoire	..	..	..	..	..	..	..	..
Total assurance non-vie	65 723	67 482	74 721	77 682	78 616	81 545	91 598	..
1.2 Paiements bruts des sinistres								
Vie								
Entreprises nationales	0	0	0	0	3	..	3	..
Entreprises sous contrôle étranger	0	0	0	0	0	..	0	..
Succursales d'entreprises étrangères	28	36	41	13	3	3	3	..
Ensemble des entreprises	28	36	41	13	6	3	6	..
Non-vie								
Entreprises nationales	24 435	28 506	25 194	25 500	30 110	29 433	30 596	..
Entreprises sous contrôle étranger	4 939	5 566	8 332	8 552	11 171	11 043	11 435	..
Succursales d'entreprises étrangères	4 875	5 242	5 901	4 694	6 748	4 566	6 479	..
Ensemble des entreprises	29 310	33 748	31 095	30 193	36 858	33 999	37 075	..
Mixtes								
Entreprises nationales	10 851	11 227	9 477	10 030	11 984	12 753	18 600	..
Entreprises sous contrôle étranger	731	736	881	303	336	396	435	..
Succursales d'entreprises étrangères	163	159	7 182	7 161	5 671	5 797	1 025	..
Ensemble des entreprises	11 014	11 386	16 659	17 190	17 654	18 549	19 626	..
dont :								
Vie	4 749	4 969	5 480	5 747	5 919	6 342	6 699	..
Entreprises nationales	4 650	4 869	3 858	4 186	4 581	4 981	6 073	..
Entreprises sous contrôle étranger	189	190	344	188	210	256	301	..
Succursales d'entreprises étrangères	99	99	1 622	1 561	1 339	1 361	626	..
Ensemble des entreprises	4 749	4 969	5 480	5 747	5 919	6 342	6 699	..
Non-vie	6 264	6 417	11 179	11 444	11 735	12 207	12 927	..
Entreprises nationales	6 201	6 357	5 620	5 844	7 403	7 772	12 528	..
Entreprises sous contrôle étranger	542	546	537	115	127	139	134	..
Succursales d'entreprises étrangères	63	60	5 560	5 600	4 332	4 435	399	..
Ensemble des entreprises	6 264	6 417	11 179	11 444	11 735	12 207	12 927	..
Total								
Entreprises nationales	35 286	39 733	34 671	35 529	42 097	42 186	49 199	..
Entreprises sous contrôle étranger	5 670	6 301	9 213	8 854	11 508	11 439	11 870	..
Succursales d'entreprises étrangères	5 066	5 437	13 124	11 867	12 422	10 366	7 507	..
Ensemble des entreprises	40 351	45 170	47 795	47 396	54 518	52 552	56 706	..

CANADA

Tableau 1. Agrégats sélectionnés *(suite)*

Millions CAD

	2012	2013	2014	2015	2016	2017	2018	2019
1.3 Commissions								
Vie								
Entreprises nationales	0	0	..	0	0	0	..	..
Entreprises sous contrôle étranger	0	0	..	..	..	..	..	..
Succursales d'entreprises étrangères	12	10	..	0	0	0	..	..
Ensemble des entreprises	12	10	..	0	0	0	..	..
Non-vie								
Entreprises nationales	4 719	4 781	..	5 441	5 666	5 434	6 103	..
Entreprises sous contrôle étranger	1 115	1 092	..	1 882	1 938	2 087	2 182	..
Succursales d'entreprises étrangères	1 077	1 095	..	1 104	1 177	1 299	1 492	..
Ensemble des entreprises	5 796	5 876	..	6 545	6 843	6 733	7 595	..
Mixtes								
Entreprises nationales	5 505	5 558	..	4 787	5 363	5 218	5 127	..
Entreprises sous contrôle étranger	258	239	..	97	94	97	150	..
Succursales d'entreprises étrangères	147	145	..	193	156	197	174	..
Ensemble des entreprises	5 652	5 703	..	4 980	5 519	5 416	5 301	..
dont :								
Vie	4 239	4 291	..	3 572	4 059	3 893	3 812	..
Entreprises nationales	4 150	4 213	..	3 457	3 982	3 801	3 734	..
Entreprises sous contrôle étranger	172	173	..	65	72	75	93	..
Succursales d'entreprises étrangères	89	78	..	115	77	93	78	..
Ensemble des entreprises	4 239	4 291	..	3 572	4 059	3 893	3 812	..
Non-vie	1 413	1 412	..	1 408	1 460	1 522	1 489	..
Entreprises nationales	1 355	1 345	..	1 330	1 381	1 418	1 393	..
Entreprises sous contrôle étranger	86	66	..	32	22	22	57	..
Succursales d'entreprises étrangères	58	67	..	78	79	105	97	..
Ensemble des entreprises	1 413	1 412	..	1 408	1 460	1 522	1 489	..
Total								
Entreprises nationales	10 224	10 339	..	10 228	11 029	10 653	11 230	..
Entreprises sous contrôle étranger	1 373	1 331	..	1 979	2 032	2 184	2 332	..
Succursales d'entreprises étrangères	1 235	1 249	..	1 298	1 333	1 496	1 666	..
Ensemble des entreprises	11 460	11 588	..	11 526	12 362	12 149	12 896	..
1.4 Dépenses brutes d'exploitation								
Vie								
Entreprises nationales	22	23	24	22	30	29	25	..
Entreprises sous contrôle étranger	0	..	0	0	0	0	0	..
Succursales d'entreprises étrangères	32	27	28	15	10	9	10	..
Ensemble des entreprises	53	50	52	37	40	38	36	..
Non-vie								
Entreprises nationales	5 774	6 023	4 032	4 493	4 725	4 694	4 658	..
Entreprises sous contrôle étranger	1 465	1 409	1 385	1 488	1 756	1 635	1 548	..
Succursales d'entreprises étrangères	1 001	1 017	855	689	673	672	704	..
Ensemble des entreprises	6 775	7 040	4 887	5 182	5 398	5 366	5 362	..
Mixtes								
Entreprises nationales	12 274	13 728	12 612	14 400	17 159	17 966	19 399	..
Entreprises sous contrôle étranger	557	571	736	187	194	248	251	..
Succursales d'entreprises étrangères	110	117	206	272	518	713	259	..
Ensemble des entreprises	12 384	13 845	12 818	14 672	17 677	18 679	19 658	..
dont :								
Vie	..	..	..	..	..	..	..	..
Entreprises nationales	..	..	..	..	..	..	..	..
Entreprises sous contrôle étranger	..	..	..	..	..	..	..	..
Succursales d'entreprises étrangères	..	..	..	..	..	..	..	..
Ensemble des entreprises	..	..	..	..	..	..	..	..
Non-vie	..	..	..	..	..	..	..	..
Entreprises nationales	..	..	..	..	..	..	..	..
Entreprises sous contrôle étranger	..	..	..	..	..	..	..	..
Succursales d'entreprises étrangères	..	..	..	..	..	..	..	..
Ensemble des entreprises	..	..	..	..	..	..	..	..
Total								
Entreprises nationales	18 069	19 774	16 668	18 915	21 914	22 689	24 082	..
Entreprises sous contrôle étranger	2 021	1 981	2 121	1 675	1 950	1 883	1 799	..
Succursales d'entreprises étrangères	1 143	1 161	1 089	976	1 201	1 394	973	..
Ensemble des entreprises	19 212	20 934	17 757	19 891	23 115	24 083	25 055	..

CANADA

Tableau 1. Agrégats sélectionnés *(suite)*

Millions CAD

	2012	2013	2014	2015	2016	2017	2018	2019
1.5 Opérations à l'étranger par succursale, primes brutes								
Vie								
Succursales et agences	..	..	..	..	..	..	..	..
Filiales	..	..	..	..	..	..	..	..
Total	..	..	0	0	0	0	0	..
Non-vie								
Succursales et agences	..	..	..	..	..	..	..	..
Filiales	..	..	..	..	..	..	..	..
Total	548	1 018	1 320	1 500	1 502	1 522	2 658	..
Mixtes								
Succursales et agences	..	..	..	..	..	..	..	..
Filiales	..	..	..	..	..	..	..	..
Total	37 741	7 942	31 162	40 235	50 713	54 040	57 636	..
dont :								
Vie	..	..	27 224	..	..	..	..	..
Succursales et agences	..	..	..	..	..	..	..	..
Filiales	..	..	..	..	..	..	..	..
Total	..	..	27 224	..	..	..	..	..
Non-vie	..	..	3 939	..	..	..	..	..
Succursales et agences	..	..	..	..	..	..	..	..
Filiales	..	..	..	..	..	..	..	..
Total	..	..	3 939	..	..	..	..	..
Total								
Succursales et agences	..	..	..	..	..	..	..	..
Filiales	..	..	..	..	..	..	..	..
Total	38 289	8 959	32 482	41 736	52 215	55 562	60 294	..

.. Non disponible
Note : Voir les métadonnées détaillées sur : *http://metalinks.oecd.org/ins/20210324/9011.*
Source : *Statistiques de l'OCDE sur les assurances (base de données)*

CANADA

Tableau 2. Nombre d'entreprises et d'employés

	2012	2013	2014	2015	2016	2017	2018	2019
2.1 Nombre d'entreprises								
Vie								
Entreprises nationales	1	1	1	1	3	3	3	..
Entreprises sous contrôle étranger	0	0	0	0	0	0	0	..
Succursales d'entreprises étrangères	5	5	5	5	2	2	2	..
Ensemble des entreprises	6	6	6	6	5	5	5	..
Non-vie								
Entreprises nationales	84	60	66	66	63	61	57	..
Entreprises sous contrôle étranger	23	22	28	28	27	27	25	..
Succursales d'entreprises étrangères	60	60	60	58	54	54	54	..
Ensemble des entreprises	144	120	126	124	117	115	111	..
Mixtes								
Entreprises nationales	43	34	34	33	31	31	29	..
Entreprises sous contrôle étranger	10	10	9	7	7	8	7	..
Succursales d'entreprises étrangères	21	26	23	22	20	20	20	..
Ensemble des entreprises	64	60	57	55	51	51	49	..
Réassurance								
Entreprises nationales	6	6	5	5	5	5	5	..
Entreprises sous contrôle étranger	6	6	5	5	5	5	5	..
Succursales d'entreprises étrangères	27	28	25	26	28	28	28	..
Ensemble des entreprises	33	34	30	31	33	33	33	..
Total								
Entreprises nationales	134	101	106	105	102	100	94	..
Entreprises sous contrôle étranger	39	38	42	40	39	40	37	..
Succursales d'entreprises étrangères	113	119	113	111	104	104	104	..
Ensemble des entreprises	247	220	219	216	206	204	198	..
2.2 Nombre d'employés								
Entreprises d'assurance	..	..	..	..	..	..	..	..
Intermédiaires	..	..	..	..	..	..	..	..
Total	..	..	..	..	..	..	..	..

.. Non disponible

Note : Voir les métadonnées détaillées sur : *http://metalinks.oecd.org/ins/20210324/9011.*

Source : *Statistiques de l'OCDE sur les assurances (base de données)*

CHILI

Tableau 1. Agrégats sélectionnés

Millions CLP

	2012	2013	2014	2015	2016	2017	2018	2019
1.1 Opérations d'assurance conclues dans le pays déclarant								
1.1.1 Opérations d'assurance, par intérêt								
Primes brutes								
Entreprises nationales	5 496 223	5 832 221	6 260 019	7 465 743	8 394 971	8 344 320	8 981 504	9 062 220
Entreprises sous contrôle étranger	2 821 041	3 056 166	3 211 682	3 614 011	4 422 880	4 504 671	4 722 316	4 929 006
Succursales d'entreprises étrangères	..	..	..	..	..	..	..	..
Ensemble des entreprises	5 496 223	5 832 221	6 260 019	7 465 743	8 394 971	8 344 320	8 981 504	9 062 220
Primes cédées								
Entreprises nationales	930 906	906 942	998 507	1 135 872	1 310 392	1 382 346	1 428 339	1 561 858
Entreprises sous contrôle étranger	671 333	647 814	676 439	749 522	953 240	901 373	921 260	1 052 698
Succursales d'entreprises étrangères	..	..	..	..	..	..	..	..
Ensemble des entreprises	930 906	906 942	998 507	1 135 872	1 310 392	1 382 346	1 428 339	1 561 858
Primes nettes émises								
Entreprises nationales	4 565 317	4 925 279	5 261 513	6 329 871	7 084 578	6 961 974	7 553 165	7 500 362
Entreprises sous contrôle étranger	2 149 709	2 408 352	2 535 243	2 864 489	3 469 640	3 603 299	3 801 056	3 876 308
Succursales d'entreprises étrangères	..	..	..	..	..	..	..	..
Ensemble des entreprises	4 565 317	4 925 279	5 261 513	6 329 871	7 084 578	6 961 974	7 553 165	7 500 362
1.1.2 Opérations d'assurance par risque à l'étranger, primes brutes								
Vie	..	..	..	..	..	..	..	..
Non-vie	..	..	..	..	..	..	..	..
Mixtes total	..	..	..	..	..	..	..	..
Total	..	..	..	..	..	..	..	..
1.1.3 Paiement par catégories d'assurance, primes brutes (vie)								
Rentes	1 623 894	1 729 819	1 692 693	2 343 736	2 759 473	2 456 649	2 767 820	2 455 785
Unit linked	213 028	318 975	475 508	613 110	712 539	728 441	582 074	547 256
Autre assurance vie	1 761 476	1 827 419	1 948 628	2 123 123	2 373 130	2 560 094	2 775 274	3 016 938
Total assurance vie	3 598 399	3 876 213	4 116 829	5 079 969	5 845 142	5 745 185	6 125 167	6 019 980
***dont :** Contrats de retraite*	..	..	..	..	..	..	..	..
1.1.4 Paiement par catégories d'assurance, primes brutes (non-vie)								
L'assurance automobile	480 767	467 370	509 632	554 020	607 928	658 852	741 818	776 970
Les assurances transport (y compris maritime et aérien)	93 208	117 884	129 698	148 074	132 318	134 870	152 066	172 407
L'assurance de fret	0	0	0	0	0	0	0	0
L'assurance incendie et des dommages aux bien	726 707	711 066	788 536	901 636	926 988	899 548	999 817	1 123 188
L'assurance des pertes pécuniaires	62 661	55 877	62 708	73 291	81 763	83 750	89 411	93 093
L'assurance de la responsabilité civile générale	80 035	52 154	56 828	41 342	34 468	30 188	41 483	46 072
Les assurances accidents et maladie	117 127	25 789	30 296	46 180	53 105	66 796	74 322	78 869
***dont :** Maladie*	1 362	1 349	6 186	2 268	8 145	7 442	15 661	4 707
Autres assurances non-vie	335 850	524 059	561 863	602 569	651 596	675 973	705 464	697 812
Réassurance obligatoire	0	0	0	0	0	0	0	0
Total assurance non-vie	1 896 354	1 954 198	2 139 562	2 367 113	2 488 165	2 549 976	2 804 382	2 988 410
1.2 Paiements bruts des sinistres								
Vie								
Entreprises nationales	3 393 850	3 714 398	4 027 828	2 853 170	3 342 724	3 838 076	4 106 073	4 387 098
Entreprises sous contrôle étranger	1 353 122	1 551 286	1 580 430	1 020 903	1 219 666	1 524 203	1 999 198	1 833 862
Succursales d'entreprises étrangères	..	..	..	..	..	..	..	..
Ensemble des entreprises	3 393 850	3 714 398	4 027 828	2 853 170	3 342 724	3 838 076	4 106 073	4 387 098
Non-vie								
Entreprises nationales	874 913	896 672	260 092	1 421 296	1 491 740	1 515 015	1 432 942	1 475 444
Entreprises sous contrôle étranger	524 939	541 982	157 970	889 183	1 193 951	1 168 469	1 032 572	1 053 771
Succursales d'entreprises étrangères	..	..	..	..	..	..	..	..
Ensemble des entreprises	874 913	896 672	260 092	1 421 296	1 491 740	1 515 015	1 432 942	1 475 444
Mixtes, ensemble des entreprises	..	..	..	..	..	..	..	..
Total								
Entreprises nationales	4 268 763	4 611 070	4 287 920	4 274 466	4 834 464	5 353 090	5 539 015	5 862 542
Entreprises sous contrôle étranger	1 878 061	2 093 268	1 738 400	1 910 087	2 413 617	2 692 672	3 031 770	2 887 633
Succursales d'entreprises étrangères	..	..	..	..	..	..	..	..
Ensemble des entreprises	4 268 763	4 611 070	4 287 920	4 274 466	4 834 464	5 353 090	5 539 015	5 862 542
1.3 Commissions								
Vie								
Entreprises nationales	228 573	248 645	263 060	301 418	318 445	330 472	360 325	349 461
Entreprises sous contrôle étranger	118 560	131 550	139 650	164 172	159 299	171 055	186 888	181 279
Succursales d'entreprises étrangères	..	..	..	..	..	..	..	..
Ensemble des entreprises	228 573	248 645	263 060	301 418	318 445	330 472	360 325	349 461
Non-vie								
Entreprises nationales	224 665	230 945	260 092	287 918	312 001	322 793	360 936	368 082
Entreprises sous contrôle étranger	142 291	140 238	157 970	171 469	242 835	238 778	261 147	261 710
Succursales d'entreprises étrangères	..	..	..	..	..	..	..	..
Ensemble des entreprises	224 665	230 945	260 092	287 918	312 001	322 793	360 936	368 082
Mixtes, ensemble des entreprises	..	..	..	..	..	..	..	..
Total								
Entreprises nationales	453 238	479 590	523 153	589 336	630 445	653 265	721 261	717 542
Entreprises sous contrôle étranger	260 851	271 787	297 621	335 641	402 134	409 832	448 035	442 989
Succursales d'entreprises étrangères	..	..	..	..	..	..	..	..
Ensemble des entreprises	453 238	479 590	523 153	589 336	630 445	653 265	721 261	717 542

CHILI

Tableau 1. Agrégats sélectionnés *(suite)*

Millions CLP

	2012	2013	2014	2015	2016	2017	2018	2019
1.4 Dépenses brutes d'exploitation								
Vie								
Entreprises nationales	519 184	549 344	583 313	612 178	664 997	732 176	776 679	883 091
Entreprises sous contrôle étranger	250 271	268 515	284 692	308 320	316 103	364 993	390 610	413 417
Succursales d'entreprises étrangères	..	..	..	..	..	..	..	..
Ensemble des entreprises	519 184	549 344	583 313	612 178	664 997	732 176	776 679	883 091
Non-vie								
Entreprises nationales	339 044	359 066	382 886	412 676	457 861	501 804	533 252	569 035
Entreprises sous contrôle étranger	239 100	251 791	266 721	288 658	367 114	406 682	414 288	431 095
Succursales d'entreprises étrangères	..	..	..	..	..	..	..	..
Ensemble des entreprises	339 044	359 066	382 886	412 676	457 861	501 804	533 252	569 035
Mixtes, ensemble des entreprises	..	..	..	..	..	..	..	..
Total								
Entreprises nationales	858 228	908 410	966 199	1 024 854	1 122 857	1 233 980	1 309 931	1 452 126
Entreprises sous contrôle étranger	489 370	520 306	551 413	596 978	683 216	771 674	804 898	844 512
Succursales d'entreprises étrangères	..	..	..	..	..	..	..	..
Ensemble des entreprises	858 228	908 410	966 199	1 024 854	1 122 857	1 233 980	1 309 931	1 452 126
1.5 Opérations à l'étranger par succursale, primes brutes								
Vie								
Succursales et agences	..	..	..	..	..	..	..	..
Filiales	..	..	..	..	..	..	..	..
Total	..	..	..	..	..	..	..	..
Non-vie								
Succursales et agences	..	..	..	..	..	..	..	..
Filiales	..	..	..	..	..	..	..	..
Total	..	..	..	..	..	..	..	..
Mixtes total	..	..	..	..	..	..	..	..
Total								
Succursales et agences	..	..	..	..	..	..	..	..
Filiales	..	..	..	..	..	..	..	..
Total	..	..	..	..	..	..	..	..

.. Non disponible

Note : Voir les métadonnées détaillées sur : *http://metalinks.oecd.org/ins/20210324/d894.*

Source : *Statistiques de l'OCDE sur les assurances (base de données)*

Tableau 2. Nombre d'entreprises et d'employés

	2012	2013	2014	2015	2016	2017	2018	2019
2.1 Nombre d'entreprises								
Vie								
Entreprises nationales	32	33	34	36	36	36	37	37
Entreprises sous contrôle étranger	11	12	12	13	13	15	16	13
Succursales d'entreprises étrangères	..	..	..	..	0	..	..	..
Ensemble des entreprises	32	33	34	36	36	36	37	37
Non-vie								
Entreprises nationales	28	29	29	30	30	32	32	34
Entreprises sous contrôle étranger	16	18	17	18	11	19	17	18
Succursales d'entreprises étrangères	..	..	..	..	0	..	..	..
Ensemble des entreprises	28	29	29	30	30	32	32	34
Mixtes, ensemble des entreprises	**0**	**0**	**0**	**0**	**0**	**..**	**..**	**..**
Réassurance								
Entreprises nationales	1	1	1	1	1	1	1	1
Entreprises sous contrôle étranger	1	1	1	..	1	1	1	1
Succursales d'entreprises étrangères	..	..	..	..	0	..	..	..
Ensemble des entreprises	1	1	1	1	1	1	1	1
Total								
Entreprises nationales	61	63	64	67	67	69	70	72
Entreprises sous contrôle étranger	28	31	30	31	25	35	33	32
Succursales d'entreprises étrangères	..	..	..	..	0	..	..	..
Ensemble des entreprises	61	63	64	67	67	69	70	72
2.2 Nombre d'employés								
Entreprises d'assurance	16 304	16 686	17 039	15 368	16 414	16 859	16 908	16 891
Intermédiaires	6 828	7 046	6 959	7 499	7 599	7 663	7 945	7 997
Total	23 132	23 732	23 998	22 867	24 013	24 522	24 853	24 888

.. Non disponible

Note : Voir les métadonnées détaillées sur : *http://metalinks.oecd.org/ins/20210324/d894.*

Source : *Statistiques de l'OCDE sur les assurances (base de données)*

COLOMBIE

Tableau 1. Agrégats sélectionnés

Millions COP

	2012	2013	2014	2015	2016	2017	2018	2019
1.1 Opérations d'assurance conclues dans le pays déclarant								
1.1.1 Opérations d'assurance, par intérêt								
Primes brutes								
Entreprises nationales	16 431 445	19 075 213	19 396 882	21 943 459	24 585 330	26 496 734	27 809 761	30 812 229
Entreprises sous contrôle étranger	6 083 355	6 665 400	7 635 672	8 309 246	8 622 786	8 718 250	8 981 678	9 654 677
Succursales d'entreprises étrangères	..	..	0	..	..	..	..	..
Ensemble des entreprises	16 431 445	19 075 213	19 396 882	21 943 459	24 585 330	26 496 734	27 809 761	30 812 229
Primes cédées								
Entreprises nationales	3 072 740	3 264 752	3 392 593	4 062 439	4 883 531	4 863 385	5 257 745	6 045 450
Entreprises sous contrôle étranger	1 554 934	1 537 641	1 762 391	1 871 332	2 075 143	1 676 354	1 762 454	2 052 794
Succursales d'entreprises étrangères	..	..	0	..	..	..	..	..
Ensemble des entreprises	3 072 740	3 264 752	3 392 593	4 062 439	4 883 531	4 863 385	5 257 745	6 045 450
Primes nettes émises								
Entreprises nationales	13 358 704	15 810 461	16 004 289	17 881 020	19 701 798	21 633 350	22 552 017	24 766 779
Entreprises sous contrôle étranger	4 528 421	5 127 759	5 873 280	6 437 914	6 547 643	7 041 896	7 219 224	7 601 883
Succursales d'entreprises étrangères	..	..	0	..	..	..	..	..
Ensemble des entreprises	13 358 704	15 810 461	16 004 289	17 881 020	19 701 798	21 633 350	22 552 017	24 766 779
1.1.2 Opérations d'assurance par risque à l'étranger, primes brutes								
Vie	..	..	..	..	..	..	..	..
Non-vie	..	..	..	..	..	..	..	..
Mixtes	..	..	..	..	..	..	..	..
dont :								
Vie	..	..	..	..	..	..	..	..
Non-vie	..	..	..	..	..	..	..	..
Total	..	..	..	..	..	..	..	..
1.1.3 Paiement par catégories d'assurance, primes brutes (vie)								
Rentes	2 437 934	2 437 934	814 432	1 096 967	1 759 549	2 019 643	2 204 084	2 452 253
Unit linked	..	..	..	..	..	..	..	..
Autre assurance vie	5 254 056	7 301 890	8 389 995	9 114 695	10 077 271	11 453 593	11 714 575	13 136 500
Total Assurance Vie	7 691 990	9 739 824	9 204 427	10 211 663	11 836 820	13 473 236	13 918 659	15 588 754
***dont :** Contrats de retraite*	888 794	2 278 534	642 645	904 089	1 559 392	1 854 412	2 031 168	2 264 302
1.1.4 Paiement par catégories d'assurance, primes brutes (non-vie)								
L'assurance automobile	2 150 299	2 198 323	2 389 604	2 628 864	2 982 278	3 365 337	3 491 141	3 668 192
Les assurances transport (y compris maritime et aérien)	135 109	55 827	96 118	134 015	140 118	142 304	135 408	183 512
L'assurance de fret	272 930	266 931	264 282	285 223	301 591	290 964	293 469	315 021
L'assurance incendie et des dommages aux bien	1 415 031	1 394 129	1 984 995	2 388 974	2 596 551	2 592 128	2 787 985	2 992 325
L'assurance des pertes pécuniaires	1 154 461	1 210 196	1 876 165	2 171 112	2 173 155	2 035 235	2 188 222	2 421 701
L'assurance de la responsabilité civile générale	659 355	738 250	782 424	834 365	913 075	922 751	1 073 809	1 273 279
Les assurances accidents et maladie	285 684	343 025	431 508	480 854	588 263	543 225	482 136	610 901
***dont :** Maladie*	52 586	52 173	55 613	59 071	60 349	60 216	62 250	63 711
Autres assurances non-vie	2 659 433	3 124 590	2 359 305	2 800 552	3 044 763	3 126 668	3 436 491	3 758 816
Réassurance obligatoire	0	0	..	..	..	..	..	..
Total assurance non-vie	8 732 302	9 331 270	10 184 400	11 723 960	12 739 794	13 018 612	13 888 659	15 223 747
1.2 Paiements bruts des sinistres								
Vie								
Entreprises nationales	3 756 858	4 208 328	4 732 708	5 219 437	5 850 532	6 614 108	7 506 898	7 797 284
Entreprises sous contrôle étranger	903 570	1 074 648	1 102 287	1 246 232	1 223 887	1 289 528	1 379 180	1 393 943
Succursales d'entreprises étrangères	..	..	..	..	..	..	..	..
Ensemble des entreprises	3 756 858	4 208 328	4 732 708	5 219 437	5 850 532	6 614 108	7 506 898	7 797 284
Non-vie								
Entreprises nationales	3 948 527	4 219 440	4 266 391	5 013 568	6 555 550	6 355 609	6 662 371	8 175 580
Entreprises sous contrôle étranger	1 954 653	1 811 255	2 261 082	2 565 529	3 043 646	2 668 837	2 829 971	3 777 045
Succursales d'entreprises étrangères	..	..	..	..	..	..	..	..
Ensemble des entreprises	3 948 527	4 219 441	4 266 391	5 013 568	6 555 550	6 355 609	6 662 371	8 175 580
Mixtes								
Entreprises nationales	..	..	..	..	..	..	..	..
Entreprises sous contrôle étranger	..	..	..	..	..	..	..	..
Succursales d'entreprises étrangères	..	..	..	..	..	..	..	..
Ensemble des entreprises	..	..	..	..	..	..	..	..
dont :								
Vie	..	..	..	..	..	..	..	..
Entreprises nationales	..	..	..	..	..	..	..	..
Entreprises sous contrôle étranger	..	..	..	..	..	..	..	..
Succursales d'entreprises étrangères	..	..	..	..	..	..	..	..
Ensemble des entreprises	..	..	..	..	..	..	..	..
Non-vie	..	..	..	..	..	..	..	..
Entreprises nationales	..	..	..	..	..	..	..	..
Entreprises sous contrôle étranger	..	..	..	..	..	..	..	..
Succursales d'entreprises étrangères	..	..	..	..	..	..	..	..
Ensemble des entreprises	..	..	..	..	..	..	..	..
Total								
Entreprises nationales	7 705 385	8 427 768	8 999 099	10 233 005	12 406 082	12 969 717	14 169 269	15 972 864
Entreprises sous contrôle étranger	2 858 223	2 885 903	3 363 369	3 811 761	4 267 533	3 958 365	4 209 152	5 170 989
Succursales d'entreprises étrangères	..	..	..	..	..	..	..	..
Ensemble des entreprises	7 705 385	8 427 768	8 999 099	10 233 005	12 406 082	12 969 717	14 169 269	15 972 864

COLOMBIE

Tableau 1. Agrégats sélectionnés (*suite*)

Millions COP

	2012	2013	2014	2015	2016	2017	2018	2019
1.3 Commissions								
Vie								
Entreprises nationales	..	..	..	..	..	..	..	..
Entreprises sous contrôle étranger	..	..	..	..	..	..	..	..
Succursales d'entreprises étrangères	..	..	..	..	..	..	..	..
Ensemble des entreprises	..	..	..	..	..	..	..	..
Non-vie								
Entreprises nationales	..	..	..	..	..	..	..	..
Entreprises sous contrôle étranger	..	..	..	..	..	..	..	..
Succursales d'entreprises étrangères	..	..	..	..	..	..	..	..
Ensemble des entreprises	..	..	..	..	..	..	..	..
Mixtes								
Entreprises nationales	..	..	..	..	..	..	..	..
Entreprises sous contrôle étranger	..	..	..	..	..	..	..	..
Succursales d'entreprises étrangères	..	..	..	..	..	..	..	..
Ensemble des entreprises	..	..	..	..	..	..	..	..
dont :								
Vie	..	..	..	..	..	..	..	..
Entreprises nationales	..	..	..	..	..	..	..	..
Entreprises sous contrôle étranger	..	..	..	..	..	..	..	..
Succursales d'entreprises étrangères	..	..	..	..	..	..	..	..
Ensemble des entreprises	..	..	..	..	..	..	..	..
Non-vie	..	..	..	..	..	..	..	..
Entreprises nationales	..	..	..	..	..	..	..	..
Entreprises sous contrôle étranger	..	..	..	..	..	..	..	..
Succursales d'entreprises étrangères	..	..	..	..	..	..	..	..
Ensemble des entreprises	..	..	..	..	..	..	..	..
Total								
Entreprises nationales	..	..	..	..	..	..	..	..
Entreprises sous contrôle étranger	..	..	..	..	..	..	..	..
Succursales d'entreprises étrangères	..	..	..	..	..	..	..	..
Ensemble des entreprises	..	..	..	..	..	..	..	..
1.4 Dépenses brutes d'exploitation								
Vie								
Entreprises nationales	1 237 926	1 324 845	3 306 113	3 596 035	3 847 673	4 227 762	4 582 318	5 170 933
Entreprises sous contrôle étranger	359 450	384 239	708 464	1 077 766	1 100 785	1 280 372	1 383 239	1 421 144
Succursales d'entreprises étrangères	..	..	..	..	..	..	..	..
Ensemble des entreprises	1 237 926	1 324 845	3 306 113	3 596 035	3 847 673	4 227 762	4 582 318	5 170 933
Non-vie								
Entreprises nationales	1 718 330	1 957 574	3 907 054	4 067 473	4 555 295	4 738 383	4 996 774	5 709 898
Entreprises sous contrôle étranger	1 052 070	1 052 070	2 331 832	2 418 659	2 624 752	2 729 921	2 665 162	3 071 224
Succursales d'entreprises étrangères	..	..	..	..	..	..	..	..
Ensemble des entreprises	1 718 330	1 957 574	3 907 054	4 067 473	4 555 295	4 738 383	4 996 774	5 709 898
Mixtes								
Entreprises nationales	..	..	..	..	..	..	..	..
Entreprises sous contrôle étranger	..	..	..	..	..	..	..	..
Succursales d'entreprises étrangères	..	..	..	..	..	..	..	..
Ensemble des entreprises	..	..	..	..	..	..	..	..
dont :								
Vie	..	..	..	..	..	..	..	..
Entreprises nationales	..	..	..	..	..	..	..	..
Entreprises sous contrôle étranger	..	..	..	..	..	..	..	..
Succursales d'entreprises étrangères	..	..	..	..	..	..	..	..
Ensemble des entreprises	..	..	..	..	..	..	..	..
Non-vie	..	..	..	..	..	..	..	..
Entreprises nationales	..	..	..	..	..	..	..	..
Entreprises sous contrôle étranger	..	..	..	..	..	..	..	..
Succursales d'entreprises étrangères	..	..	..	..	..	..	..	..
Ensemble des entreprises	..	..	..	..	..	..	..	..
Total								
Entreprises nationales	2 956 256	3 282 419	7 213 167	7 663 508	8 402 968	8 966 145	9 579 092	10 880 831
Entreprises sous contrôle étranger	1 411 520	1 436 309	3 040 295	3 496 425	3 725 536	4 010 293	4 048 401	4 492 368
Succursales d'entreprises étrangères	..	..	..	..	..	..	..	..
Ensemble des entreprises	2 956 256	3 282 419	7 213 167	7 663 508	8 402 968	8 966 145	9 579 092	10 880 831

Tableau 1. Agrégats sélectionnés *(suite)*

Millions COP

	2012	2013	2014	2015	2016	2017	2018	2019
1.5 Opérations à l'étranger par succursale, primes brutes								
Vie								
Succursales et agences	..	..	..	..	..	..	..	..
Filiales	..	..	..	..	..	..	..	..
Total	..	..	..	..	..	..	..	..
Non-vie								
Succursales et agences	..	..	..	..	..	..	..	..
Filiales	..	..	..	..	..	..	..	..
Total	..	..	..	..	..	..	..	..
Mixtes								
Succursales et agences	..	..	..	..	..	..	..	..
Filiales	..	..	..	..	..	..	..	..
Total	..	..	..	..	..	..	..	..
dont :								
Vie	..	..	..	..	..	..	..	..
Succursales et agences	..	..	..	..	..	..	..	..
Filiales	..	..	..	..	..	..	..	..
Total	..	..	..	..	..	..	..	..
Non-vie	..	..	..	..	..	..	..	..
Succursales et agences	..	..	..	..	..	..	..	..
Filiales	..	..	..	..	..	..	..	..
Total	..	..	..	..	..	..	..	..
Total								
Succursales et agences	..	..	..	..	..	..	..	..
Filiales	..	..	..	..	..	..	..	..
Total	..	..	..	..	..	..	..	..

.. Non disponible

Note : Voir les métadonnées détaillées sur : *http://metalinks.oecd.org/ins/20210324/d58b.*

Source : *Statistiques de l'OCDE sur les assurances (base de données)*

COLOMBIE

Tableau 2. Nombre d'entreprises et d'employés

	2012	2013	2014	2015	2016	2017	2018	2019
2.1 Nombre d'entreprises								
Vie								
Entreprises nationales	19	19	19	19	19	20	20	18
Entreprises sous contrôle étranger	8	8	9	9	9	10	10	9
Succursales d'entreprises étrangères	..	..	0	0	0	0	0	0
Ensemble des entreprises	19	19	19	19	19	20	20	18
Non-vie								
Entreprises nationales	26	25	26	28	26	26	26	26
Entreprises sous contrôle étranger	14	15	18	19	17	17	17	17
Succursales d'entreprises étrangères	..	..	0	0	0	0	0	0
Ensemble des entreprises	26	25	26	28	26	26	26	26
Mixtes								
Entreprises nationales	..	..	..	..	..	..	..	..
Entreprises sous contrôle étranger	..	..	..	..	..	..	..	..
Succursales d'entreprises étrangères	..	..	..	..	..	..	..	..
Ensemble des entreprises	..	..	..	..	..	..	..	..
Réassurance								
Entreprises nationales	..	..	0	0	0	..	..	0
Entreprises sous contrôle étranger	..	..	0	0	0	..	..	0
Succursales d'entreprises étrangères	..	..	..	..	0	..	..	..
Ensemble des entreprises	..	..	0	0	0	..	..	0
Total								
Entreprises nationales	45	44	45	47	45	46	46	44
Entreprises sous contrôle étranger	22	23	27	28	26	27	27	26
Succursales d'entreprises étrangères	..	..	0	0	0	0	0	0
Ensemble des entreprises	45	44	45	47	45	46	46	44
2.2 Nombre d'employés								
Entreprises d'assurance	..	..	18 913	20 862	22 734	24 073	28 043	27 322
Intermédiaires	..	..	..	..	..	..	..	..
Total	..	..	18 913	20 862	22 734	..	..	..

.. Non disponible
Note : Voir les métadonnées détaillées sur : *http://metalinks.oecd.org/ins/20210324/d58b.*
Source : *Statistiques de l'OCDE sur les assurances (base de données)*

RÉPUBLIQUE TCHÈQUE

Tableau 1. Agrégats sélectionnés

Millions CZK

	2012	2013	2014	2015	2016	2017	2018	2019
1.1 Opérations d'assurance conclues dans le pays déclarant								
1.1.1 Opérations d'assurance, par intérêt								
Primes brutes								
Entreprises nationales	145 572	147 955	148 755	140 688	135 581	138 186	142 473	152 231
Entreprises sous contrôle étranger	134 114	135 671	137 200	129 432	124 165	125 585	128 377	136 031
Succursales d'entreprises étrangères	8 026	8 567	9 164	11 159	11 102	11 459	10 768	13 208
Ensemble des entreprises	153 597	156 522	157 919	151 846	146 683	149 645	153 241	165 439
Primes cédées								
Entreprises nationales	27 730	29 333	29 915	29 857	28 913	30 449	31 057	32 569
Entreprises sous contrôle étranger	24 826	26 054	26 601	26 578	25 450	26 230	26 704	27 639
Succursales d'entreprises étrangères	984	1 016	1 250	1 561	1 993	1 484	1 048	1 450
Ensemble des entreprises	28 714	30 349	31 165	31 418	30 905	31 933	32 105	34 018
Primes nettes émises								
Entreprises nationales	117 842	118 623	118 839	110 831	106 669	107 737	111 416	119 662
Entreprises sous contrôle étranger	109 288	109 617	110 598	102 854	98 714	99 356	101 673	108 393
Succursales d'entreprises étrangères	7 041	7 550	7 914	9 598	9 109	9 976	9 720	11 758
Ensemble des entreprises	124 884	126 173	126 754	120 429	115 778	117 713	121 136	131 421
1.1.2 Opérations d'assurance par risque à l'étranger, primes brutes								
Vie	3	0	0	0	0	0	0	0
Non-vie	931	741	993	524	274	738	874	1 906
Mixtes	1 681	1 780	2 121	1 867	1 843	2 777	3 561	3 503
dont :								
Vie	0	37	360	4	0	1 805	1 897	2 099
Non-vie	1 681	1 742	1 761	1 863	1 843	972	1 664	1 404
Total	2 614	2 521	3 113	2 390	2 117	3 515	4 435	5 408
1.1.3 Paiement par catégories d'assurance, primes brutes (vie)								
Rentes	1 810	1 775	1 505	1 413	..	..	..	..
Unit linked	37 799	34 764	37 632	35 125	26 131	25 608	25 199	19 296
Autre assurance vie	32 437	35 030	32 042	25 876	33 110	31 425	30 653	33 652
Total Assurance Vie	72 046	71 569	71 179	62 414	59 240	57 033	55 852	52 948
***dont :** Contrats de retraite*	..	..	..	..	..	0	0	0
1.1.4 Paiement par catégories d'assurance, primes brutes (non-vie)								
L'assurance automobile	34 350	35 804	37 855	39 633	38 212	40 533	44 078	48 204
Les assurances transport (y compris maritime et aérien)	243	214	294	331	912	1 073	1 072	1 056
L'assurance de fret	336	393	461	466	0	..	..	..
L'assurance incendie et des dommages aux bien	20 832	21 442	21 687	22 655	23 042	24 244	24 997	26 621
L'assurance des pertes pécuniaires	5 190	5 920	4 933	3 770	3 959	4 030	3 309	3 805
L'assurance de la responsabilité civile générale	12 420	12 869	13 164	13 810	13 609	14 559	15 207	16 661
Les assurances accidents et maladie	5 523	5 482	5 342	5 393	5 136	5 460	5 802	13 242
***dont :** Maladie*	0	0	0	0	0	2 474	2 575	3 260
Autres assurances non-vie	2 656	2 825	3 002	3 374	2 223	2 364	2 489	2 432
Réassurance obligatoire	0	0	0	0	0	..	..	..
Total assurance non-vie	81 550	84 950	86 738	89 431	87 092	92 263	96 954	112 021
1.2 Paiements bruts des sinistres								
Vie								
Entreprises nationales	968	765	1 307	702	.. c	.. c	.. c	.. c
Entreprises sous contrôle étranger	968	765	1 307	702	.. c	.. c	.. c	.. c
Succursales d'entreprises étrangères	4 402	7 219	6 044	6 376	6 094	6 249	5 572	6 169
Ensemble des entreprises	5 370	7 984	7 352	7 077	6 456	6 567	5 875	6 176
Non-vie								
Entreprises nationales	3 594	5 208	6 045	2 285	2 103	2 172	2 681	3 159
Entreprises sous contrôle étranger	1 648	2 171	1 734	1 288	1 072	1 070	1 349	1 507
Succursales d'entreprises étrangères	746	1 184	1 353	1 216	1 674	1 764	1 344	1 778
Ensemble des entreprises	4 340	6 392	7 398	3 501	3 777	3 936	4 025	4 937
Mixtes								
Entreprises nationales	78 484	86 244	90 284	84 909	81 024	80 221	80 773	87 779
Entreprises sous contrôle étranger	74 012	81 355	84 712	79 681	75 835	75 301	75 653	82 528
Succursales d'entreprises étrangères	0	0	0	0	0	0	0	..
Ensemble des entreprises	78 484	86 244	90 284	84 909	81 024	80 221	80 773	87 779
dont :								
Vie	41 040	43 395	50 972	44 105	37 676	36 087	37 421	37 517
Entreprises nationales	41 040	43 395	50 972	44 105	37 676	36 087	37 421	37 517
Entreprises sous contrôle étranger	39 685	42 174	49 092	42 631	36 570	35 018	36 422	37 483
Succursales d'entreprises étrangères	0	0	0	0	0	0	0	..
Ensemble des entreprises	41 040	43 395	50 972	44 105	37 676	36 087	37 421	37 517
Non-vie	37 444	42 849	39 312	40 805	43 348	44 134	43 352	50 263
Entreprises nationales	37 444	42 849	39 312	40 805	43 348	44 134	43 352	50 263
Entreprises sous contrôle étranger	34 327	39 180	35 620	37 050	39 265	40 283	39 231	45 044
Succursales d'entreprises étrangères	0	0	0	0	0	0	0	..
Ensemble des entreprises	37 444	42 849	39 312	40 805	43 348	44 134	43 352	50 263
Total								
Entreprises nationales	83 046	92 217	97 636	87 896	83 490	82 712	83 757	90 945
Entreprises sous contrôle étranger	76 628	84 291	87 754	81 671	77 269	76 690	77 305	84 035
Succursales d'entreprises étrangères	5 148	8 403	7 397	7 592	7 767	8 012	6 916	7 947
Ensemble des entreprises	88 194	100 620	105 033	95 488	91 257	90 724	90 673	98 892

Tableau 1. Agrégats sélectionnés (*suite*)

Millions CZK

	2012	2013	2014	2015	2016	2017	2018	2019
1.3 Commissions								
Vie								
Entreprises nationales	..	..	..	..	..	..	..	..
Entreprises sous contrôle étranger	..	..	..	..	..	..	..	..
Succursales d'entreprises étrangères	..	..	..	..	..	..	..	..
Ensemble des entreprises	..	..	..	..	..	..	..	..
Non-vie								
Entreprises nationales	..	..	..	..	..	..	..	..
Entreprises sous contrôle étranger	..	..	..	..	..	..	..	..
Succursales d'entreprises étrangères	..	..	..	..	..	..	..	..
Ensemble des entreprises	..	..	..	..	..	..	..	..
Mixtes								
Entreprises nationales	..	..	..	..	..	..	..	..
Entreprises sous contrôle étranger	..	..	..	..	..	..	..	..
Succursales d'entreprises étrangères	..	..	..	..	..	..	..	..
Ensemble des entreprises	..	..	..	..	..	..	..	..
dont :								
Vie	..	..	..	..	..	..	..	..
Entreprises nationales	..	..	..	..	..	..	..	..
Entreprises sous contrôle étranger	..	..	..	..	..	..	..	..
Succursales d'entreprises étrangères	..	..	..	..	..	..	..	..
Ensemble des entreprises	..	..	..	..	..	..	..	..
Non-vie	..	..	..	..	..	..	..	..
Entreprises nationales	..	..	..	..	..	..	..	..
Entreprises sous contrôle étranger	..	..	..	..	..	..	..	..
Succursales d'entreprises étrangères	..	..	..	..	..	..	..	..
Ensemble des entreprises	..	..	..	..	..	..	..	..
Total								
Entreprises nationales	..	..	..	..	..	..	..	..
Entreprises sous contrôle étranger	..	..	..	..	..	..	..	..
Succursales d'entreprises étrangères	..	..	..	..	..	..	..	..
Ensemble des entreprises	..	..	..	..	..	..	..	..
1.4 Dépenses brutes d'exploitation								
Vie								
Entreprises nationales	1 132	748	759	739	.. c	.. c	.. c	.. c
Entreprises sous contrôle étranger	1 132	748	759	739	.. c	.. c	.. c	.. c
Succursales d'entreprises étrangères	1 659	1 587	1 459	2 036	2 015	1 894	1 905	2 451
Ensemble des entreprises	2 791	2 335	2 219	2 775	2 520	2 251	2 232	2 485
Non-vie								
Entreprises nationales	1 970	1 795	1 805	1 571	1 203	2 170	2 988	2 902
Entreprises sous contrôle étranger	1 152	987	937	883	622	979	1 044	1 424
Succursales d'entreprises étrangères	277	715	841	1 203	1 224	1 412	1 401	1 767
Ensemble des entreprises	2 247	2 510	2 646	2 773	2 427	3 582	4 389	4 669
Mixtes								
Entreprises nationales	21 405	21 863	22 207	20 341	21 319	36 095	41 260	40 228
Entreprises sous contrôle étranger	20 417	20 499	21 233	19 120	19 893	32 685	36 930	36 082
Succursales d'entreprises étrangères	0	0	0	0	0	0	0	..
Ensemble des entreprises	21 405	21 863	22 207	20 341	21 319	36 095	41 260	40 228
dont :								
Vie	12 009	11 670	11 475	9 613	9 217	11 707	12 405	10 887
Entreprises nationales	12 009	11 670	11 475	9 613	9 217	11 707	12 405	10 887
Entreprises sous contrôle étranger	11 604	11 231	11 050	9 059	8 637	10 795	11 445	10 249
Succursales d'entreprises étrangères	0	0	0	0	0	0	0	..
Ensemble des entreprises	12 009	11 670	11 475	9 613	9 217	11 707	12 405	10 887
Non-vie	9 396	10 193	10 733	10 728	12 102	24 388	28 855	29 341
Entreprises nationales	9 396	10 193	10 733	10 728	12 102	24 388	28 855	29 341
Entreprises sous contrôle étranger	8 814	9 268	10 184	10 061	11 256	21 890	25 485	25 833
Succursales d'entreprises étrangères	0	0	0	0	0	0	0	..
Ensemble des entreprises	9 396	10 193	10 733	10 728	12 102	24 388	28 855	29 341
Total								
Entreprises nationales	24 507	24 407	24 772	22 650	23 027	38 621	44 574	43 164
Entreprises sous contrôle étranger	22 701	22 234	22 929	20 742	21 020	34 020	38 301	37 505
Succursales d'entreprises étrangères	1 936	2 302	2 301	3 239	3 239	3 307	3 307	4 218
Ensemble des entreprises	26 443	26 708	27 072	25 889	26 266	41 928	47 881	47 382

RÉPUBLIQUE TCHÈQUE

Tableau 1. Agrégats sélectionnés *(suite)*

Millions CZK

	2012	2013	2014	2015	2016	2017	2018	2019
1.5 Opérations à l'étranger par succursale, primes brutes								
Vie								
Succursales et agences	0	0	0	0	0	0	0	0
Filiales	..	..	..	..	..	..	..	..
Total	0	0	0	0	..	0	0	0
Non-vie								
Succursales et agences	307	323	313	351	377	596	804	1 076
Filiales	..	..	..	..	..	..	..	..
Total	307	323	313	351	377	596	804	1 076
Mixtes								
Succursales et agences	1 359	3 714	4 528	5 164	1 697	1 805	1 897	2 099
Filiales	..	..	..	..	..	..	..	..
Total	1 359	3 714	4 528	5 164	1 697	1 805	1 897	2 099
dont :								
Vie	1 317	1 737	1 434	1 460	1 697	1 805	1 897	2 099
Succursales et agences	1 317	1 737	1 434	1 460	1 697	1 805	1 897	2 099
Filiales	..	..	..	..	..	..	..	..
Total	1 317	1 737	1 434	1 460	1 697	1 805	1 897	2 099
Non-vie	42	1 977	3 095	3 704	..	0	0	0
Succursales et agences	42	1 977	3 095	3 704	0	0	0	0
Filiales	..	..	..	..	..	..	..	..
Total	42	1 977	3 095	3 704	..	0	0	0
Total								
Succursales et agences	1 666	4 037	4 841	5 516	2 074	2 401	2 700	3 175
Filiales	..	..	..	..	..	..	..	..
Total	1 666	4 037	4 841	5 516	2 074	2 401	2 700	3 175

.. Non disponible ; c Donnée confidentielle

Note : Voir les métadonnées détaillées sur : *http://metalinks.oecd.org/ins/20210324/12f7.*

Source : *Statistiques de l'OCDE sur les assurances (base de données)*

RÉPUBLIQUE TCHÈQUE

Tableau 2. Nombre d'entreprises et d'employés

	2012	2013	2014	2015	2016	2017	2018	2019
2.1 Nombre d'entreprises								
Vie								
Entreprises nationales	3	2	2	2	1	1	1	1
Entreprises sous contrôle étranger	3	2	2	2	1	1	1	0
Succursales d'entreprises étrangères	3	3	4	5	5	5	6	6
Ensemble des entreprises	6	5	6	7	6	6	7	7
Non-vie								
Entreprises nationales	16	16	15	15	13	11	11	11
Entreprises sous contrôle étranger	8	8	7	5	4	3	3	3
Succursales d'entreprises étrangères	15	15	16	18	19	17	14	13
Ensemble des entreprises	31	31	31	33	32	28	25	24
Mixtes								
Entreprises nationales	15	15	15	14	14	14	14	13
Entreprises sous contrôle étranger	12	12	12	11	11	11	11	10
Succursales d'entreprises étrangères	0	0	0	0	0	0	0	1
Ensemble des entreprises	15	15	15	14	14	14	14	14
Réassurance								
Entreprises nationales	1	1	1	1	1	1	1	1
Entreprises sous contrôle étranger	1	1	1	1	1	1	1	1
Succursales d'entreprises étrangères	..	..	..	..	..	0	0	0
Ensemble des entreprises	1	1	1	1	1	1	1	1
Total								
Entreprises nationales	35	34	33	32	29	27	27	26
Entreprises sous contrôle étranger	24	23	22	19	17	16	16	14
Succursales d'entreprises étrangères	18	18	20	23	24	22	20	20
Ensemble des entreprises	53	52	53	55	53	49	47	46
2.2 Nombre d'employés								
Entreprises d'assurance	..	..	..	..	..	..	..	11 545
Intermédiaires	..	..	..	..	..	..	..	..
Total	..	..	..	..	..	..	..	..

.. Non disponible
Note : Voir les métadonnées détaillées sur : *http://metalinks.oecd.org/ins/20210324/12f7.*
Source : *Statistiques de l'OCDE sur les assurances (base de données)*

DANEMARK

Tableau 1. Agrégats sélectionnés

Millions DKK

	2012	2013	2014	2015	2016	2017	2018	2019
1.1 Opérations d'assurance conclues dans le pays déclarant								
1.1.1 Opérations d'assurance, par intérêt								
Primes brutes								
Entreprises nationales	189 673	1 268 025	208 213	215 276	225 500	247 934	258 749	257 368
Entreprises sous contrôle étranger	34 996	39 736	46 022	46 192	49 042	53 373	53 706	41 503
Succursales d'entreprises étrangères	..	..	..	..	..	..	..	..
Ensemble des entreprises	189 673	1 268 025	208 213	215 276	225 500	247 934	258 749	257 368
Primes cédées								
Entreprises nationales	7 009	7 417	5 875	6 309	6 943	8 079	7 160	5 780
Entreprises sous contrôle étranger	3 293	3 199	2 080	2 462	2 355	2 024	1 666	794
Succursales d'entreprises étrangères	..	..	..	..	..	..	..	..
Ensemble des entreprises	7 009	7 417	5 875	6 309	6 943	8 079	7 160	5 780
Primes nettes émises								
Entreprises nationales	182 664	1 260 608	202 338	208 966	218 557	239 855	251 589	251 588
Entreprises sous contrôle étranger	31 703	36 537	43 942	43 730	46 687	51 349	52 040	40 709
Succursales d'entreprises étrangères	..	..	..	..	..	..	..	..
Ensemble des entreprises	182 664	1 260 608	202 338	208 966	218 557	239 855	251 589	251 588
1.1.2 Opérations d'assurance par risque à l'étranger, primes brutes								
Vie	3 530	1 125	631	631	..	..	..	..
Non-vie	14 359	14 611	23 099	22 611	..	..	..	..
Mixtes total	..	..	..	..	..	..	..	..
Total	17 889	15 737	23 730	23 242	..	..	..	..
1.1.3 Paiement par catégories d'assurance, primes brutes (vie)								
Rentes	..	..	..	..	..	..	..	..
Unit linked	..	..	..	..	..	..	..	..
Autre assurance vie	..	..	..	..	..	..	..	..
Total assurance vie	129 477	133 294	140 314	147 662	153 907	170 623	180 289	182 733
***dont :** Contrats de retraite*	..	..	..	..	..	..	..	..
1.1.4 Paiement par catégories d'assurance, primes brutes (non-vie)								
L'assurance automobile	16 511	16 304	19 310	19 146	21 247	23 487	25 929	21 607
Les assurances transport (y compris maritime et aérien)	1 397	1 263	1 174	1 105	1 857	1 844	1 769	1 763
L'assurance de fret	..	..	..	0	..	..	..	..
L'assurance incendie et des dommages aux bien	20 461	20 737	22 855	22 642	25 107	26 732	26 184	26 145
L'assurance des pertes pécuniaires	359	372	402	417	1 113	2 045	1 921	2 086
L'assurance de la responsabilité civile générale	2 023	2 061	2 377	2 314	3 203	3 411	3 494	3 659
Les assurances accidents et maladie	13 553	12 611	15 063	15 282	15 965	16 727	16 051	16 759
***dont :** Maladie*	1 013	1 051	1 265	1 337	4 498	4 657	4 129	4 641
Autres assurances non-vie	4 465	4 659	5 156	5 052	1 635	1 759	1 710	1 808
Réassurance obligatoire	638	653	867	937	538	616	687	11
Total assurance non-vie	59 407	58 661	67 204	66 895	70 665	76 621	77 745	73 838
1.2 Paiements bruts des sinistres								
Vie								
Entreprises nationales	92 230	111 119	124 323	98 376	115 270	112 996	128 844	128 044
Entreprises sous contrôle étranger	22 286	24 154	24 385	20 765	23 573	22 740	25 299	19 923
Succursales d'entreprises étrangères	..	..	..	..	..	..	..	..
Ensemble des entreprises	92 230	111 119	124 323	98 376	115 270	112 996	128 844	128 044
Non-vie								
Entreprises nationales	40 906	43 547	46 601	47 833	44 773	45 620	46 939	47 270
Entreprises sous contrôle étranger	6 308	6 731	13 007	13 316	11 816	11 605	11 136	10 436
Succursales d'entreprises étrangères	..	..	..	..	..	..	..	..
Ensemble des entreprises	40 906	43 547	46 601	47 833	44 773	45 620	46 939	47 270
Mixtes, ensemble des entreprises	..	..	..	..	..	..	..	..
Total								
Entreprises nationales	133 136	154 666	170 924	146 209	160 043	158 616	175 783	175 314
Entreprises sous contrôle étranger	28 594	30 885	37 392	34 081	35 389	34 345	36 435	30 359
Succursales d'entreprises étrangères	..	..	..	..	..	..	..	..
Ensemble des entreprises	133 136	154 666	170 924	146 209	160 043	158 616	175 783	175 314
1.3 Commissions								
Vie								
Entreprises nationales	194	182	195	199	175	207	246	209
Entreprises sous contrôle étranger	59	43	60	36	34	26	30	0
Succursales d'entreprises étrangères	..	..	..	..	..	..	..	..
Ensemble des entreprises	194	182	195	199	175	207	246	209
Non-vie								
Entreprises nationales	1 434	1 380	1 613	1 879	1 361	1 320	1 262	1 350
Entreprises sous contrôle étranger	367	361	579	891	494	463	446	465
Succursales d'entreprises étrangères	..	..	..	..	..	..	..	..
Ensemble des entreprises	1 434	1 380	1 613	1 879	1 361	1 320	1 262	1 350
Mixtes, ensemble des entreprises	..	..	..	..	..	..	..	..
Total								
Entreprises nationales	1 629	1 562	1 808	2 079	1 536	1 527	1 508	1 559
Entreprises sous contrôle étranger	426	405	639	927	528	489	476	465
Succursales d'entreprises étrangères	..	..	..	..	..	..	..	..
Ensemble des entreprises	1 629	1 562	1 808	2 079	1 536	1 527	1 508	1 559

DANEMARK

Tableau 1. Agrégats sélectionnés *(suite)*

Millions DKK

	2012	2013	2014	2015	2016	2017	2018	2019
1.4 Dépenses brutes d'exploitation								
Vie								
Entreprises nationales	5 088	4 954	4 887	4 570	4 788	4 971	5 138	5 428
Entreprises sous contrôle étranger	1 316	1 326	1 377	1 284	1 268	1 386	1 349	1 133
Succursales d'entreprises étrangères	..	..	..	..	..	..	..	..
Ensemble des entreprises	5 088	4 954	4 887	4 570	4 788	4 971	5 138	5 428
Non-vie								
Entreprises nationales	10 292	10 391	11 564	11 856	12 050	12 003	11 298	11 258
Entreprises sous contrôle étranger	2 124	2 200	3 867	4 065	3 780	3 542	2 778	2 666
Succursales d'entreprises étrangères	..	..	..	..	..	..	..	..
Ensemble des entreprises	10 292	10 391	11 564	11 856	12 050	12 003	11 322	11 258
Mixtes, ensemble des entreprises	..	..	..	..	..	..	..	..
Total								
Entreprises nationales	15 380	15 345	16 451	16 426	16 838	16 974	16 436	16 686
Entreprises sous contrôle étranger	3 440	3 526	5 244	5 349	5 048	4 928	4 127	3 799
Succursales d'entreprises étrangères	..	..	..	..	..	..	..	..
Ensemble des entreprises	15 380	15 345	16 451	16 426	16 838	16 974	16 460	16 686
1.5 Opérations à l'étranger par succursale, primes brutes								
Vie								
Succursales et agences	..	..	..	..	..	..	..	..
Filiales	..	..	..	..	..	..	..	..
Total	..	..	..	..	..	..	..	..
Non-vie								
Succursales et agences	10 646	10 031	9 286	8 607	19 043	19 072	18 499	18 804
Filiales	..	..	..	..	..	..	..	..
Total	10 646	10 031	9 286	8 607	19 043	19 072	18 499	18 804
Mixtes total	..	..	..	..	..	..	..	..
Total								
Succursales et agences	10 646	10 031	9 286	8 607	19 043	19 072	18 499	18 804
Filiales	..	..	..	..	..	..	..	..
Total	10 646	10 031	9 286	8 607	19 043	19 072	18 499	18 804

.. Non disponible

Note : Voir les métadonnées détaillées sur : *http://metalinks.oecd.org/ins/20210324/4586.*

Source : *Statistiques de l'OCDE sur les assurances (base de données)*

DANEMARK

Tableau 2. Nombre d'entreprises et d'employés

	2012	2013	2014	2015	2016	2017	2018	2019
2.1 Nombre d'entreprises								
Vie								
Entreprises nationales	47	39	37	33	33	33	31	29
Entreprises sous contrôle étranger	7	5	4	4	4	4	4	3
Succursales d'entreprises étrangères	6	1	1	1	1	2	2	3
Ensemble des entreprises	53	40	38	34	34	35	33	32
Non-vie								
Entreprises nationales	76	77	63	63	63	59	55	52
Entreprises sous contrôle étranger	6	6	6	6	6	6	5	4
Succursales d'entreprises étrangères	38	48	49	49	53	56	67	58
Ensemble des entreprises	114	125	112	112	116	115	122	110
Mixtes, ensemble des entreprises	**0**	**0**	**0**	**0**	**0**	..	..	..
Réassurance								
Entreprises nationales	9	7	7	7	5	6	5	5
Entreprises sous contrôle étranger	..	..	..	..	0	..	..	..
Succursales d'entreprises étrangères	..	..	..	..	..	..	..	..
Ensemble des entreprises	9	7	7	7	5	6	5	5
Total								
Entreprises nationales	132	123	107	103	101	98	91	86
Entreprises sous contrôle étranger	13	11	10	10	10	10	9	7
Succursales d'entreprises étrangères	44	49	50	50	54	58	69	61
Ensemble des entreprises	176	172	157	153	155	156	160	147
2.2 Nombre d'employés								
Entreprises d'assurance	15 835	15 377	17 057	16 472	16 112	13 640	11 568	14 391
Intermédiaires	..	..	..	..	..	..	..	..
Total	15 835	15 377	17 057	16 472	16 112	13 640	11 568	14 391

.. Non disponible
Note : Voir les métadonnées détaillées sur : *http://metalinks.oecd.org/ins/20210324/4586.*
Source : *Statistiques de l'OCDE sur les assurances (base de données)*

ESTONIE

Tableau 1. Agrégats sélectionnés

Millions EUR

	2012	2013	2014	2015	2016	2017	2018	2019
1.1 Opérations d'assurance conclues dans le pays déclarant								
1.1.1 Opérations d'assurance, par intérêt								
Primes brutes								
Entreprises nationales	430	523	561	619	654	721	807	847
Entreprises sous contrôle étranger	407	499	539	596	627	721	775	815
Succursales d'entreprises étrangères	51	60	70	70	82	97	118	137
Ensemble des entreprises	480	583	631	689	736	818	925	984
Primes cédées								
Entreprises nationales	..	27	28	29	31	31	45	48
Entreprises sous contrôle étranger	..	18	2	20	22	22	34	38
Succursales d'entreprises étrangères	..	..	..	..	..	..	..	..
Ensemble des entreprises	..	..	..	..	..	..	..	..
Primes nettes émises								
Entreprises nationales	..	496	534	590	624	690	762	799
Entreprises sous contrôle étranger	..	481	217	576	605	670	741	777
Succursales d'entreprises étrangères	..	..	..	..	..	..	..	..
Ensemble des entreprises	..	..	..	..	..	..	..	..
1.1.2 Opérations d'assurance par risque à l'étranger, primes brutes								
Vie	..	..	..	..	..	..	..	..
Non-vie	..	..	..	..	..	..	..	..
Mixtes	..	..	..	..	..	..	..	..
dont :								
Vie	..	..	..	..	..	..	..	..
Non-vie	..	..	..	..	..	..	..	..
Total	..	..	..	..	..	..	..	..
1.1.3 Paiement par catégories d'assurance, primes brutes (vie)								
Rentes	10	17	19	24	27	27	..	..
Unit linked	27	87	109	118	116	116	120	137
Autre assurance vie	30	66	63	72	80	80	113	116
Total Assurance Vie	68	171	191	215	221	223	233	253
***dont :** Contrats de retraite*	30	33	37	36	40	39	39	..
1.1.4 Paiement par catégories d'assurance, primes brutes (non-vie)								
L'assurance automobile	143	229	244	259	292	345	404	409
Les assurances transport (y compris maritime et aérien)	3	2	2	2	6	6	6	8
L'assurance de fret	..	3	4	4	..	..	..	..
L'assurance incendie et des dommages aux bien	59	99	107	115	127	140	159	174
L'assurance des pertes pécuniaires	5	8	9	9	12	17	21	27
L'assurance de la responsabilité civile générale	6	15	16	19	21	22	26	27
Les assurances accidents et maladie	15	40	42	42	54	43	70	81
***dont :** Maladie*	..	9	..	..	..	..	20	25
Autres assurances non-vie	1	9	16	23	4	7	6	5
Réassurance obligatoire	..	8	..	..	..	..	..	0
Total assurance non-vie	231	412	440	474	515	580	692	731
1.2 Paiements bruts des sinistres								
Vie								
Entreprises nationales	112	101	..	97	87	.. c	.. c	.. c
Entreprises sous contrôle étranger	112	101	..	97	87	.. c	.. c	.. c
Succursales d'entreprises étrangères	..	..	..	..	0	2	12	6
Ensemble des entreprises	112	101	..	97	87	93	80	78
Non-vie								
Entreprises nationales	147	197	..	230	243	270	315	343
Entreprises sous contrôle étranger	134	184	..	217	228	253	297	323
Succursales d'entreprises étrangères	..	33	..	40	43	49	55	67
Ensemble des entreprises	147	230	246	271	287	319	370	410
Mixtes								
Entreprises nationales	..	..	..	..	38	36	48	53
Entreprises sous contrôle étranger	..	..	..	..	38	36	48	53
Succursales d'entreprises étrangères	..	..	..	..	3	4	4	8
Ensemble des entreprises	..	..	..	..	42	40	52	61
dont :								
Vie	..	..	..	..	34	40	39	46
Entreprises nationales	..	..	..	..	31	36	35	38
Entreprises sous contrôle étranger	..	..	..	..	31	36	35	38
Succursales d'entreprises étrangères	..	..	..	..	3	4	4	8
Ensemble des entreprises	..	..	..	..	34	40	39	46
Non-vie	..	..	..	..	8	0	13	15
Entreprises nationales	..	..	..	..	8	0	13	15
Entreprises sous contrôle étranger	..	..	..	..	8	0	13	15
Succursales d'entreprises étrangères	..	..	..	..	0	0	0	0
Ensemble des entreprises	..	..	..	..	8	0	13	15
Total								
Entreprises nationales	259	298	..	328	369	397	431	468
Entreprises sous contrôle étranger	246	285	..	314	354	380	413	448
Succursales d'entreprises étrangères	..	33	..	40	47	55	71	81
Ensemble des entreprises	259	331	246	368	416	452	502	549

ESTONIE

Tableau 1. Agrégats sélectionnés *(suite)*

Millions EUR

	2012	2013	2014	2015	2016	2017	2018	2019
1.3 Commissions								
Vie								
Entreprises nationales	9	19	21	23	..	..	..	..
Entreprises sous contrôle étranger	9	19	21	23	..	..	..	..
Succursales d'entreprises étrangères	..	..	..	..	..	..	..	..
Ensemble des entreprises	9	19	..	23	..	..	..	..
Non-vie								
Entreprises nationales	4	72	73	78	..	..	..	..
Entreprises sous contrôle étranger	2	67	69	73	..	..	..	..
Succursales d'entreprises étrangères	..	..	..	..	..	..	..	..
Ensemble des entreprises	4	72	..	78	..	..	..	..
Mixtes								
Entreprises nationales	..	..	..	..	..	..	..	..
Entreprises sous contrôle étranger	..	..	..	..	..	..	..	..
Succursales d'entreprises étrangères	..	..	..	..	..	..	..	..
Ensemble des entreprises	..	..	..	..	..	..	..	..
dont :								
Vie	..	..	..	..	..	..	..	..
Entreprises nationales	..	..	..	..	..	..	..	..
Entreprises sous contrôle étranger	..	..	..	..	..	..	..	..
Succursales d'entreprises étrangères	..	..	..	..	..	..	..	..
Ensemble des entreprises	..	..	..	..	..	..	..	..
Non-vie	..	..	..	..	..	..	..	..
Entreprises nationales	..	..	..	..	..	..	..	..
Entreprises sous contrôle étranger	..	..	..	..	..	..	..	..
Succursales d'entreprises étrangères	..	..	..	..	..	..	..	..
Ensemble des entreprises	..	..	..	..	..	..	..	..
Total								
Entreprises nationales	13	90	94	101	..	..	..	..
Entreprises sous contrôle étranger	11	86	89	95	..	..	..	..
Succursales d'entreprises étrangères	..	..	..	..	..	..	..	..
Ensemble des entreprises	13	90	..	101	..	..	..	..
1.4 Dépenses brutes d'exploitation								
Vie								
Entreprises nationales	23	9	9	11	..	..	.. c	.. c
Entreprises sous contrôle étranger	23	9	9	11	..	..	.. c	.. c
Succursales d'entreprises étrangères	..	..	..	..	..	..	..	..
Ensemble des entreprises	23	9	..	11	..	..	..	..
Non-vie								
Entreprises nationales	73	27	30	27	115	137	153	157
Entreprises sous contrôle étranger	67	25	29	26	..	..	142	148
Succursales d'entreprises étrangères	..	..	..	..	..	..	..	..
Ensemble des entreprises	73	27	..	27	..	..	..	..
Mixtes								
Entreprises nationales	..	..	..	..	..	..	25	25
Entreprises sous contrôle étranger	..	..	..	..	..	..	25	25
Succursales d'entreprises étrangères	..	..	..	..	..	..	..	..
Ensemble des entreprises	..	..	..	..	..	..	..	..
dont :								
Vie	..	..	..	..	..	..	..	..
Entreprises nationales	..	..	..	..	..	..	21	21
Entreprises sous contrôle étranger	..	..	..	..	..	..	21	21
Succursales d'entreprises étrangères	..	..	..	..	..	..	..	..
Ensemble des entreprises	..	..	..	..	..	..	..	..
Non-vie	..	..	..	..	..	..	..	..
Entreprises nationales	..	..	..	..	..	..	4	4
Entreprises sous contrôle étranger	..	..	..	..	..	..	4	4
Succursales d'entreprises étrangères	..	..	..	..	..	..	..	..
Ensemble des entreprises	..	..	..	..	..	..	..	..
Total								
Entreprises nationales	96	37	40	38	115	137	188	191
Entreprises sous contrôle étranger	90	35	38	36	..	..	177	182
Succursales d'entreprises étrangères	..	..	..	..	..	..	..	..
Ensemble des entreprises	96	37	..	38	..	..	..	..

Tableau 1. Agrégats sélectionnés *(suite)*

Millions EUR

	2012	2013	2014	2015	2016	2017	2018	2019
1.5 Opérations à l'étranger par succursale, primes brutes								
Vie								
Succursales et agences	85	94	114	130	96	..	84	94
Filiales	..	..	..	..	..	..	..	..
Total	85	94	114	130	96	..	..	94
Non-vie								
Succursales et agences	96	170	174	190	201	243	289	307
Filiales	..	..	..	..	..	..	..	..
Total	96	170	174	190	201	243	289	307
Mixtes								
Succursales et agences	..	..	..	..	52	..	73	88
Filiales	..	..	..	..	..	..	..	..
Total	..	..	..	..	52	..	..	88
dont :								
Vie	..	..	..	..	42	..	..	67
Succursales et agences	..	..	..	..	42	..	56	67
Filiales	..	..	..	..	..	..	..	..
Total	..	..	..	..	42	..	..	67
Non-vie	..	..	..	..	10	..	..	21
Succursales et agences	..	..	..	..	10	..	17	21
Filiales	..	..	..	..	..	..	..	..
Total	..	..	..	..	10	..	..	21
Total								
Succursales et agences	181	264	288	320	349	243	446	489
Filiales	..	..	..	..	..	..	..	..
Total	181	264	288	320	349	243	289	489

.. Non disponible ; c Donnée confidentielle

Note : Voir les métadonnées détaillées sur : *http://metalinks.oecd.org/ins/20210324/8c59.*

Source : *Statistiques de l'OCDE sur les assurances (base de données)*

ESTONIE

Tableau 2. Nombre d'entreprises et d'employés

	2012	2013	2014	2015	2016	2017	2018	2019
2.1 Nombre d'entreprises								
Vie								
Entreprises nationales	4	4	4	4	2	1	1	1
Entreprises sous contrôle étranger	4	4	4	4	2	1	1	1
Succursales d'entreprises étrangères	1	1	1	1	0	1	1	1
Ensemble des entreprises	5	5	5	5	2	2	2	2
Non-vie								
Entreprises nationales	8	8	8	8	8	7	7	7
Entreprises sous contrôle étranger	5	5	5	5	5	4	4	4
Succursales d'entreprises étrangères	4	4	4	3	4	4	6	6
Ensemble des entreprises	12	12	12	11	12	11	13	13
Mixtes								
Entreprises nationales	0	0	0	0	2	2	2	1
Entreprises sous contrôle étranger	0	0	0	0	2	2	2	1
Succursales d'entreprises étrangères	0	0	0	0	1	1	1	2
Ensemble des entreprises	0	0	0	0	3	3	3	3
Réassurance								
Entreprises nationales	..	0	0	0	0	0	0	0
Entreprises sous contrôle étranger	..	0	0	0	0	..	0	0
Succursales d'entreprises étrangères	..	..	..	0	0	..	0	0
Ensemble des entreprises	..	..	..	0	0	..	0	0
Total								
Entreprises nationales	12	12	12	12	12	10	10	9
Entreprises sous contrôle étranger	9	9	9	9	9	7	7	6
Succursales d'entreprises étrangères	5	5	5	4	5	6	8	9
Ensemble des entreprises	17	17	17	16	17	16	18	18
2.2 Nombre d'employés								
Entreprises d'assurance	1 903	2 596	2 561	2 581	..	..	..	..
Intermédiaires	849	1 271	1 217	1 232	..	..	..	..
Total	2 752	3 867	3 778	3 813	..	..	..	..

.. Non disponible

Note : Voir les métadonnées détaillées sur : *http://metalinks.oecd.org/ins/20210324/8c59*.

Source : *Statistiques de l'OCDE sur les assurances (base de données)*

FINLANDE

Tableau 1. Agrégats sélectionnés

Millions EUR

	2012	2013	2014	2015	2016	2017	2018	2019
1.1 Opérations d'assurance conclues dans le pays déclarant								
1.1.1 Opérations d'assurance, par intérêt								
Primes brutes								
Entreprises nationales	7 279	9 834	10 632	10 741	9 045	8 926	7 922	9 620
Entreprises sous contrôle étranger	2 317	3 357	3 698	6 892	..	..	..	..
Succursales d'entreprises étrangères	..	..	..	..	..	..	..	..
Ensemble des entreprises	7 279	9 834	10 632	10 741	9 045	8 926	4 366	6 024
Primes cédées								
Entreprises nationales	240	257	259	246	241	230	-251	341
Entreprises sous contrôle étranger	20	19	15	217	..	..	..	..
Succursales d'entreprises étrangères	..	..	..	..	..	..	..	..
Ensemble des entreprises	240	257	259	246	241	230	-24	24
Primes nettes émises								
Entreprises nationales	7 039	9 577	10 373	10 495	8 804	8 696	7 671	9 271
Entreprises sous contrôle étranger	2 297	3 338	3 683	6 675	..	..	..	..
Succursales d'entreprises étrangères	..	..	..	..	..	..	..	..
Ensemble des entreprises	7 039	9 577	10 373	10 495	8 804	8 696	4 342	5 992
1.1.2 Opérations d'assurance par risque à l'étranger, primes brutes								
Vie	..	..	..	..	..	..	..	..
Non-vie	..	..	..	..	..	..	..	..
Mixtes total	..	..	..	..	..	..	..	..
Total	..	..	..	..	..	..	..	..
1.1.3 Paiement par catégories d'assurance, primes brutes (vie)								
Rentes	1 988	2 458	2 544	2 287	694	621	608	2 235
Unit linked	1 255	2 509	2 929	3 224	2 446	2 265	1 757	2 230
Autre assurance vie	505	614	619	745	1 433	1 641	2 000	1 554
Total assurance vie	3 749	5 581	6 092	6 256	4 573	4 527	4 365	6 020
***dont :** Contrats de retraite*	828	819	756	597	675	2 265	593	638
1.1.4 Paiement par catégories d'assurance, primes brutes (non-vie)								
L'assurance automobile	1 474	1 520	1 591	1 639	1 639	1 586	1 213	1 228
Les assurances transport (y compris maritime et aérien)	68	70	70	68	73	69	69	84
L'assurance de fret	53	55	56	52	57	55	43	45
L'assurance incendie et des dommages aux bien	864	929	985	1 030	1 028	972	790	800
L'assurance des pertes pécuniaires	33	33	30	28	22	20	19	19
L'assurance de la responsabilité civile générale	191	239	392	385	234	218	193	79
Les assurances accidents et maladie	1 024	1 048	1 060	1 058	1 119	1 183	957	1 029
***dont :** Maladie*	245	264	299	290	368	395	343	387
Autres assurances non-vie	131	144	152	88	163	151	124	129
Réassurance obligatoire	149	149	135	135	136	144	148	150
Total assurance non-vie	3 986	4 187	4 471	4 483	4 471	4 398	3 556	3 563
1.2 Paiements bruts des sinistres								
Vie								
Entreprises nationales	3 917	3 927	3 871	3 957	4 324	4 233	4 632	7 239
Entreprises sous contrôle étranger	1 479	1 399	1 160	1 124	.. c	.. c	.. c	.. c
Succursales d'entreprises étrangères	..	..	..	..	..	..	..	..
Ensemble des entreprises	3 917	3 927	3 871	3 957	4 324	4 233	4 632	7 239
Non-vie								
Entreprises nationales	2 873	2 858	2 939	2 872	3 103	3 179	2 538	2 625
Entreprises sous contrôle étranger	696	741	724	2 872	.. c	.. c	.. c	.. c
Succursales d'entreprises étrangères	..	..	..	..	..	..	.. c	.. c
Ensemble des entreprises	2 873	2 858	2 939	2 872	3 103	3 179	.. c	.. c
Mixtes, ensemble des entreprises	..	..	..	..	..	..	..	..
Total								
Entreprises nationales	6 790	6 785	6 810	6 829	7 427	7 412	7 170	9 864
Entreprises sous contrôle étranger	2 175	2 140	1 884	3 996	..	..	..	..
Succursales d'entreprises étrangères	..	..	..	..	..	..	..	..
Ensemble des entreprises	6 790	6 785	6 810	6 829	7 427	7 412	4 632	7 239
1.3 Commissions								
Vie								
Entreprises nationales	68	90	-83	101	126	121	116	113
Entreprises sous contrôle étranger	6	9	-10	15	.. c	.. c	.. c	.. c
Succursales d'entreprises étrangères	..	..	..	..	..	..	..	..
Ensemble des entreprises	68	90	-83	101	126	121	..	..
Non-vie								
Entreprises nationales	102	58	-142	113	166	160	131	142
Entreprises sous contrôle étranger	16	21	-18	23	.. c	.. c	.. c	.. c
Succursales d'entreprises étrangères	..	..	..	..	..	..	..	..
Ensemble des entreprises	102	58	-142	113	166	160	..	..
Mixtes, ensemble des entreprises	..	..	..	..	..	..	..	..
Total								
Entreprises nationales	170	148	-225	214	292	281	247	255
Entreprises sous contrôle étranger	22	30	-28	38	..	..	..	..
Succursales d'entreprises étrangères	..	..	..	..	..	..	..	..
Ensemble des entreprises	170	148	-225	214	292	281	..	..

FINLANDE

Tableau 1. Agrégats sélectionnés *(suite)*

Millions EUR

	2012	2013	2014	2015	2016	2017	2018	2019
1.4 Dépenses brutes d'exploitation								
Vie								
Entreprises nationales	283	302	317	316	341	355	359	385
Entreprises sous contrôle étranger	36	34	36	34	.. c	.. c	.. c	.. c
Succursales d'entreprises étrangères	..	..	..	..	..	..	..	..
Ensemble des entreprises	283	302	317	316	341	355	359	385
Non-vie								
Entreprises nationales	778	827	844	847	876	884	746	832
Entreprises sous contrôle étranger	143	161	158	847	.. c	.. c	.. c	.. c
Succursales d'entreprises étrangères	..	..	..	..	..	..	..	..
Ensemble des entreprises	778	827	844	847	876	884	..	..
Mixtes, ensemble des entreprises	..	..	..	..	..	..	..	..
Total								
Entreprises nationales	1 061	1 129	1 161	1 163	1 217	1 239	1 105	1 217
Entreprises sous contrôle étranger	179	195	194	881	..	..	..	..
Succursales d'entreprises étrangères	..	..	..	..	..	..	..	..
Ensemble des entreprises	1 061	1 129	1 161	1 163	1 217	1 239	359	385
1.5 Opérations à l'étranger par succursale, primes brutes								
Vie								
Succursales et agences	203	162	107	17	..	..	..	..
Filiales	..	..	..	..	..	..	..	..
Total	203	162	107	17	..	..	..	..
Non-vie								
Succursales et agences	..	..	..	..	..	..	..	..
Filiales	..	..	..	..	..	..	..	..
Total	..	..	..	..	..	..	..	..
Mixtes total	..	..	..	..	..	..	..	..
Total								
Succursales et agences	203	162	107	17	..	..	..	..
Filiales	..	..	..	..	..	..	..	..
Total	203	162	107	17	..	..	..	..

.. Non disponible ; c Donnée confidentielle

Note : Voir les métadonnées détaillées sur : *http://metalinks.oecd.org/ins/20210324/ad98.*

Source : *Statistiques de l'OCDE sur les assurances (base de données)*

FINLANDE

Tableau 2. Nombre d'entreprises et d'employés

	2012	2013	2014	2015	2016	2017	2018	2019
2.1 Nombre d'entreprises								
Vie								
Entreprises nationales	13	13	13	13	11	10	10	11
Entreprises sous contrôle étranger	1	1	1	1	1	1	1	1
Succursales d'entreprises étrangères	..	..	..	..	..	..	10	10
Ensemble des entreprises	13	13	13	13	11	10	20	21
Non-vie								
Entreprises nationales	42	42	38	38	37	37	40	37
Entreprises sous contrôle étranger	1	1	1	1	2	2	1	1
Succursales d'entreprises étrangères	..	..	..	..	..	..	8	8
Ensemble des entreprises	42	42	38	38	37	37	48	46
Mixtes, ensemble des entreprises	**..**	**..**	**..**	**..**	**..**	**..**	**0**	**..**
Réassurance								
Entreprises nationales	..	..	..	..	..	..	0	..
Entreprises sous contrôle étranger	..	..	..	..	..	..	0	..
Succursales d'entreprises étrangères	..	..	..	..	..	..	0	..
Ensemble des entreprises	..	..	..	..	..	..	0	..
Total								
Entreprises nationales	55	55	51	51	48	47	50	48
Entreprises sous contrôle étranger	2	2	2	2	3	3	2	2
Succursales d'entreprises étrangères	..	..	..	..	..	..	18	18
Ensemble des entreprises	55	55	51	51	48	47	68	67
2.2 Nombre d'employés								
Entreprises d'assurance	9 321	9 231	8 980	8 750	8 815	7 751	7 866	6 893
Intermédiaires	342	203	216	221	244	265	265	86
Total	9 663	9 434	9 196	8 971	9 059	8 016	8 131	6 979

.. Non disponible

Note : Voir les métadonnées détaillées sur : *http://metalinks.oecd.org/ins/20210324/ad98.*

Source : *Statistiques de l'OCDE sur les assurances (base de données)*

FRANCE

Tableau 1. Agrégats sélectionnés

Millions EUR

	2012	2013	2014	2015	2016	2017	2018	2019
1.1 Opérations d'assurance conclues dans le pays déclarant								
1.1.1 Opérations d'assurance, par intérêt								
Primes brutes								
Entreprises nationales	201 207	207 521	221 223	226 000	..	..	286 809	296 989
Entreprises sous contrôle étranger	..	..	..	..	..	..	..	..
Succursales d'entreprises étrangères	104	103	103	111	..	..	..	..
Ensemble des entreprises	201 310	207 624	221 327	226 111	283 901	278 237	286 809	296 989
Primes cédées								
Entreprises nationales	21 638	22 115	19 932	25 840	..	..	35 307	38 657
Entreprises sous contrôle étranger	..	..	..	..	..	..	..	..
Succursales d'entreprises étrangères	18	19	22	21	..	..	..	..
Ensemble des entreprises	21 657	22 135	19 954	25 861	43 153	33 277	35 307	38 657
Primes nettes émises								
Entreprises nationales	179 568	185 406	201 291	200 160	..	..	251 502	258 332
Entreprises sous contrôle étranger	..	..	..	..	..	..	..	..
Succursales d'entreprises étrangères	85	84	82	90	..	..	..	..
Ensemble des entreprises	179 654	185 490	201 373	200 250	240 747	244 960	251 502	258 332
1.1.2 Opérations d'assurance par risque à l'étranger, primes brutes								
Vie	83	259	73	60	..	..	..	..
Non-vie	1 589	1 735	1 876	2 188	..	..	..	..
Mixtes	206	636	468	485	..	..	..	..
dont :								
Vie	206	167	456	482	..	..	..	..
Non-vie	1	469	12	3	..	..	..	..
Total	1 879	2 631	2 416	2 734	..	..	..	..
1.1.3 Paiement par catégories d'assurance, primes brutes (vie)								
Rentes	..	..	..	..	..	..	..	..
Unit linked	..	..	..	..	28 208	38 135	38 569	39 657
Autre assurance vie	..	..	..	..	111 059	102 007	106 170	110 125
Total Assurance Vie	..	..	..	..	139 267	140 142	144 740	149 781
***dont :** Contrats de retraite*	..	..	..	..	..	..	..	..
1.1.4 Paiement par catégories d'assurance, primes brutes (non-vie)								
L'assurance automobile	..	..	..	..	..	..	..	..
Les assurances transport (y compris maritime et aérien)	..	..	..	..	..	..	..	..
L'assurance de fret	..	..	..	..	..	..	..	..
L'assurance incendie et des dommages aux bien	..	..	..	..	..	..	..	..
L'assurance des pertes pécuniaires	..	..	..	..	..	..	..	..
L'assurance de la responsabilité civile générale	..	..	..	..	..	..	..	..
Les assurances accidents et maladie	..	..	..	..	..	..	..	..
***dont :** Maladie*	..	..	..	..	..	..	..	..
Autres assurances non-vie	..	..	..	..	..	..	..	..
Réassurance obligatoire	..	..	..	..	..	..	..	..
Total assurance non-vie	76 295	..	..	..	119 104	124 560	128 064	131 451
1.2 Paiements bruts des sinistres								
Vie								
Entreprises nationales	31 131	25 663	26 144	26 794	..	..	21 986	23 357
Entreprises sous contrôle étranger	..	..	..	..	..	..	..	..
Succursales d'entreprises étrangères	..	..	..	..	..	..	..	..
Ensemble des entreprises	31 131	25 663	26 144	26 794	133 135	145 577	21 986	23 357
Non-vie								
Entreprises nationales	50 472	45 317	61 895	63 029	..	..	56 407	60 336
Entreprises sous contrôle étranger	..	..	..	..	..	..	..	..
Succursales d'entreprises étrangères	59	59	52	51	..	..	..	..
Ensemble des entreprises	50 531	45 376	61 947	63 080	95 217	101 007	56 407	60 336
Mixtes								
Entreprises nationales	98 016	97 287	86 518	91 862	..	..	158 076	158 713
Entreprises sous contrôle étranger	..	..	..	..	..	..	..	..
Succursales d'entreprises étrangères	..	..	..	..	..	..	..	..
Ensemble des entreprises	98 016	97 287	86 518	91 862	..	..	158 076	158 713
dont :								
Vie	..	88 620	..	..	..	..	111 830	112 716
Entreprises nationales	..	88 620	..	..	..	..	111 830	112 716
Entreprises sous contrôle étranger	..	..	..	..	..	..	..	..
Succursales d'entreprises étrangères	..	..	..	..	..	..	..	..
Ensemble des entreprises	..	88 620	..	..	..	..	111 830	112 716
Non-vie	..	8 667	..	..	..	..	46 246	45 996
Entreprises nationales	..	8 667	..	..	..	..	46 246	45 996
Entreprises sous contrôle étranger	..	..	..	..	..	..	..	..
Succursales d'entreprises étrangères	..	..	..	..	..	..	..	..
Ensemble des entreprises	..	8 667	..	..	..	..	46 246	45 996
Total								
Entreprises nationales	179 619	168 267	174 557	181 685	..	..	236 469	242 406
Entreprises sous contrôle étranger	..	..	..	..	..	..	..	..
Succursales d'entreprises étrangères	59	59	52	51	..	..	..	..
Ensemble des entreprises	179 678	168 326	174 608	181 736	228 352	246 584	236 469	242 406

FRANCE

Tableau 1. Agrégats sélectionnés *(suite)*

Millions EUR

	2012	2013	2014	2015	2016	2017	2018	2019
1.3 Commissions								
Vie								
Entreprises nationales	1 705	..	..	..	..	..	..	..
Entreprises sous contrôle étranger	..	..	..	..	..	..	..	..
Succursales d'entreprises étrangères	..	..	..	..	..	..	..	..
Ensemble des entreprises	1 705	..	..	..	..	..	..	..
Non-vie								
Entreprises nationales	10 610	..	..	..	..	..	..	..
Entreprises sous contrôle étranger	..	..	..	..	..	..	..	..
Succursales d'entreprises étrangères	22	..	..	..	..	..	..	..
Ensemble des entreprises	10 633	..	..	..	..	..	..	..
Mixtes								
Entreprises nationales	5 717	..	..	..	..	..	..	..
Entreprises sous contrôle étranger	..	..	..	..	..	..	..	..
Succursales d'entreprises étrangères	..	..	..	..	..	..	..	..
Ensemble des entreprises	5 717	..	..	..	..	..	..	..
dont :								
Vie	4 677	..	..	..	..	..	..	..
Entreprises nationales	4 677	..	..	..	..	..	..	..
Entreprises sous contrôle étranger	..	..	..	..	..	..	..	..
Succursales d'entreprises étrangères	..	..	..	..	..	..	..	..
Ensemble des entreprises	4 677	..	..	..	..	..	..	..
Non-vie	1 041	..	..	..	..	..	..	..
Entreprises nationales	1 041	..	..	..	..	..	..	..
Entreprises sous contrôle étranger	..	..	..	..	..	..	..	..
Succursales d'entreprises étrangères	..	..	..	..	..	..	..	..
Ensemble des entreprises	1 041	..	..	..	..	..	..	..
Total								
Entreprises nationales	18 033	..	..	..	..	..	..	..
Entreprises sous contrôle étranger	..	..	..	..	..	..	..	..
Succursales d'entreprises étrangères	22	..	..	..	..	..	..	..
Ensemble des entreprises	18 055	..	..	..	..	..	..	..
1.4 Dépenses brutes d'exploitation								
Vie								
Entreprises nationales	2 982	2 828	2 893	2 914	..	..	2 545	2 697
Entreprises sous contrôle étranger	..	..	..	..	..	..	..	..
Succursales d'entreprises étrangères	..	..	..	..	..	..	..	..
Ensemble des entreprises	2 982	2 828	2 893	2 914	15 848	16 123	2 545	2 697
Non-vie								
Entreprises nationales	15 726	15 969	16 156	15 936	..	..	18 654	20 368
Entreprises sous contrôle étranger	..	..	..	..	..	..	..	..
Succursales d'entreprises étrangères	9	..	8	..	..	..	..	..
Ensemble des entreprises	15 726	15 969	16 164	15 936	27 415	27 948	18 654	20 368
Mixtes								
Entreprises nationales	12 392	12 957	13 439	14 727	..	..	24 734	25 749
Entreprises sous contrôle étranger	..	..	..	..	..	..	..	..
Succursales d'entreprises étrangères	..	..	..	..	..	..	..	..
Ensemble des entreprises	12 392	12 957	13 439	14 727	..	..	24 734	25 749
dont :								
Vie	..	10 533	10 808	11 414	..	..	13 366	16 771
Entreprises nationales	..	10 533	..	..	..	..	13 366	16 771
Entreprises sous contrôle étranger	..	..	..	..	..	..	..	..
Succursales d'entreprises étrangères	..	..	..	..	..	..	..	..
Ensemble des entreprises	..	10 533	10 808	11 414	..	..	13 366	16 771
Non-vie	..	2 424	2 631	3 313	..	..	11 368	8 979
Entreprises nationales	..	2 424	..	..	..	..	11 368	8 979
Entreprises sous contrôle étranger	..	..	..	..	..	..	..	..
Succursales d'entreprises étrangères	..	..	..	..	..	..	..	..
Ensemble des entreprises	..	2 424	2 631	3 313	..	..	11 368	8 979
Total								
Entreprises nationales	31 100	31 754	32 488	33 578	..	..	45 933	48 814
Entreprises sous contrôle étranger	..	..	..	..	..	..	..	..
Succursales d'entreprises étrangères	9	..	8	..	..	..	..	..
Ensemble des entreprises	31 100	31 754	32 497	33 578	43 263	44 071	45 933	48 814

FRANCE

Tableau 1. Agrégats sélectionnés *(suite)*

Millions EUR

	2012	2013	2014	2015	2016	2017	2018	2019
1.5 Opérations à l'étranger par succursale, primes brutes								
Vie								
Succursales et agences	1 895	2 691	2 860	3 373	4 393	5 050	..	..
Filiales	..	..	..	..	..	..	..	..
Total	1 895	2 691	2 860	3 373	4 393	5 050	..	..
Non-vie								
Succursales et agences	4 107	4 176	4 960	5 460	8 837	9 719	..	..
Filiales	..	..	..	..	..	..	..	..
Total	4 107	4 176	4 960	5 460	8 837	9 719	..	..
Mixtes								
Succursales et agences	..	..	..	..	..	..	..	..
Filiales	..	..	..	..	..	..	..	..
Total	..	..	..	..	..	..	..	..
dont :								
Vie	..	..	..	..	..	..	..	..
Succursales et agences	..	..	..	..	..	..	..	..
Filiales	..	..	..	..	..	..	..	..
Total	..	..	..	..	..	..	..	..
Non-vie	..	..	..	..	..	..	..	..
Succursales et agences	..	..	..	..	..	..	..	..
Filiales	..	..	..	..	..	..	..	..
Total	..	..	..	..	..	..	..	..
Total								
Succursales et agences	6 001	6 867	7 820	8 834	13 230	14 769	..	..
Filiales	..	..	..	..	..	..	..	..
Total	6 001	6 867	7 820	8 834	13 230	14 769	..	..

.. Non disponible

Note : Voir les métadonnées détaillées sur : *http://metalinks.oecd.org/ins/20210324/b773.*

Source : *Statistiques de l'OCDE sur les assurances (base de données)*

FRANCE

Tableau 2. Nombre d'entreprises et d'employés

	2012	2013	2014	2015	2016	2017	2018	2019
2.1 Nombre d'entreprises								
Vie								
Entreprises nationales	62	59	55	51	..	..	..	..
Entreprises sous contrôle étranger	..	..	..	..	..	..	..	..
Succursales d'entreprises étrangères	..	..	..	..	..	..	..	..
Ensemble des entreprises	62	59	55	51	..	..	..	..
Non-vie								
Entreprises nationales	221	212	206	191	..	..	..	..
Entreprises sous contrôle étranger	5	..	..	..	..	..	..	..
Succursales d'entreprises étrangères	..	4	4	4	..	..	..	..
Ensemble des entreprises	221	216	210	195	394	381	364	345
Mixtes								
Entreprises nationales	40	38	38	39	..	..	..	..
Entreprises sous contrôle étranger	..	..	..	..	..	..	..	..
Succursales d'entreprises étrangères	..	..	..	..	..	..	..	..
Ensemble des entreprises	40	38	38	39	239	236	239	243
Réassurance								
Entreprises nationales	16	16	15	16	..	..	..	..
Entreprises sous contrôle étranger	..	..	..	..	..	..	..	..
Succursales d'entreprises étrangères	..	..	..	..	..	..	..	..
Ensemble des entreprises	16	16	15	16	14	14	12	10
Total								
Entreprises nationales	339	325	314	297	..	..	..	..
Entreprises sous contrôle étranger	5	..	..	..	..	..	..	..
Succursales d'entreprises étrangères	..	4	4	4	..	..	..	..
Ensemble des entreprises	339	329	318	301	647	631	615	598
2.2 Nombre d'employés								
Entreprises d'assurance	..	..	..	..	..	..	..	..
Intermédiaires	..	..	..	..	..	..	..	..
Total	..	..	..	..	..	..	..	..

.. Non disponible
Note : Voir les métadonnées détaillées sur : *http://metalinks.oecd.org/ins/20210324/b773.*
Source : *Statistiques de l'OCDE sur les assurances (base de données)*

ALLEMAGNE

Tableau 1. Agrégats sélectionnés

Millions EUR

	2012	2013	2014	2015	2016	2017	2018	2019
1.1 Opérations d'assurance conclues dans le pays déclarant								
1.1.1 Opérations d'assurance, par intérêt								
Primes brutes								
Entreprises nationales	233 661	243 304	246 201	254 407	257 208	264 933	273 036	296 378
Entreprises sous contrôle étranger	37 194	39 396	38 694	39 170	36 978	36 644	39 215	40 551
Succursales d'entreprises étrangères	8 062	7 963	8 796	9 751	8 994	10 550	11 199	11 148
Ensemble des entreprises	235 634	251 267	254 997	264 158	266 203	275 483	284 235	307 527
Primes cédées								
Entreprises nationales	23 045	25 709	27 853	32 499	31 990	34 336	39 483	41 736
Entreprises sous contrôle étranger	3 947	4 645	4 615	4 593	4 041	4 046	4 482	4 167
Succursales d'entreprises étrangères	100	108	103	114	112	132	127	83
Ensemble des entreprises	23 145	25 817	27 956	32 613	32 102	34 469	39 609	41 819
Primes nettes émises								
Entreprises nationales	210 616	217 596	218 348	221 907	225 218	230 596	233 553	254 643
Entreprises sous contrôle étranger	33 247	34 751	34 078	34 577	32 937	32 598	34 732	36 383
Succursales d'entreprises étrangères	1 873	7 854	8 693	9 637	8 882	10 418	11 073	11 065
Ensemble des entreprises	212 489	225 450	227 041	231 545	234 100	241 014	244 626	265 707
1.1.2 Opérations d'assurance par risque à l'étranger, primes brutes								
Vie	..	..	..	..	..	..	..	..
Non-vie	..	..	..	..	..	..	..	..
Mixtes total	..	..	..	..	..	..	..	..
Total	..	..	..	..	..	..	..	..
1.1.3 Paiement par catégories d'assurance, primes brutes (vie)								
Rentes	29 443	32 863	34 019	31 782	31 215	30 000	31 730	36 776
Unit linked	12 721	12 919	13 863	13 863	15 351	15 994	17 293	18 685
Autre assurance vie	40 822	41 934	40 891	41 214	38 845	41 612	40 959	44 755
Total assurance vie	82 986	87 716	88 774	86 859	85 411	87 606	89 982	100 217
***dont :** Contrats de retraite*	..	..	..	..	..	..	..	..
1.1.4 Paiement par catégories d'assurance, primes brutes (non-vie)								
L'assurance automobile	27 577	28 592	31 425	32 589	36 521	40 579	44 565	46 631
Les assurances transport (y compris maritime et aérien)	4 537	4 476	4 379	5 116	4 749	4 933	5 050	5 786
L'assurance de fret	..	..	..	..	..	..	..	..
L'assurance incendie et des dommages aux bien	34 420	36 832	35 422	38 830	42 499	46 541	50 056	55 618
L'assurance des pertes pécuniaires	2 754	2 815	2 088	2 197	2 376	3 872	3 857	4 134
L'assurance de la responsabilité civile générale	12 623	13 265	14 213	15 425	16 126	17 517	18 440	20 008
Les assurances accidents et maladie	48 823	49 395	48 811	49 176	49 721	52 572	52 301	54 040
***dont :** Maladie*	41 036	41 747	40 924	41 627	37 178	39 328	40 220	41 217
Autres assurances non-vie	4 794	4 841	4 865	31 030	25 991	21 153	19 528	20 628
Réassurance obligatoire	..	..	..	..	..	..	..	..
Total assurance non-vie	135 526	140 215	141 203	174 363	177 983	187 167	193 798	206 844
1.2 Paiements bruts des sinistres								
Vie								
Entreprises nationales	66 288	69 267	74 625	73 307	78 596	69 073	70 871	75 975
Entreprises sous contrôle étranger	15 284	17 017	17 510	17 929	17 942	16 501	16 759	17 071
Succursales d'entreprises étrangères	..	..	..	..	..	..	..	..
Ensemble des entreprises	66 288	69 267	74 625	73 307	78 596	69 073	70 871	75 975
Non-vie								
Entreprises nationales	101 839	113 293	72 709	77 667	78 086	84 787	87 989	139 877
Entreprises sous contrôle étranger	12 192	12 402	8 955	3 653	9 227	9 500	10 110	13 369
Succursales d'entreprises étrangères	..	..	..	..	..	..	..	..
Ensemble des entreprises	101 839	113 293	72 709	77 667	78 086	84 787	87 989	139 877
Mixtes, ensemble des entreprises	..	..	..	..	..	..	..	..
Total								
Entreprises nationales	168 127	182 560	147 334	150 974	156 682	153 859	158 861	215 852
Entreprises sous contrôle étranger	27 475	29 419	26 465	21 581	27 169	26 001	26 869	30 440
Succursales d'entreprises étrangères	..	..	..	..	..	..	..	..
Ensemble des entreprises	168 127	182 560	147 334	150 974	156 682	153 859	158 861	215 852
1.3 Commissions								
Vie								
Entreprises nationales	6 005	5 367	5 583	5 069	4 987	4 794	4 961	5 618
Entreprises sous contrôle étranger	1 771	1 604	1 533	1 488	1 238	1 138	1 211	1 306
Succursales d'entreprises étrangères	..	..	..	..	..	..	..	..
Ensemble des entreprises	6 005	5 367	5 583	5 069	4 987	4 794	4 961	5 618
Non-vie								
Entreprises nationales	10 069	10 048	10 221	10 740	11 105	12 173	12 647	13 656
Entreprises sous contrôle étranger	1 985	1 720	1 626	257	1 594	1 623	1 806	1 940
Succursales d'entreprises étrangères	..	..	..	..	..	..	..	..
Ensemble des entreprises	10 069	10 048	10 221	10 740	11 105	12 173	12 647	13 656
Mixtes, ensemble des entreprises	..	..	..	..	..	..	..	..
Total								
Entreprises nationales	16 074	15 416	15 805	15 810	16 092	16 967	17 609	19 273
Entreprises sous contrôle étranger	3 756	3 323	3 159	1 745	2 832	2 760	3 017	3 247
Succursales d'entreprises étrangères	..	..	..	..	..	..	..	..
Ensemble des entreprises	16 074	15 416	15 805	15 810	16 092	16 967	17 609	19 273

ALLEMAGNE

Tableau 1. Agrégats sélectionnés (suite)

Millions EUR

	2012	2013	2014	2015	2016	2017	2018	2019
1.4 Dépenses brutes d'exploitation								
Vie								
Entreprises nationales	4 051	3 954	3 963	4 008	3 902	3 907	3 901	3 769
Entreprises sous contrôle étranger	925	921	894	1 036	938	952	1 001	974
Succursales d'entreprises étrangères	..	..	..	..	..	..	..	..
Ensemble des entreprises	4 051	3 954	3 963	4 008	3 902	3 907	3 901	3 769
Non-vie								
Entreprises nationales	11 593	11 599	10 296	10 627	10 807	11 161	11 390	13 638
Entreprises sous contrôle étranger	1 528	1 400	1 187	324	1 183	1 210	1 297	1 448
Succursales d'entreprises étrangères	..	..	..	..	..	..	..	..
Ensemble des entreprises	11 593	11 599	10 296	10 627	10 807	11 161	11 390	13 638
Mixtes, ensemble des entreprises	..	..	..	..	..	..	..	..
Total								
Entreprises nationales	15 644	15 553	14 259	14 635	14 709	15 068	15 291	17 406
Entreprises sous contrôle étranger	2 453	2 321	2 081	1 361	2 121	2 163	2 297	2 421
Succursales d'entreprises étrangères	..	..	..	..	..	..	..	..
Ensemble des entreprises	15 644	15 553	14 259	14 635	14 709	15 068	15 291	17 406
1.5 Opérations à l'étranger par succursale, primes brutes								
Vie								
Succursales et agences	..	..	..	..	..	..	200	481
Filiales	..	..	..	..	..	..	..	..
Total	..	..	..	..	..	..	200	481
Non-vie								
Succursales et agences	..	..	..	..	..	..	22 495	25 723
Filiales	..	..	..	..	..	..	..	..
Total	..	..	..	..	..	..	22 495	25 723
Mixtes total	..	..	..	..	..	..	..	..
Total								
Succursales et agences	..	..	..	..	..	..	22 695	26 203
Filiales	..	..	..	..	..	..	..	..
Total	..	..	..	..	..	..	22 695	26 203

.. Non disponible

Note : Voir les métadonnées détaillées sur : *http://metalinks.oecd.org/ins/20210324/6a26.*

Source : *Statistiques de l'OCDE sur les assurances (base de données)*

ALLEMAGNE

Tableau 2. Nombre d'entreprises et d'employés

	2012	2013	2014	2015	2016	2017	2018	2019
2.1 Nombre d'entreprises								
Vie								
Entreprises nationales	90	91	91	85	85	86	86	84
Entreprises sous contrôle étranger	19	17	17	14	14	15	16	16
Succursales d'entreprises étrangères	19	2	2	2	2	1	1	1
Ensemble des entreprises	109	93	93	87	87	87	87	85
Non-vie								
Entreprises nationales	256	259	255	257	252	251	250	254
Entreprises sous contrôle étranger	25	23	21	22	18	17	21	23
Succursales d'entreprises étrangères	62	3	3	3	2	2	1	1
Ensemble des entreprises	318	262	258	260	254	253	251	255
Mixtes, ensemble des entreprises	**0**	**0**	**0**	**0**	**0**	..	..	..
Réassurance								
Entreprises nationales	30	29	27	27	27	27	28	29
Entreprises sous contrôle étranger	6	4	3	3	3	3	3	3
Succursales d'entreprises étrangères	7	1	1	1	1	1	1	1
Ensemble des entreprises	37	30	28	28	28	28	29	30
Total								
Entreprises nationales	376	379	373	369	364	364	364	367
Entreprises sous contrôle étranger	50	44	41	39	35	35	40	42
Succursales d'entreprises étrangères	88	6	6	6	5	4	3	3
Ensemble des entreprises	464	385	379	375	369	368	367	370
2.2 Nombre d'employés								
Entreprises d'assurance	126 625	128 755	126 755	128 784	..	..	..	..
Intermédiaires	27 407	27 331	26 982	25 917	..	..	..	..
Total	154 032	156 086	153 737	154 701	156 675	154 262	152 888	150 886

.. Non disponible

Note : Voir les métadonnées détaillées sur : *http://metalinks.oecd.org/ins/20210324/6a26.*

Source : *Statistiques de l'OCDE sur les assurances (base de données)*

GRÈCE

Tableau 1. Agrégats sélectionnés

Millions EUR

	2012	2013	2014	2015	2016	2017	2018	2019
1.1 Opérations d'assurance conclues dans le pays déclarant								
1.1.1 Opérations d'assurance, par intérêt								
Primes brutes								
Entreprises nationales	4 289	4 071	3 806	3 573	3 531	3 729	3 798	4 053
Entreprises sous contrôle étranger	2 071	1 730	1 696	1 766	2 350	2 450	2 458	2 487
Succursales d'entreprises étrangères	211	0	0	0	0	0	0	0
Ensemble des entreprises	4 499	4 071	3 806	3 573	3 531	3 729	3 798	4 053
Primes cédées								
Entreprises nationales	534	824	471	459	396	402	429	423
Entreprises sous contrôle étranger	235	214	206	201	244	260	274	270
Succursales d'entreprises étrangères	0	0	0	0	0	0	0	0
Ensemble des entreprises	534	824	471	459	396	402	429	423
Primes nettes émises								
Entreprises nationales	3 754	3 247	3 334	3 114	3 135	3 328	3 369	3 631
Entreprises sous contrôle étranger	1 836	1 516	1 490	1 565	2 106	2 190	2 183	2 218
Succursales d'entreprises étrangères	211	0	0	0	0	0	0	0
Ensemble des entreprises	3 965	3 247	3 335	3 114	3 135	3 328	3 369	3 631
1.1.2 Opérations d'assurance par risque à l'étranger, primes brutes								
Vie	..	..	..	..	..	..	..	..
Non-vie	..	..	..	..	..	..	..	..
Mixtes	..	..	..	..	..	..	..	..
dont :								
Vie	..	..	..	..	..	..	..	..
Non-vie	..	..	..	..	..	..	..	..
Total	..	..	..	..	..	..	..	..
1.1.3 Paiement par catégories d'assurance, primes brutes (vie)								
Rentes	165	142	129	125	0	0	0	0
Unit linked	368	240	396	326	250	347	380	363
Autre assurance vie	1 406	1 299	1 353	1 348	1 416	1 533	1 499	1 700
Total Assurance Vie	1 939	1 681	1 879	1 799	1 666	1 881	1 879	2 064
***dont :** Contrats de retraite*	205	143	151	156	..	..	..	..
1.1.4 Paiement par catégories d'assurance, primes brutes (non-vie)								
L'assurance automobile	1 569	1 417	1 154	1 006	911	938	948	968
Les assurances transport (y compris maritime et aérien)	21	19	19	20	32	34	38	38
L'assurance de fret	24	24	21	21	..	0	0	0
L'assurance incendie et des dommages aux bien	538	529	448	440	410	398	409	402
L'assurance des pertes pécuniaires	78	69	30	30	40	28	31	36
L'assurance de la responsabilité civile générale	78	76	67	68	65	63	75	83
Les assurances accidents et maladie	68	64	57	57	300	242	263	298
***dont :** Maladie*	20	0	0	..	..	0	0	0
Autres assurances non-vie	179	188	128	129	137	146	153	165
Réassurance obligatoire	0	0	0	..	..	0	0	0
Total assurance non-vie	2 556	2 386	1 924	1 770	1 896	1 848	1 918	1 990
1.2 Paiements bruts des sinistres								
Vie								
Entreprises nationales	1 300	1 072	900	744	..	..	..	..
Entreprises sous contrôle étranger	1 017	707	1	502	..	..	..	..
Succursales d'entreprises étrangères	0	0	0	0	..	..	..	..
Ensemble des entreprises	1 300	1 072	900	744	..	..	..	..
Non-vie								
Entreprises nationales	431	373	355	314	..	..	..	..
Entreprises sous contrôle étranger	142	121	224	109	..	..	..	..
Succursales d'entreprises étrangères	0	1	1	0	..	..	..	..
Ensemble des entreprises	431	375	356	314	..	..	..	..
Mixtes								
Entreprises nationales	1 291	1 096	1 018	931	..	..	..	..
Entreprises sous contrôle étranger	441	364	412	347	..	..	..	..
Succursales d'entreprises étrangères	0	0	0	0	..	..	..	..
Ensemble des entreprises	1 291	1 096	1 018	931	..	..	..	..
dont :								
Vie	791	669	613	573	..	..	..	..
Entreprises nationales	791	669	613	573	..	..	..	..
Entreprises sous contrôle étranger	282	226	7	220	..	..	..	..
Succursales d'entreprises étrangères	0	0	0	0	..	..	..	..
Ensemble des entreprises	791	669	613	573	..	..	..	..
Non-vie	501	426	405	358	..	..	..	..
Entreprises nationales	501	426	405	358	..	..	..	..
Entreprises sous contrôle étranger	159	138	405	126	..	..	..	..
Succursales d'entreprises étrangères	0	0	0	0	..	..	..	..
Ensemble des entreprises	501	426	405	358	..	..	..	..
Total								
Entreprises nationales	3 022	2 541	2 273	1 989	..	..	..	..
Entreprises sous contrôle étranger	1 600	1 192	637	957	..	..	..	..
Succursales d'entreprises étrangères	0	1	1	0	..	..	..	..
Ensemble des entreprises	3 022	2 542	2 274	1 989	..	..	..	..

GRÈCE

Tableau 1. Agrégats sélectionnés *(suite)*

Millions EUR

	2012	2013	2014	2015	2016	2017	2018	2019
1.3 Commissions								
Vie								
Entreprises nationales	..	..	95	91	..	..	..	..
Entreprises sous contrôle étranger	..	..	70	70	..	..	..	..
Succursales d'entreprises étrangères	..	..	0	0	..	..	..	..
Ensemble des entreprises	..	..	95	91	..	..	..	..
Non-vie								
Entreprises nationales	..	..	161	158	..	..	..	..
Entreprises sous contrôle étranger	..	..	63	66	..	..	..	..
Succursales d'entreprises étrangères	..	..	0	0	..	..	..	..
Ensemble des entreprises	..	..	162	158	..	..	..	..
Mixtes								
Entreprises nationales	..	..	276	709	..	..	..	..
Entreprises sous contrôle étranger	..	..	115	115	..	..	..	..
Succursales d'entreprises étrangères	..	..	0	0	..	..	..	..
Ensemble des entreprises	..	..	276	709	..	..	..	..
dont :								
Vie	..	..	102	544	..	..	..	..
Entreprises nationales	..	..	102	544	..	..	..	..
Entreprises sous contrôle étranger	..	..	39	40	..	..	..	..
Succursales d'entreprises étrangères	..	..	0	0	..	..	..	..
Ensemble des entreprises	..	..	102	544	..	..	..	..
Non-vie	..	..	174	164	..	..	..	..
Entreprises nationales	..	..	174	164	..	..	..	..
Entreprises sous contrôle étranger	..	..	76	75	..	..	..	..
Succursales d'entreprises étrangères	..	..	0	0	..	..	..	..
Ensemble des entreprises	..	..	174	164	..	..	..	..
Total								
Entreprises nationales	..	..	532	957	..	..	..	..
Entreprises sous contrôle étranger	..	..	248	251	..	..	..	..
Succursales d'entreprises étrangères	..	..	0	0	..	..	..	..
Ensemble des entreprises	..	..	532	957	..	..	..	..
1.4 Dépenses brutes d'exploitation								
Vie								
Entreprises nationales	82	79	176	163	35	38	39	46
Entreprises sous contrôle étranger	75	66	141	132	32	35	35	40
Succursales d'entreprises étrangères	0	0	0	..	0	0	0	0
Ensemble des entreprises	82	79	176	163	35	38	39	46
Non-vie								
Entreprises nationales	104	124	264	247	248	301	242	256
Entreprises sous contrôle étranger	59	61	115	116	145	168	104	112
Succursales d'entreprises étrangères	1	0	0	0	0	0	0	0
Ensemble des entreprises	106	124	264	247	248	301	242	256
Mixtes								
Entreprises nationales	67	169	404	371	700	701	811	774
Entreprises sous contrôle étranger	16	57	154	150	448	438	550	495
Succursales d'entreprises étrangères	0	0	0	..	0	0	0	0
Ensemble des entreprises	67	169	404	371	700	701	811	774
dont :								
Vie	36	53	144	145	315	322	312	283
Entreprises nationales	36	53	144	145	315	322	312	283
Entreprises sous contrôle étranger	11	21	53	52	231	223	219	216
Succursales d'entreprises étrangères	0	0	0	..	0	0	0	0
Ensemble des entreprises	36	53	144	145	315	322	312	283
Non-vie	31	116	260	226	385	379	499	492
Entreprises nationales	31	116	260	226	385	379	499	492
Entreprises sous contrôle étranger	4	36	101	98	217	215	331	279
Succursales d'entreprises étrangères	0	0	0	..	0	0	0	0
Ensemble des entreprises	31	116	260	226	385	379	499	492
Total								
Entreprises nationales	253	372	844	781	983	1 041	1 092	1 076
Entreprises sous contrôle étranger	150	184	410	398	625	641	689	647
Succursales d'entreprises étrangères	1	0	0	0	0	0	0	0
Ensemble des entreprises	254	372	844	781	983	1 041	1 092	1 076

Tableau 1. Agrégats sélectionnés *(suite)*

Millions EUR

	2012	2013	2014	2015	2016	2017	2018	2019
1.5 Opérations à l'étranger par succursale, primes brutes								
Vie								
Succursales et agences	..	..	..	..	..	0	0	0
Filiales	..	..	..	..	..	0	0	0
Total	..	..	..	..	..	0	0	0
Non-vie								
Succursales et agences	..	..	..	..	..	1	3	6
Filiales	..	..	..	..	..	0	0	0
Total	..	..	..	..	..	1	3	6
Mixtes								
Succursales et agences	..	..	..	..	..	0	18	4
Filiales	..	..	..	..	..	0	0	0
Total	..	..	..	..	..	0	18	4
dont :								
Vie	..	..	..	..	..	0	0	0
Succursales et agences	..	..	..	..	..	0	0	0
Filiales	..	..	..	..	..	0	0	0
Total	..	..	..	..	..	0	0	0
Non-vie	..	..	..	..	..	0	17	4
Succursales et agences	..	..	..	..	..	0	17	4
Filiales	..	..	..	..	..	0	0	0
Total	..	..	..	..	..	0	17	4
Total								
Succursales et agences	..	..	..	..	..	1	21	10
Filiales	..	..	..	..	..	0	0	0
Total	..	..	..	..	..	1	21	10

.. Non disponible

Note : Voir les métadonnées détaillées sur : *http://metalinks.oecd.org/ins/20210324/84b5.*

Source : *Statistiques de l'OCDE sur les assurances (base de données)*

GRÈCE

Tableau 2. Nombre d'entreprises et d'employés

	2012	2013	2014	2015	2016	2017	2018	2019
2.1 Nombre d'entreprises								
Vie								
Entreprises nationales	11	11	11	11	4	3	2	2
Entreprises sous contrôle étranger	7	7	7	7	2	2	1	1
Succursales d'entreprises étrangères	0	0	0	0	0	0	0	0
Ensemble des entreprises	11	11	11	11	4	3	2	2
Non-vie								
Entreprises nationales	31	28	24	24	24	22	20	19
Entreprises sous contrôle étranger	7	7	6	5	7	6	5	5
Succursales d'entreprises étrangères	2	2	2	2	0	0	0	0
Ensemble des entreprises	33	30	26	26	24	22	20	19
Mixtes								
Entreprises nationales	11	11	11	11	17	17	17	17
Entreprises sous contrôle étranger	4	4	4	4	10	10	10	10
Succursales d'entreprises étrangères	0	0	0	0	0	0	0	0
Ensemble des entreprises	11	11	11	11	17	17	17	17
Réassurance								
Entreprises nationales	0	0	0	0	0	0	0	0
Entreprises sous contrôle étranger	0	0	0	0	0	0	0	0
Succursales d'entreprises étrangères	0	0	0	0	0	0	0	0
Ensemble des entreprises	0	0	0	0	0	0	0	0
Total								
Entreprises nationales	53	50	46	46	45	42	39	38
Entreprises sous contrôle étranger	18	18	17	16	19	18	16	16
Succursales d'entreprises étrangères	2	2	2	2	0	0	0	0
Ensemble des entreprises	55	52	48	48	45	42	39	38
2.2 Nombre d'employés								
Entreprises d'assurance	..	..	..	..	..	..	..	..
Intermédiaires	..	..	..	..	..	..	..	..
Total	..	..	..	..	..	..	..	..

.. Non disponible

Note : Voir les métadonnées détaillées sur : *http://metalinks.oecd.org/ins/20210324/84b5*.

Source : *Statistiques de l'OCDE sur les assurances (base de données)*

HONGRIE

Tableau 1. Agrégats sélectionnés

Millions HUF

	2012	2013	2014	2015	2016	2017	2018	2019
1.1 Opérations d'assurance conclues dans le pays déclarant								
1.1.1 Opérations d'assurance, par intérêt								
Primes brutes								
Entreprises nationales	760 249	801 210	833 664	835 428	885 781	956 006	1 017 779	1 149 523
Entreprises sous contrôle étranger	718 932	763 286	796 332	788 248	835 272	897 699	953 320	1 075 690
Succursales d'entreprises étrangères	..	..	..	..	..	..	..	..
Ensemble des entreprises	760 249	801 210	833 664	835 428	885 781	956 006	1 017 779	1 149 523
Primes cédées								
Entreprises nationales	127 261	111 755	116 117	115 801	118 081	120 524	126 479	139 265
Entreprises sous contrôle étranger	118 373	104 254	108 557	104 464	107 021	106 729	113 942	128 554
Succursales d'entreprises étrangères	..	..	..	..	..	..	..	..
Ensemble des entreprises	127 261	111 755	116 117	115 801	118 081	120 524	126 479	139 265
Primes nettes émises								
Entreprises nationales	632 989	689 455	717 547	719 627	767 700	835 482	891 300	1 010 258
Entreprises sous contrôle étranger	600 559	659 032	687 774	683 784	728 251	790 970	839 379	947 137
Succursales d'entreprises étrangères	..	..	..	..	..	..	..	..
Ensemble des entreprises	632 989	689 455	717 547	719 627	767 700	835 482	891 300	1 010 258
1.1.2 Opérations d'assurance par risque à l'étranger, primes brutes								
Vie	3 284	3 358	3 533	4 234	4 317	4 630	5 116	5 343
Non-vie	1 257	1 840	1 923	1 052	2 308	2 657	2 100	2 517
Mixtes	7 943	4 500	2 829	4 368	8 142	9 004	8 816	7 724
dont :								
Vie	279	781	228	216	177	172	199	808
Non-vie	7 665	3 719	2 602	4 152	7 965	8 832	8 617	6 916
Total	12 484	9 698	8 285	9 654	14 767	16 291	16 033	15 584
1.1.3 Paiement par catégories d'assurance, primes brutes (vie)								
Rentes	3 529	2 975	3 147	3 479	..	..	..	..
Unit linked	261 098	286 919	282 059	266 857	..	..	..	..
Autre assurance vie	138 251	146 439	171 738	156 617	..	..	..	..
Total Assurance Vie	402 878	436 333	456 944	426 953	438 718	460 791	470 685	509 033
***dont :** Contrats de retraite*	..	19	..	10	..	..	..	..
1.1.4 Paiement par catégories d'assurance, primes brutes (non-vie)								
L'assurance automobile	147 428	144 515	152 283	175 045	203 396	232 622	263 731	332 134
Les assurances transport (y compris maritime et aérien)	663	661	793	879	142	172	201	354
L'assurance de fret	2 405	2 552	2 856	3 165	5 733	6 143	6 313	6 159
L'assurance incendie et des dommages aux bien	152 904	159 562	158 219	161 160	168 736	179 697	188 516	203 660
L'assurance des pertes pécuniaires	2 930	3 739	3 672	4 822	5 430	5 027	6 051	6 737
L'assurance de la responsabilité civile générale	18 856	20 074	21 904	23 585	21 274	24 525	26 379	27 271
Les assurances accidents et maladie	23 361	25 922	28 358	29 859	22 389	24 898	31 241	36 837
***dont :** Maladie*	7 128	8 559	9 558	8 668	4 250	5 557	8 909	11 827
Autres assurances non-vie	8 758	7 781	8 557	9 909	19 916	22 112	24 662	27 338
Réassurance obligatoire	..	..	..	..	..	..	..	..
Total assurance non-vie	357 305	364 806	376 641	408 424	447 017	495 197	547 094	640 490
1.2 Paiements bruts des sinistres								
Vie								
Entreprises nationales	153 649	139 994	130 633	150 198	155 047	172 359	156 899	185 600
Entreprises sous contrôle étranger	150 320	129 594	121 318	139 595	147 047	160 787	146 733	171 402
Succursales d'entreprises étrangères	..	..	..	..	..	..	..	..
Ensemble des entreprises	153 649	139 994	130 633	150 198	155 047	172 359	156 899	185 600
Non-vie								
Entreprises nationales	22 516	25 692	27 416	30 571	34 112	32 258	34 114	32 143
Entreprises sous contrôle étranger	11 387	12 611	13 973	14 605	16 056	12 917	12 308	11 636
Succursales d'entreprises étrangères	..	..	..	..	..	..	..	..
Ensemble des entreprises	22 516	25 692	27 416	30 571	34 112	32 258	34 114	32 143
Mixtes								
Entreprises nationales	413 298	422 789	379 879	356 926	361 448	389 622	413 120	463 620
Entreprises sous contrôle étranger	413 298	422 789	379 879	356 926	361 448	389 622	413 120	463 620
Succursales d'entreprises étrangères	..	..	..	..	..	..	..	..
Ensemble des entreprises	413 298	422 789	379 879	356 926	361 448	389 622	413 120	463 620
dont :								
Vie	240 059	242 802	212 244	180 098	176 820	185 216	205 734	230 696
Entreprises nationales	240 059	242 802	212 244	180 098	176 820	185 216	205 734	230 696
Entreprises sous contrôle étranger	240 059	242 802	212 244	180 098	176 820	185 216	205 734	230 696
Succursales d'entreprises étrangères	..	..	..	..	..	..	..	..
Ensemble des entreprises	240 059	242 802	212 244	180 098	176 820	185 216	205 734	230 696
Non-vie	173 240	179 988	167 635	176 829	184 628	204 406	207 386	232 924
Entreprises nationales	173 240	179 988	167 635	176 829	184 628	204 406	207 386	232 924
Entreprises sous contrôle étranger	173 240	179 988	167 635	176 829	184 628	204 406	207 386	232 924
Succursales d'entreprises étrangères	..	..	..	..	..	..	..	..
Ensemble des entreprises	173 240	179 988	167 635	176 829	184 628	204 406	207 386	232 924
Total								
Entreprises nationales	589 464	588 475	537 928	537 695	550 607	594 239	604 133	681 363
Entreprises sous contrôle étranger	575 006	564 995	515 171	511 127	524 551	563 326	572 162	646 658
Succursales d'entreprises étrangères	..	..	..	..	..	..	..	..
Ensemble des entreprises	589 464	588 475	537 928	537 695	550 607	594 239	604 133	681 363

HONGRIE

Tableau 1. Agrégats sélectionnés (suite)

Millions HUF

	2012	2013	2014	2015	2016	2017	2018	2019
1.3 Commissions								
Vie								
Entreprises nationales	20 760	14 900	14 024	13 526	16 531	17 513	15 243	16 536
Entreprises sous contrôle étranger	14 215	11 559	11 559	11 089	14 360	15 017	12 599	13 254
Succursales d'entreprises étrangères	..	..	..	..	..	..	..	..
Ensemble des entreprises	20 760	14 900	14 024	13 526	16 531	17 513	15 243	16 536
Non-vie								
Entreprises nationales	6 319	7 349	7 243	9 161	10 325	13 383	14 338	15 392
Entreprises sous contrôle étranger	4 457	4 813	4 948	5 986	5 650	6 550	6 809	7 114
Succursales d'entreprises étrangères	..	..	..	..	..	..	..	..
Ensemble des entreprises	6 319	7 349	7 243	9 161	10 325	13 383	14 338	15 392
Mixtes								
Entreprises nationales	69 058	75 007	72 592	79 086	108 207	114 286	123 934	138 745
Entreprises sous contrôle étranger	69 058	75 007	72 592	79 086	108 207	114 286	123 934	138 745
Succursales d'entreprises étrangères	..	..	..	..	..	..	..	..
Ensemble des entreprises	69 058	75 007	72 592	79 086	108 207	114 286	123 934	138 745
dont :								
Vie	26 909	29 847	30 235	29 116	39 083	38 017	36 194	39 422
Entreprises nationales	26 909	29 847	30 235	29 116	39 083	38 017	36 194	39 422
Entreprises sous contrôle étranger	26 909	29 847	30 235	29 116	39 083	38 017	36 194	39 422
Succursales d'entreprises étrangères	..	..	..	..	..	..	..	..
Ensemble des entreprises	26 909	29 847	30 235	29 116	39 083	38 017	36 194	39 422
Non-vie	42 148	45 160	42 357	49 970	69 124	76 269	87 740	99 323
Entreprises nationales	42 148	45 160	42 357	49 970	69 124	76 269	87 740	99 323
Entreprises sous contrôle étranger	42 148	45 160	42 357	49 970	69 124	76 269	87 740	99 323
Succursales d'entreprises étrangères	..	..	..	..	..	..	..	..
Ensemble des entreprises	42 148	45 160	42 357	49 970	69 124	76 269	87 740	99 323
Total								
Entreprises nationales	96 136	97 256	93 859	101 773	135 063	145 182	153 515	170 673
Entreprises sous contrôle étranger	87 729	91 380	89 099	96 162	128 218	135 853	143 341	159 113
Succursales d'entreprises étrangères	..	..	..	..	..	..	..	..
Ensemble des entreprises	96 136	97 256	93 859	101 773	135 063	145 182	153 515	170 673
1.4 Dépenses brutes d'exploitation								
Vie								
Entreprises nationales	37 846	32 595	35 399	32 897	34 946	34 955	32 702	34 429
Entreprises sous contrôle étranger	32 963	27 473	30 053	29 279	31 818	30 865	28 684	31 147
Succursales d'entreprises étrangères	..	..	..	..	..	..	..	..
Ensemble des entreprises	37 846	32 595	35 399	32 897	34 946	34 955	32 702	34 429
Non-vie								
Entreprises nationales	16 277	17 413	17 638	20 337	21 977	21 528	19 122	24 892
Entreprises sous contrôle étranger	10 465	11 126	11 890	14 690	13 298	10 965	11 520	12 934
Succursales d'entreprises étrangères	..	..	..	..	..	..	..	..
Ensemble des entreprises	16 277	17 413	17 638	20 337	21 977	21 528	19 122	24 892
Mixtes								
Entreprises nationales	155 577	172 680	181 142	167 842	176 431	185 944	203 460	226 949
Entreprises sous contrôle étranger	155 577	172 680	181 142	167 842	176 431	185 944	203 460	226 949
Succursales d'entreprises étrangères	..	..	..	..	..	..	..	..
Ensemble des entreprises	155 577	172 680	181 142	167 842	176 431	185 944	203 460	226 949
dont :								
Vie	55 125	56 633	70 675	55 349	56 859	50 779	55 001	63 365
Entreprises nationales	55 125	56 633	70 675	55 349	56 859	50 779	55 001	63 365
Entreprises sous contrôle étranger	55 125	56 633	70 675	55 349	56 859	50 779	55 001	63 365
Succursales d'entreprises étrangères	..	..	..	..	..	..	..	..
Ensemble des entreprises	55 125	56 633	70 675	55 349	56 859	50 779	55 001	63 365
Non-vie	100 451	116 047	110 467	112 493	119 571	135 165	148 459	163 584
Entreprises nationales	100 451	116 047	110 467	112 493	119 571	135 165	148 459	163 584
Entreprises sous contrôle étranger	100 451	116 047	110 467	112 493	119 571	135 165	148 459	163 584
Succursales d'entreprises étrangères	..	..	..	..	..	..	..	..
Ensemble des entreprises	100 451	116 047	110 467	112 493	119 571	135 165	148 459	163 584
Total								
Entreprises nationales	209 699	222 687	234 179	221 076	233 354	242 427	255 284	286 269
Entreprises sous contrôle étranger	199 004	211 279	223 085	211 811	221 547	227 774	243 664	271 030
Succursales d'entreprises étrangères	..	..	..	..	..	..	..	..
Ensemble des entreprises	209 699	222 687	234 179	221 076	233 354	242 427	255 284	286 269

HONGRIE

Tableau 1. Agrégats sélectionnés (*suite*)

Millions HUF

	2012	2013	2014	2015	2016	2017	2018	2019
1.5 Opérations à l'étranger par succursale, primes brutes								
Vie								
Succursales et agences	..	..	..	..	..	..	..	..
Filiales	..	..	..	..	..	..	..	..
Total	..	..	..	..	..	..	..	..
Non-vie								
Succursales et agences	..	..	..	..	..	..	..	..
Filiales	..	..	..	..	..	..	..	..
Total	..	..	..	..	..	..	..	..
Mixtes								
Succursales et agences	..	..	..	..	..	..	..	..
Filiales	..	..	..	..	..	..	..	..
Total	..	..	..	..	..	..	..	..
dont :								
Vie	..	..	..	..	..	..	..	..
Succursales et agences	..	..	..	..	..	..	..	..
Filiales	..	..	..	..	..	..	..	..
Total	..	..	..	..	..	..	..	..
Non-vie	..	..	..	..	..	..	..	..
Succursales et agences	..	..	..	..	..	..	..	..
Filiales	..	..	..	..	..	..	..	..
Total	..	..	..	..	..	..	..	..
Total								
Succursales et agences	..	..	..	..	..	..	..	..
Filiales	..	..	..	..	..	..	..	..
Total	..	..	..	..	..	..	..	..

.. Non disponible
Note : Voir les métadonnées détaillées sur : *http://metalinks.oecd.org/ins/20210324/9ecb.*
Source : *Statistiques de l'OCDE sur les assurances (base de données)*

HONGRIE

Tableau 2. Nombre d'entreprises et d'employés

	2012	2013	2014	2015	2016	2017	2018	2019
2.1 Nombre d'entreprises								
Vie								
Entreprises nationales	12	10	10	10	8	7	6	5
Entreprises sous contrôle étranger	9	7	7	7	7	6	5	4
Succursales d'entreprises étrangères	..	..	..	0	0	0	0	0
Ensemble des entreprises	12	10	10	10	8	7	6	5
Non-vie								
Entreprises nationales	13	12	12	11	10	9	9	9
Entreprises sous contrôle étranger	7	6	6	6	6	5	5	5
Succursales d'entreprises étrangères	14	14	14	13	14	13	12	11
Ensemble des entreprises	27	26	26	24	24	22	21	20
Mixtes								
Entreprises nationales	10	10	10	9	9	9	8	8
Entreprises sous contrôle étranger	10	10	10	9	9	9	8	8
Succursales d'entreprises étrangères	1	1	1	2	2	2	2	1
Ensemble des entreprises	11	11	11	11	11	11	10	9
Réassurance								
Entreprises nationales	..	..	..	..	..	..	..	..
Entreprises sous contrôle étranger	..	..	..	..	..	..	..	..
Succursales d'entreprises étrangères	..	..	..	..	..	..	..	..
Ensemble des entreprises	..	..	..	..	..	..	..	..
Total								
Entreprises nationales	35	32	32	30	27	25	23	22
Entreprises sous contrôle étranger	26	23	23	22	22	20	18	17
Succursales d'entreprises étrangères	15	15	15	15	16	15	14	12
Ensemble des entreprises	50	47	47	45	43	40	37	34
2.2 Nombre d'employés								
Entreprises d'assurance	9 701	9 363	9 229	8 728	8 542	8 133	11 116	8 858
Intermédiaires	13 572	13 083	12 768	11 392	9 822	12 287	7 791	13 186
Total	23 273	22 445	21 997	20 121	18 364	20 420	18 907	22 044

.. Non disponible

Note : Voir les métadonnées détaillées sur : *http://metalinks.oecd.org/ins/20210324/9ecb.*

Source : *Statistiques de l'OCDE sur les assurances (base de données)*

ISLANDE

Tableau 1. Agrégats sélectionnés

Millions ISK

	2012	2013	2014	2015	2016	2017	2018	2019
1.1 Opérations d'assurance conclues dans le pays déclarant								
1.1.1 Opérations d'assurance, par intérêt								
Primes brutes								
Entreprises nationales	50 490	51 142	51 849	55 346	58 777	65 274	70 561	74 978
Entreprises sous contrôle étranger	4 788	5 088	5 401	6 010	..	..	..	..
Succursales d'entreprises étrangères	..	..	..	..	..	..	..	..
Ensemble des entreprises	50 490	51 142	51 849	55 346	58 777	65 274	70 561	74 978
Primes cédées								
Entreprises nationales	3 371	3 136	2 918	2 882	2 725	2 613	2 869	2 802
Entreprises sous contrôle étranger	318	310	310	272	..	..	..	..
Succursales d'entreprises étrangères	..	..	..	..	..	..	..	..
Ensemble des entreprises	3 371	3 136	2 918	2 882	2 725	2 613	2 869	2 802
Primes nettes émises								
Entreprises nationales	47 118	48 005	48 931	52 465	56 052	62 662	67 693	72 176
Entreprises sous contrôle étranger	4 470	4 779	5 091	5 737	..	..	..	..
Succursales d'entreprises étrangères	..	..	..	..	..	..	..	..
Ensemble des entreprises	47 118	48 005	48 931	52 465	56 052	62 662	67 693	72 176
1.1.2 Opérations d'assurance par risque à l'étranger, primes brutes								
Vie	0	0	0	0	0	0	0	0
Non-vie	2 632	2 156	2 563	3 018	1 010	1 737	3 444	1 735
Mixtes total	..	..	..	..	..	..	..	..
Total	2 632	2 156	2 563	3 018	1 010	1 737	3 444	1 735
1.1.3 Paiement par catégories d'assurance, primes brutes (vie)								
Rentes	61	61	111	473	..	..	..	..
Unit linked	87	86	87	91	20	32	23	17
Autre assurance vie	3 532	3 913	4 042	4 087	5 141	5 789	5 815	6 199
Total assurance vie	3 680	4 061	4 240	4 651	5 161	5 821	5 837	6 217
***dont :** Contrats de retraite*	0	0	0	0	0	0	0	0
1.1.4 Paiement par catégories d'assurance, primes brutes (non-vie)								
L'assurance automobile	21 226	21 522	22 084	23 952	28 398	33 127	35 842	38 310
Les assurances transport (y compris maritime et aérien)	2 746	3 372	3 419	3 690	3 631	3 139	3 251	3 130
L'assurance de fret	667	638	646	751	0	0	0	0
L'assurance incendie et des dommages aux bien	14 028	13 816	13 903	13 911	12 484	13 048	14 472	15 552
L'assurance des pertes pécuniaires	77	45	23	27	33	26	59	70
L'assurance de la responsabilité civile générale	2 932	2 556	2 565	2 672	3 078	3 561	3 974	4 163
Les assurances accidents et maladie	5 108	5 102	4 947	5 646	5 960	6 509	7 093	7 507
***dont :** Maladie*	..	..	..	..	..	..	..	..
Autres assurances non-vie	27	30	22	42	32	42	33	29
Réassurance obligatoire	0	0	0	0	0	0	0	0
Total assurance non-vie	46 809	47 081	47 608	50 690	53 616	59 453	64 724	68 761
1.2 Paiements bruts des sinistres								
Vie								
Entreprises nationales	1 434	1 381	1 529	1 325	1 690	1 755	1 752	2 380
Entreprises sous contrôle étranger	56	47	30	58	..	..	..	..
Succursales d'entreprises étrangères	..	..	..	..	..	..	..	..
Ensemble des entreprises	1 434	1 381	1 529	1 325	1 690	1 755	1 752	2 380
Non-vie								
Entreprises nationales	30 190	31 417	32 554	36 082	41 655	43 781	51 533	52 944
Entreprises sous contrôle étranger	2 931	3 412	3 520	4 169	..	..	..	..
Succursales d'entreprises étrangères	..	..	..	..	..	..	..	..
Ensemble des entreprises	30 190	31 417	32 554	36 082	41 655	43 781	51 533	52 944
Mixtes, ensemble des entreprises	..	..	..	..	..	..	..	..
Total								
Entreprises nationales	31 624	32 798	34 083	37 407	43 345	45 536	53 285	55 324
Entreprises sous contrôle étranger	2 987	3 459	3 550	4 227	..	..	..	..
Succursales d'entreprises étrangères	..	..	..	..	..	..	..	..
Ensemble des entreprises	31 624	32 798	34 083	37 407	43 345	45 536	53 285	55 324
1.3 Commissions								
Vie								
Entreprises nationales	71	66	118	90	..	..	..	..
Entreprises sous contrôle étranger	12	20	42	3	..	..	..	..
Succursales d'entreprises étrangères	..	..	..	..	..	..	..	..
Ensemble des entreprises	71	66	118	90	..	..	..	..
Non-vie								
Entreprises nationales	122	102	39	36	..	..	..	..
Entreprises sous contrôle étranger	0	0	0	0	..	..	..	..
Succursales d'entreprises étrangères	..	..	..	..	..	..	..	..
Ensemble des entreprises	122	102	39	36	..	..	..	..
Mixtes, ensemble des entreprises	..	..	..	..	..	..	..	..
Total								
Entreprises nationales	193	168	157	126	..	..	..	..
Entreprises sous contrôle étranger	12	20	42	3	..	..	..	..
Succursales d'entreprises étrangères	..	..	..	..	..	..	..	..
Ensemble des entreprises	193	168	157	126	..	..	..	..

ISLANDE

Tableau 1. Agrégats sélectionnés *(suite)*

Millions ISK

	2012	2013	2014	2015	2016	2017	2018	2019
1.4 Dépenses brutes d'exploitation								
Vie								
Entreprises nationales	1 119	1 384	1 098	1 498	1 231	1 528	1 394	1 411
Entreprises sous contrôle étranger	77	90	18	161	..	..	..	..
Succursales d'entreprises étrangères	..	..	..	..	..	..	..	..
Ensemble des entreprises	1 119	1 384	1 098	1 498	1 231	1 528	1 394	1 411
Non-vie								
Entreprises nationales	9 987	9 860	9 680	4 314	6 931	7 422	11 994	12 605
Entreprises sous contrôle étranger	996	1 084	1 086	1 225	..	..	..	..
Succursales d'entreprises étrangères	..	..	..	..	..	..	..	..
Ensemble des entreprises	9 987	9 860	9 680	4 314	6 931	7 422	12 026	12 605
Mixtes, ensemble des entreprises	..	..	..	..	..	..	..	..
Total								
Entreprises nationales	11 106	11 244	10 778	5 812	8 162	8 950	13 389	14 016
Entreprises sous contrôle étranger	1 072	1 173	1 104	1 387	..	..	..	..
Succursales d'entreprises étrangères	..	..	..	..	..	..	..	..
Ensemble des entreprises	11 106	11 244	10 778	5 812	8 162	8 950	13 421	14 016
1.5 Opérations à l'étranger par succursale, primes brutes								
Vie								
Succursales et agences	0	..	..	..	..	..	..	..
Filiales	0	..	..	..	..	..	..	..
Total	0	..	..	..	..	..	..	..
Non-vie								
Succursales et agences	914	..	..	..	..	..	..	..
Filiales	0	..	..	..	..	..	..	..
Total	914	..	..	..	..	..	..	..
Mixtes total	..	..	..	..	..	..	..	..
Total								
Succursales et agences	914	..	..	..	..	..	..	..
Filiales	0	..	..	..	..	..	..	..
Total	914	..	..	..	..	..	..	..

.. Non disponible

Note : Voir les métadonnées détaillées sur : *http://metalinks.oecd.org/ins/20210324/3fcb.*

Source : *Statistiques de l'OCDE sur les assurances (base de données)*

ISLANDE

Tableau 2. Nombre d'entreprises et d'employés

	2012	2013	2014	2015	2016	2017	2018	2019
2.1 Nombre d'entreprises								
Vie								
Entreprises nationales	5	5	5	5	4	4	4	4
Entreprises sous contrôle étranger	1	1	1	1	..	..	..	..
Succursales d'entreprises étrangères	1	1	1	1	..	..	..	..
Ensemble des entreprises	6	6	6	6	4	4	4	4
Non-vie								
Entreprises nationales	6	5	5	5	4	4	4	4
Entreprises sous contrôle étranger	1	1	1	1	..	..	..	..
Succursales d'entreprises étrangères	1	1	1	1	..	..	..	..
Ensemble des entreprises	7	6	6	6	4	4	4	4
Mixtes, ensemble des entreprises	**0**	**0**	**0**	**0**	**0**	**0**	**0**	**0**
Réassurance								
Entreprises nationales	2	2	2	2	0	0	0	0
Entreprises sous contrôle étranger	0	..	..	..	..	..	..	..
Succursales d'entreprises étrangères	0	..	..	..	..	..	..	..
Ensemble des entreprises	2	2	2	2	0	0	0	0
Total								
Entreprises nationales	13	12	12	12	8	8	8	8
Entreprises sous contrôle étranger	2	2	2	2	0	0	0	0
Succursales d'entreprises étrangères	2	2	2	2	0	0	0	0
Ensemble des entreprises	15	14	14	14	8	8	8	8
2.2 Nombre d'employés								
Entreprises d'assurance	641	614	..	582	..	..	..	..
Intermédiaires	..	..	592	..	..	..	..	..
Total	..	614	592	582	..	..	..	..

.. Non disponible

Note : Voir les métadonnées détaillées sur : *http://metalinks.oecd.org/ins/20210324/3fcb*.

Source : *Statistiques de l'OCDE sur les assurances (base de données)*

IRLANDE

Tableau 1. Agrégats sélectionnés

Millions EUR

	2012	2013	2014	2015	2016	2017	2018	2019
1.1 Opérations d'assurance conclues dans le pays déclarant								
1.1.1 Opérations d'assurance, par intérêt								
Primes brutes								
Entreprises nationales	33 133	31 818	36 377	40 340	48 949	40 281	36 998	40 282
Entreprises sous contrôle étranger	..	..	..	..	..	..	..	..
Succursales d'entreprises étrangères	2 348	2 301	3 184	3 645	..	3 821	3 756	4 283
Ensemble des entreprises	35 481	34 119	39 561	43 985	48 949	44 102	40 754	44 565
Primes cédées								
Entreprises nationales	3 755	3 908	3 891	4 933	9 985	..	..	..
Entreprises sous contrôle étranger	..	..	..	..	..	..	..	..
Succursales d'entreprises étrangères	356	268	371	359	..	..	..	..
Ensemble des entreprises	4 111	4 176	4 262	5 292	9 985	..	..	..
Primes nettes émises								
Entreprises nationales	29 379	27 910	32 486	35 407	38 964	..	..	..
Entreprises sous contrôle étranger	..	..	..	..	..	..	..	..
Succursales d'entreprises étrangères	1 992	2 033	2 813	3 286	..	..	..	..
Ensemble des entreprises	31 371	29 943	35 299	38 693	38 964	..	..	..
1.1.2 Opérations d'assurance par risque à l'étranger, primes brutes								
Vie	15 038	16 125	21 410	23 192	..	19 774	16 644	16 606
Non-vie	3 676	3 826	3 960	4 263	..	2 277	2 671	3 032
Mixtes	..	..	..	..	..	6	191	180
dont :								
Vie	..	..	..	..	..	..	..	..
Non-vie	..	..	..	..	..	..	..	..
Total	18 714	19 951	25 370	27 455	..	22 057	19 506	19 818
1.1.3 Paiement par catégories d'assurance, primes brutes (vie)								
Rentes	..	..	..	..	0	0	0	0
Unit linked	..	..	..	..	28 838	30 737	26 568	27 840
Autre assurance vie	..	..	..	..	4 477	4 279	4 102	4 135
Total Assurance Vie	28 140	27 207	32 171	34 587	33 315	35 016	30 670	31 975
***dont :** Contrats de retraite*	..	..	..	..	..	..	..	..
1.1.4 Paiement par catégories d'assurance, primes brutes (non-vie)								
L'assurance automobile	1 486	1 435	1 599	1 795	3 905	2 086	2 067	2 900
Les assurances transport (y compris maritime et aérien)	243	183	143	163	421	144	219	292
L'assurance de fret	..	..	..	..	0	0	..	0
L'assurance incendie et des dommages aux bien	1 906	1 763	1 758	1 768	4 023	1 401	1 503	2 156
L'assurance des pertes pécuniaires	..	105	124	92	332	830	848	1 152
L'assurance de la responsabilité civile générale	1 147	1 127	1 301	1 400	2 887	1 288	1 296	1 967
Les assurances accidents et maladie	1 288	1 171	1 235	2 750	1 935	2 396	2 323	2 575
***dont :** Maladie*	..	..	..	..	..	..	..	..
Autres assurances non-vie	563	504	494	585	1 159	158	217	139
Réassurance obligatoire	374	330	373	414	746	217	..	0
Total assurance non-vie	7 007	6 618	7 027	8 967	15 408	8 520	8 473	11 181
1.2 Paiements bruts des sinistres								
Vie								
Entreprises nationales	27 921	28 263	27 434	28 474	32 280	26 726	25 196	26 254
Entreprises sous contrôle étranger	..	..	..	..	..	..	..	..
Succursales d'entreprises étrangères	..	1 235	1 114	1 356	..	2 435	2 052	836
Ensemble des entreprises	27 921	29 498	28 548	29 830	32 280	29 161	27 248	27 090
Non-vie								
Entreprises nationales	4 842	4 369	3 853	5 343	15 941	8 482	8 283	9 604
Entreprises sous contrôle étranger	..	..	..	..	..	..	..	..
Succursales d'entreprises étrangères	983	677	1 177	1 179	..	725	871	1 714
Ensemble des entreprises	5 825	5 046	5 030	6 522	15 941	9 207	9 154	11 318
Mixtes								
Entreprises nationales	..	..	..	..	..	..	..	..
Entreprises sous contrôle étranger	..	..	..	..	..	..	..	..
Succursales d'entreprises étrangères	..	..	..	..	..	357	983	974
Ensemble des entreprises	..	..	..	..	..	357	983	974
dont :								
Vie	..	..	..	..	..	..	..	..
Entreprises nationales	..	..	..	..	..	..	..	..
Entreprises sous contrôle étranger	..	..	..	..	..	..	..	..
Succursales d'entreprises étrangères	..	..	..	..	..	..	..	..
Ensemble des entreprises	..	..	..	..	..	..	..	..
Non-vie	..	..	..	..	..	..	..	..
Entreprises nationales	..	..	..	..	..	..	..	..
Entreprises sous contrôle étranger	..	..	..	..	..	..	..	..
Succursales d'entreprises étrangères	..	..	..	..	..	..	..	..
Ensemble des entreprises	..	..	..	..	..	..	..	..
Total								
Entreprises nationales	32 763	32 632	31 287	33 817	48 221	35 208	33 479	35 858
Entreprises sous contrôle étranger								
Succursales d'entreprises étrangères	983	1 912	2 291	2 535	..	3 517	3 906	3 524
Ensemble des entreprises	33 746	34 544	33 578	36 352	48 221	38 725	37 385	39 382

Tableau 1. Agrégats sélectionnés *(suite)*

Millions EUR

	2012	2013	2014	2015	2016	2017	2018	2019
1.3 Commissions								
Vie								
Entreprises nationales	1 593	1 844	2 051	2 281	2 198	1 517	1 625	1 497
Entreprises sous contrôle étranger	..	..	..	..	..	..	..	..
Succursales d'entreprises étrangères	..	43	64	59	..	94	44	-10
Ensemble des entreprises	1 593	1 887	2 115	2 340	2 198	1 611	1 669	1 487
Non-vie								
Entreprises nationales	657	737	764	896	2 292	957	1 012	1 187
Entreprises sous contrôle étranger	..	..	..	..	..	..	..	..
Succursales d'entreprises étrangères	171	130	248	299	..	194	221	227
Ensemble des entreprises	828	867	1 012	1 195	2 292	1 511	1 233	1 414
Mixtes								
Entreprises nationales	..	..	..	..	..	..	..	..
Entreprises sous contrôle étranger	..	..	..	..	..	..	..	..
Succursales d'entreprises étrangères	..	..	..	..	..	80	110	94
Ensemble des entreprises	..	..	..	..	..	80	110	94
dont :								
Vie	..	..	..	..	..	..	..	..
Entreprises nationales	..	..	..	..	..	..	..	..
Entreprises sous contrôle étranger	..	..	..	..	..	..	..	..
Succursales d'entreprises étrangères	..	..	..	..	..	..	..	..
Ensemble des entreprises	..	..	..	..	..	..	..	..
Non-vie	..	..	..	..	..	..	..	..
Entreprises nationales	..	..	..	..	..	..	..	..
Entreprises sous contrôle étranger	..	..	..	..	..	..	..	..
Succursales d'entreprises étrangères	..	..	..	..	..	..	..	..
Ensemble des entreprises	..	..	..	..	..	..	..	..
Total								
Entreprises nationales	2 250	2 581	2 815	3 177	4 490	2 474	2 637	2 684
Entreprises sous contrôle étranger	..	..	..	..	..	..	..	..
Succursales d'entreprises étrangères	171	173	312	358	..	368	375	311
Ensemble des entreprises	2 420	2 754	3 127	3 535	4 490	3 202	3 012	2 995
1.4 Dépenses brutes d'exploitation								
Vie								
Entreprises nationales	1 268	1 346	1 429	1 437	1 319	444	..	..
Entreprises sous contrôle étranger	..	..	..	..	..	..	..	..
Succursales d'entreprises étrangères	..	154	657	158	..	..	..	..
Ensemble des entreprises	1 268	1 500	2 086	1 595	1 319	444	..	..
Non-vie								
Entreprises nationales	622	650	589	484	1 873	932	..	..
Entreprises sous contrôle étranger	..	..	..	..	..	..	..	..
Succursales d'entreprises étrangères	295	159	223	224	..	..	..	..
Ensemble des entreprises	917	809	812	708	1 873	932	..	..
Mixtes								
Entreprises nationales	..	..	..	..	..	..	..	..
Entreprises sous contrôle étranger	..	..	..	..	..	..	..	..
Succursales d'entreprises étrangères	..	..	..	..	..	..	..	..
Ensemble des entreprises	..	..	..	..	..	..	..	..
dont :								
Vie	..	..	..	..	..	..	..	..
Entreprises nationales	..	..	..	..	..	..	..	..
Entreprises sous contrôle étranger	..	..	..	..	..	..	..	..
Succursales d'entreprises étrangères	..	..	..	..	..	..	..	..
Ensemble des entreprises	..	..	..	..	..	..	..	..
Non-vie	..	..	..	..	..	..	..	..
Entreprises nationales	..	..	..	..	..	..	..	..
Entreprises sous contrôle étranger	..	..	..	..	..	..	..	..
Succursales d'entreprises étrangères	..	..	..	..	..	..	..	..
Ensemble des entreprises	..	..	..	..	..	..	..	..
Total								
Entreprises nationales	1 891	1 996	2 018	1 921	3 192	1 376	..	..
Entreprises sous contrôle étranger	..	..	..	..	..	..	..	..
Succursales d'entreprises étrangères	295	313	880	382	..	..	..	..
Ensemble des entreprises	2 185	2 309	2 898	2 303	3 192	1 376	..	..

IRLANDE

Tableau 1. Agrégats sélectionnés (*suite*)

Millions EUR

	2012	2013	2014	2015	2016	2017	2018	2019
1.5 Opérations à l'étranger par succursale, primes brutes								
Vie								
Succursales et agences	3 422	5 563	5 970	6 234	..	6 438	5 266	6 513
Filiales	..	..	..	..	..	..	..	..
Total	3 422	5 563	5 970	6 234	..	6 438	5 266	6 513
Non-vie								
Succursales et agences	9 599	9 228	9 640	9 835	..	8 739	9 029	11 204
Filiales	..	..	..	..	..	..	..	..
Total	9 599	9 228	9 640	9 835	..	8 739	9 029	11 204
Mixtes								
Succursales et agences	..	..	..	..	..	..	..	..
Filiales	..	..	..	..	..	..	..	..
Total	..	..	..	..	..	..	..	..
dont :								
Vie	..	..	..	..	..	..	..	..
Succursales et agences	..	..	..	..	..	..	..	..
Filiales	..	..	..	..	..	..	..	..
Total	..	..	..	..	..	..	..	..
Non-vie	..	..	..	..	..	..	..	..
Succursales et agences	..	..	..	..	..	..	..	..
Filiales	..	..	..	..	..	..	..	..
Total	..	..	..	..	..	..	..	..
Total								
Succursales et agences	13 021	14 791	15 610	16 069	..	15 177	14 295	17 717
Filiales	..	..	..	..	..	..	..	..
Total	13 021	14 791	15 610	16 069	..	15 177	14 295	17 717

.. Non disponible

Note : Voir les métadonnées détaillées sur : *http://metalinks.oecd.org/ins/20210324/7293.*

Source : *Statistiques de l'OCDE sur les assurances (base de données)*

IRLANDE

Tableau 2. Nombre d'entreprises et d'employés

	2012	2013	2014	2015	2016	2017	2018	2019
2.1 Nombre d'entreprises								
Vie								
Entreprises nationales	55	53	51	48	44	45	42	43
Entreprises sous contrôle étranger	0	..	..	..	0	0	..	..
Succursales d'entreprises étrangères	8	8	8	11	11	12	13	15
Ensemble des entreprises	63	61	59	59	55	57	55	58
Non-vie								
Entreprises nationales	111	104	102	101	90	99	95	95
Entreprises sous contrôle étranger	0	..	..	..	0	0	..	..
Succursales d'entreprises étrangères	28	27	30	32	31	30	38	33
Ensemble des entreprises	139	131	132	133	121	129	133	128
Mixtes								
Entreprises nationales	0	0	0	0	0	1	0	..
Entreprises sous contrôle étranger	0	0	0	0	0	0	..	..
Succursales d'entreprises étrangères	0	0	0	0	0	0	0	..
Ensemble des entreprises	0	0	0	0	0	1	0	..
Réassurance								
Entreprises nationales	87	77	75	67	61	64	63	59
Entreprises sous contrôle étranger	0	..	..	..	0	0	..	..
Succursales d'entreprises étrangères	0	0	0	0	0	0	0	..
Ensemble des entreprises	87	77	75	67	61	64	63	59
Total								
Entreprises nationales	253	234	228	216	196	209	200	197
Entreprises sous contrôle étranger	..	..	..	..	0	0	..	..
Succursales d'entreprises étrangères	36	35	38	43	42	42	51	48
Ensemble des entreprises	289	269	266	259	238	251	251	245
2.2 Nombre d'employés								
Entreprises d'assurance	8 682	8 887	8 095	9 404	..	..	..	..
Intermédiaires	..	..	..	..	..	..	..	..
Total	8 682	8 887	..	..	..	..	..	..

.. Non disponible

Note : Voir les métadonnées détaillées sur : *http://metalinks.oecd.org/ins/20210324/7293.*

Source : *Statistiques de l'OCDE sur les assurances (base de données)*

ISRAËL

Tableau 1. Agrégats sélectionnés

Millions ILS

	2012	2013	2014	2015	2016	2017	2018	2019
1.1 Opérations d'assurance conclues dans le pays déclarant								
1.1.1 Opérations d'assurance, par intérêt								
Primes brutes								
Entreprises nationales	48 086	50 339	51 400	54 869	58 153	62 730	66 640	68 881
Entreprises sous contrôle étranger	840	889	953	1 135	1 165	1 234	1 296	12 576
Succursales d'entreprises étrangères	..	..	..	..	..	..	..	..
Ensemble des entreprises	48 086	50 339	51 400	54 869	58 153	62 730	66 640	68 881
Primes cédées								
Entreprises nationales	6 877	6 418	5 934	6 356	8 756	8 468	9 454	10 098
Entreprises sous contrôle étranger	185	164	162	232	225	228	249	1 646
Succursales d'entreprises étrangères	..	..	..	..	..	..	..	..
Ensemble des entreprises	6 877	6 418	5 934	6 356	8 756	8 468	9 454	10 098
Primes nettes émises								
Entreprises nationales	41 209	43 921	45 466	48 512	49 398	54 263	57 186	58 782
Entreprises sous contrôle étranger	656	726	791	903	940	1 006	1 047	10 930
Succursales d'entreprises étrangères	..	..	..	..	..	..	..	..
Ensemble des entreprises	41 209	43 921	45 466	48 512	49 398	54 263	57 186	58 782
1.1.2 Opérations d'assurance par risque à l'étranger, primes brutes								
Vie	..	..	..	..	..	..	..	..
Non-vie	..	..	..	..	..	..	..	..
Mixtes	..	..	..	..	..	..	..	..
dont :								
Vie	..	..	..	..	..	..	..	..
Non-vie	..	..	..	..	..	..	..	..
Total	..	..	..	..	..	..	..	..
1.1.3 Paiement par catégories d'assurance, primes brutes (vie)								
Rentes	1 542	1 361	1 194	1 084	1 273	1 125	1 118	1 108
Unit linked	17 673	18 557	18 236	20 266	20 897	23 867	25 433	26 378
Autre assurance vie	6 242	6 709	7 141	8 066	8 492	8 730	9 412	10 352
Total Assurance Vie	25 458	26 627	26 571	29 416	30 662	33 722	35 963	37 838
***dont :** Contrats de retraite*	..	..	..	..	..	..	..	..
1.1.4 Paiement par catégories d'assurance, primes brutes (non-vie)								
L'assurance automobile	10 673	11 040	11 439	11 775	13 053	13 396	14 129	13 976
Les assurances transport (y compris maritime et aérien)	41	38	38	39	38	36	40	43
L'assurance de fret	180	169	170	174	176	187	174	173
L'assurance incendie et des dommages aux bien	4 082	4 283	4 292	4 238	4 375	4 481	4 549	4 720
L'assurance des pertes pécuniaires	277	284	278	307	335	348	480	359
L'assurance de la responsabilité civile générale	2 487	2 575	2 697	2 814	2 917	3 094	3 250	3 402
Les assurances accidents et maladie	4 396	4 869	5 425	5 678	6 086	6 961	7 548	7 826
***dont :** Maladie*	3 580	3 859	4 189	4 203	4 448	5 144	5 614	5 908
Autres assurances non-vie	492	452	492	426	502	506	506	545
Réassurance obligatoire	..	..	0	0	0	..	0	0
Total assurance non-vie	22 628	23 712	24 830	25 452	27 483	29 009	30 676	31 043
1.2 Paiements bruts des sinistres								
Vie								
Entreprises nationales	..	0	3	6	8	.. c	..	..
Entreprises sous contrôle étranger	..	..	..	..	0	..	..	..
Succursales d'entreprises étrangères	..	..	..	..	..	..	..	..
Ensemble des entreprises	..	0	3	6	8	.. c	..	..
Non-vie								
Entreprises nationales	1 395	2 013	2 470	2 589	2 180	2 124	2 189	2 368
Entreprises sous contrôle étranger	..	..	..	39	72	22	30	36
Succursales d'entreprises étrangères	..	..	..	..	..	..	..	..
Ensemble des entreprises	1 395	2 013	2 470	2 589	2 180	2 124	2 189	2 368
Mixtes								
Entreprises nationales	25 830	24 594	27 644	30 828	31 879	35 461	36 580	40 374
Entreprises sous contrôle étranger	393	280	462	640	538	0	578	6 432
Succursales d'entreprises étrangères	..	..	..	..	..	..	..	..
Ensemble des entreprises	25 830	24 594	27 644	30 828	31 879	35 461	36 580	40 374
dont :								
Vie	12 472	12 644	13 825	15 363	16 243	18 411	19 489	23 113
Entreprises nationales	12 472	12 644	13 825	15 363	16 243	18 411	19 489	23 113
Entreprises sous contrôle étranger	27	18	26	39	36	42	50	3 257
Succursales d'entreprises étrangères	..	..	..	..	..	..	..	..
Ensemble des entreprises	12 472	12 644	13 825	15 363	16 243	18 411	19 489	23 113
Non-vie	13 358	11 949	13 819	15 465	15 636	17 051	17 091	17 261
Entreprises nationales	13 358	11 949	13 819	15 465	15 636	17 051	17 091	17 261
Entreprises sous contrôle étranger	366	262	436	600	502	575	528	3 175
Succursales d'entreprises étrangères	..	..	..	..	..	..	..	..
Ensemble des entreprises	13 358	11 949	13 819	15 465	15 636	17 051	17 091	17 261
Total								
Entreprises nationales	27 225	26 607	30 117	33 422	34 067	37 598	38 769	42 742
Entreprises sous contrôle étranger	393	280	462	679	609	22	608	6 469
Succursales d'entreprises étrangères	..	..	..	..	..	..	..	..
Ensemble des entreprises	27 225	26 607	30 117	33 422	34 067	37 598	38 769	42 742

ISRAËL

Tableau 1. Agrégats sélectionnés *(suite)*

Millions ILS

	2012	2013	2014	2015	2016	2017	2018	2019
1.3 Commissions								
Vie								
Entreprises nationales	..	0	6	15	19	.. c	..	..
Entreprises sous contrôle étranger	..	..	..	..	0	..	..	..
Succursales d'entreprises étrangères	..	..	..	..	..	..	..	..
Ensemble des entreprises	..	0	6	15	19	.. c	..	..
Non-vie								
Entreprises nationales	175	248	281	317	291	341	358	347
Entreprises sous contrôle étranger	..	..	..	0	0	0	0	0
Succursales d'entreprises étrangères	..	..	..	..	..	..	..	..
Ensemble des entreprises	175	248	281	317	291	341	358	347
Mixtes								
Entreprises nationales	5 512	5 688	5 940	6 296	6 709	7 109	7 592	7 630
Entreprises sous contrôle étranger	41	39	..	42	40	..	38	1 429
Succursales d'entreprises étrangères	..	..	..	..	..	..	..	..
Ensemble des entreprises	5 512	5 688	5 940	6 296	6 709	7 109	7 592	7 630
dont :								
Vie	2 577	2 571	2 639	2 912	3 097	3 215	3 531	3 507
Entreprises nationales	2 577	2 571	2 639	2 912	3 097	3 215	3 531	3 507
Entreprises sous contrôle étranger	1	1	1	1	1	1	1	461
Succursales d'entreprises étrangères	..	..	..	..	..	..	..	..
Ensemble des entreprises	2 577	2 571	2 639	2 912	3 097	3 215	3 531	3 507
Non-vie	2 936	3 118	3 300	3 384	3 612	3 893	4 061	4 123
Entreprises nationales	2 936	3 118	3 300	3 384	3 612	3 893	4 061	4 123
Entreprises sous contrôle étranger	40	38	38	41	39	37	37	968
Succursales d'entreprises étrangères	..	..	..	..	..	..	..	..
Ensemble des entreprises	2 936	3 118	3 300	3 384	3 612	3 893	4 061	4 123
Total								
Entreprises nationales	5 688	5 936	6 226	6 628	7 019	7 464	7 950	7 976
Entreprises sous contrôle étranger	41	39	..	42	40	0	38	1 429
Succursales d'entreprises étrangères	..	..	..	..	..	..	..	..
Ensemble des entreprises	5 688	5 936	6 226	6 628	7 019	7 464	7 950	7 976
1.4 Dépenses brutes d'exploitation								
Vie								
Entreprises nationales	..	1	10	32	32	.. c	..	..
Entreprises sous contrôle étranger	..	..	..	..	0	..	..	..
Succursales d'entreprises étrangères	..	..	..	..	..	..	..	..
Ensemble des entreprises	..	1	10	32	32	.. c	..	..
Non-vie								
Entreprises nationales	305	449	322	402	380	417	32	33
Entreprises sous contrôle étranger	..	..	..	30	29	33	36	37
Succursales d'entreprises étrangères	..	..	..	..	..	..	..	..
Ensemble des entreprises	305	449	322	402	380	417	32	33
Mixtes								
Entreprises nationales	5 270	5 285	5 169	5 719	6 033	6 504	13 992	6 773
Entreprises sous contrôle étranger	260	272	276	282	275	278	289	1 365
Succursales d'entreprises étrangères	..	..	..	..	..	..	..	..
Ensemble des entreprises	5 270	5 285	5 169	5 719	6 033	6 504	13 992	6 773
dont :								
Vie	2 323	2 542	2 608	2 790	2 707	2 849	2 946	3 041
Entreprises nationales	2 323	2 542	2 608	2 790	2 707	2 849	2 946	3 041
Entreprises sous contrôle étranger	53	61	56	54	55	51	51	641
Succursales d'entreprises étrangères	..	..	..	..	..	..	..	..
Ensemble des entreprises	2 323	2 542	2 608	2 790	2 707	2 849	2 946	3 041
Non-vie	2 373	2 502	2 561	2 721	2 785	3 002	3 185	3 297
Entreprises nationales	2 373	2 502	2 561	2 721	2 785	3 002	3 185	3 297
Entreprises sous contrôle étranger	208	212	220	228	220	227	239	724
Succursales d'entreprises étrangères	..	..	..	..	..	..	..	..
Ensemble des entreprises	2 373	2 502	2 561	2 721	2 785	3 002	3 185	3 297
Total								
Entreprises nationales	5 574	5 736	5 501	6 153	6 445	6 940	14 024	6 806
Entreprises sous contrôle étranger	260	272	276	312	304	311	325	1 402
Succursales d'entreprises étrangères	..	..	..	..	..	..	..	..
Ensemble des entreprises	5 574	5 736	5 501	6 153	6 445	6 940	14 024	6 806

ISRAËL

Tableau 1. Agrégats sélectionnés (*suite*)

Millions ILS

	2012	2013	2014	2015	2016	2017	2018	2019
1.5 Opérations à l'étranger par succursale, primes brutes								
Vie								
Succursales et agences	..	..	..	..	..	..	..	..
Filiales	..	..	..	..	..	..	..	..
Total	..	..	..	..	..	..	..	..
Non-vie								
Succursales et agences	..	..	..	..	..	..	..	..
Filiales	..	..	..	..	..	..	..	..
Total	..	..	..	..	..	..	..	..
Mixtes								
Succursales et agences	..	..	..	..	..	..	..	..
Filiales	..	..	..	..	..	..	..	..
Total	..	..	..	..	..	..	..	..
dont :								
Vie	..	..	..	..	..	..	..	..
Succursales et agences	..	..	..	..	..	..	..	..
Filiales	..	..	..	..	..	..	..	..
Total	..	..	..	..	..	..	..	..
Non-vie	..	..	..	..	..	..	..	..
Succursales et agences	..	..	..	..	..	..	..	..
Filiales	..	..	..	..	..	..	..	..
Total	..	..	..	..	..	..	..	..
Total								
Succursales et agences	..	..	..	..	..	..	..	..
Filiales	..	..	..	..	..	..	..	..
Total	..	..	..	..	..	..	..	..

.. Non disponible ; c Donnée confidentielle

Note : Voir les métadonnées détaillées sur : *http://metalinks.oecd.org/ins/20210324/00b1..*

Les données statistiques concernant Israël sont fournies par et sous la responsabilité des autorités israéliennes compétentes. L'utilisation de ces données par l'OCDE est sans préjudice du statut des hauteurs du Golan, de Jérusalem Est et des colonies de peuplement israéliennes en Cisjordanie aux termes du droit international.

Source : *Statistiques de l'OCDE sur les assurances (base de données)*

ISRAËL

Tableau 2. Nombre d'entreprises et d'employés

	2012	2013	2014	2015	2016	2017	2018	2019
2.1 Nombre d'entreprises								
Vie								
Entreprises nationales	..	1	1	2	2	1	0	0
Entreprises sous contrôle étranger	..	..	..	0	..	..	0	0
Succursales d'entreprises étrangères	..	..	..	0	..	..	0	0
Ensemble des entreprises	..	1	1	2	2	1	0	0
Non-vie								
Entreprises nationales	10	12	12	10	10	10	12	12
Entreprises sous contrôle étranger	..	..	..	1	1	1	1	1
Succursales d'entreprises étrangères	2	2	3	3	3	3	3	3
Ensemble des entreprises	12	14	15	13	13	13	15	15
Mixtes								
Entreprises nationales	13	10	10	11	10	10	10	10
Entreprises sous contrôle étranger	1	1	1	1	1	1	1	2
Succursales d'entreprises étrangères	..	..	..	0	..	..	0	0
Ensemble des entreprises	13	10	10	11	10	10	10	10
Réassurance								
Entreprises nationales	..	..	..	0	..	..	0	0
Entreprises sous contrôle étranger	..	..	..	0	..	..	0	0
Succursales d'entreprises étrangères	..	..	..	0	..	..	0	0
Ensemble des entreprises	..	..	0	0	0	..	0	0
Total								
Entreprises nationales	23	23	23	23	22	21	22	22
Entreprises sous contrôle étranger	1	1	1	2	..	2	2	3
Succursales d'entreprises étrangères	2	2	3	3	3	3	3	3
Ensemble des entreprises	25	25	26	26	25	24	25	25
2.2 Nombre d'employés								
Entreprises d'assurance	..	..	..	..	..	..	..	..
Intermédiaires	..	..	..	..	..	..	..	..
Total	..	..	..	..	..	..	..	..

.. Non disponible

Note : Voir les métadonnées détaillées sur : *http://metalinks.oecd.org/ins/20210324/00b1*..

Les données statistiques concernant Israël sont fournies par et sous la responsabilité des autorités israéliennes compétentes. L'utilisation de ces données par l'OCDE est sans préjudice du statut des hauteurs du Golan, de Jérusalem Est et des colonies de peuplement israéliennes en Cisjordanie aux termes du droit international.

Source : *Statistiques de l'OCDE sur les assurances (base de données)*

ITALIE

Tableau 1. Agrégats sélectionnés

Millions EUR

	2012	2013	2014	2015	2016	2017	2018	2019
1.1 Opérations d'assurance conclues dans le pays déclarant								
1.1.1 Opérations d'assurance, par intérêt								
Primes brutes								
Entreprises nationales	107 192	120 973	145 244	149 011	136 278	132 924	138 120	140 752
Entreprises sous contrôle étranger	29 138	34 302	44 419	45 694	44 287	41 990	48 367	49 764
Succursales d'entreprises étrangères	399	373	375	473	521	504	565	601
Ensemble des entreprises	107 591	121 345	145 619	149 484	136 799	133 429	138 685	141 353
Primes cédées								
Entreprises nationales	5 178	4 513	4 203	4 079	4 914	4 939	5 213	4 904
Entreprises sous contrôle étranger	1 392	1 116	991	983	1 822	1 829	1 867	1 940
Succursales d'entreprises étrangères	45	49	58	53	62	57	67	74
Ensemble des entreprises	5 223	4 563	4 262	4 132	4 976	4 996	5 281	4 979
Primes nettes émises								
Entreprises nationales	102 014	116 459	141 041	144 932	131 364	127 986	132 907	135 847
Entreprises sous contrôle étranger	27 746	33 186	43 428	44 711	42 465	40 160	46 500	47 824
Succursales d'entreprises étrangères	354	323	317	420	459	447	497	527
Ensemble des entreprises	102 368	116 782	141 358	145 352	131 823	128 433	133 404	136 374
1.1.2 Opérations d'assurance par risque à l'étranger, primes brutes								
Vie	0	1	1	1	1	1	3	10
Non-vie	50	53	59	54	59	57	72	85
Mixtes	1 935	2 044	1 904	2 016	2 070	2 037	2 008	3 652
dont :								
Vie	1 327	1 232	1 073	1 166	1 255	1 252	1 215	1 538
Non-vie	607	811	831	849	814	784	792	2 114
Total	1 984	2 098	1 963	2 071	2 130	2 095	2 082	3 747
1.1.3 Paiement par catégories d'assurance, primes brutes (vie)								
Rentes	1 243	1 012	956	737	710	716	701	705
Unit linked	13 800	15 497	21 829	31 884	23 848	31 305	29 887	27 928
Autre assurance vie	54 597	68 501	87 639	82 220	77 596	66 709	71 545	77 445
Total Assurance Vie	69 639	85 010	110 424	114 842	102 154	98 730	102 133	106 077
***dont :** Contrats de retraite*	4 296	3 825	4 873	5 492	5 848	6 308	6 631	7 536
1.1.4 Paiement par catégories d'assurance, primes brutes (non-vie)								
L'assurance automobile	20 247	18 661	17 468	16 590	16 260	16 097	16 262	16 393
Les assurances transport (y compris maritime et aérien)	366	327	334	326	417	387	288	349
L'assurance de fret	227	208	212	204	198	202	209	226
L'assurance incendie et des dommages aux bien	5 056	5 269	5 611	5 544	5 863	5 851	6 116	6 373
L'assurance des pertes pécuniaires	961	967	1 018	1 034	1 119	1 204	1 203	1 309
L'assurance de la responsabilité civile générale	2 972	2 905	2 879	2 952	3 073	3 094	3 198	3 427
Les assurances accidents et maladie	5 151	5 144	5 221	5 415	5 868	6 200	6 471	7 004
***dont :** Maladie*	2 150	2 114	2 149	2 323	2 655	2 909	3 142	3 534
Autres assurances non-vie	698	1 163	988	1 082	1 217	1 293	1 373	1 528
Réassurance obligatoire	417	0	0	0	0	0	0	..
Total assurance non-vie	36 095	34 646	33 730	33 147	34 015	34 326	35 121	36 607
1.2 Paiements bruts des sinistres								
Vie								
Entreprises nationales	29 764	23 754	22 852	22 955	21 169	21 166	21 382	22 878
Entreprises sous contrôle étranger	14 078	11 058	10 413	12 229	10 866	10 142	10 653	12 066
Succursales d'entreprises étrangères	0	0	0	0	0	0	0	0
Ensemble des entreprises	29 764	23 754	22 852	22 955	21 169	21 166	21 382	22 878
Non-vie								
Entreprises nationales	5 084	5 061	5 016	4 931	4 776	5 209	5 170	5 458
Entreprises sous contrôle étranger	1 802	1 758	1 853	2 005	2 008	2 021	1 920	1 994
Succursales d'entreprises étrangères	257	231	257	308	369	364	357	394
Ensemble des entreprises	5 341	5 292	5 273	5 240	5 144	5 574	5 527	5 852
Mixtes								
Entreprises nationales	67 451	64 138	61 204	65 892	59 690	68 163	69 576	71 806
Entreprises sous contrôle étranger	16 282	16 899	14 972	16 842	16 097	17 146	17 740	18 704
Succursales d'entreprises étrangères	0	0	0	0	0	0	0	0
Ensemble des entreprises	67 451	64 138	61 204	65 892	59 690	68 163	69 576	71 806
dont :								
Vie	47 143	44 754	43 279	48 546	43 755	52 096	53 576	55 052
Entreprises nationales	47 143	44 754	43 279	48 546	43 755	52 096	53 576	55 052
Entreprises sous contrôle étranger	11 858	12 685	11 217	12 693	12 061	13 358	13 790	14 438
Succursales d'entreprises étrangères	0	0	0	0	0	0	0	0
Ensemble des entreprises	47 143	44 754	43 279	48 546	43 755	52 096	53 576	55 052
Non-vie	20 308	19 384	17 925	17 346	15 935	16 067	16 000	16 754
Entreprises nationales	20 308	19 384	17 925	17 346	15 935	16 067	16 000	16 754
Entreprises sous contrôle étranger	4 424	4 215	3 754	4 149	4 037	3 788	3 950	4 266
Succursales d'entreprises étrangères	0	0	0	0	0	0	0	0
Ensemble des entreprises	20 308	19 384	17 925	17 346	15 935	16 067	16 000	16 754
Total								
Entreprises nationales	102 298	92 953	89 071	93 778	85 635	94 539	96 128	100 143
Entreprises sous contrôle étranger	32 162	29 715	27 238	31 075	28 972	29 309	30 313	32 763
Succursales d'entreprises étrangères	257	231	257	308	369	364	357	394
Ensemble des entreprises	102 555	93 185	89 328	94 087	86 003	94 904	96 485	100 536

Tableau 1. Agrégats sélectionnés *(suite)*

Millions EUR

	2012	2013	2014	2015	2016	2017	2018	2019
1.3 Commissions								
Vie								
Entreprises nationales	601	576	650	641	626	620	590	669
Entreprises sous contrôle étranger	405	384	430	436	449	434	432	465
Succursales d'entreprises étrangères	0	0	0	0	0	0	..	..
Ensemble des entreprises	601	576	650	641	626	620	590	1 134
Non-vie								
Entreprises nationales	1 620	1 576	1 656	1 706	1 748	1 829	1 915	2 087
Entreprises sous contrôle étranger	560	548	608	734	767	752	777	828
Succursales d'entreprises étrangères	78	73	72	93	107	108	123	136
Ensemble des entreprises	1 698	1 649	1 729	1 799	1 855	1 937	2 038	3 051
Mixtes								
Entreprises nationales	7 101	7 278	7 573	7 699	7 571	7 600	7 673	7 791
Entreprises sous contrôle étranger	1 778	1 830	1 978	2 106	2 006	2 073	2 139	2 153
Succursales d'entreprises étrangères	0	0	0	0	0	0	..	..
Ensemble des entreprises	7 101	7 278	7 573	7 699	7 571	7 600	7 673	9 944
dont :								
Vie	1 868	2 088	2 273	2 447	2 306	2 317	2 300	2 804
Entreprises nationales	1 868	2 088	2 273	2 447	2 306	2 317	2 300	2 253
Entreprises sous contrôle étranger	413	450	510	542	504	550	608	550
Succursales d'entreprises étrangères	0	0	0	0	0	0	..	..
Ensemble des entreprises	1 868	2 088	2 273	2 447	2 306	2 317	2 300	2 804
Non-vie	5 232	5 190	5 300	5 251	5 265	5 283	5 372	7 141
Entreprises nationales	5 232	5 190	5 300	5 251	5 265	5 283	5 372	5 538
Entreprises sous contrôle étranger	1 366	1 380	1 468	1 564	1 502	1 523	1 531	1 603
Succursales d'entreprises étrangères	0	0	0	0	0	0	..	..
Ensemble des entreprises	5 232	5 190	5 300	5 251	5 265	5 283	5 372	7 141
Total								
Entreprises nationales	9 322	9 431	9 879	10 046	9 945	10 049	10 177	10 546
Entreprises sous contrôle étranger	2 743	2 763	3 015	3 277	3 222	3 259	3 349	3 446
Succursales d'entreprises étrangères	78	73	72	93	107	108	123	136
Ensemble des entreprises	9 399	9 504	9 952	10 139	10 052	10 157	10 300	14 129
1.4 Dépenses brutes d'exploitation								
Vie								
Entreprises nationales	912	876	953	948	963	970	925	1 008
Entreprises sous contrôle étranger	600	570	622	634	673	658	649	681
Succursales d'entreprises étrangères	0	0	0	0	0	0	..	..
Ensemble des entreprises	912	876	953	948	963	970	925	1 689
Non-vie								
Entreprises nationales	2 168	2 154	2 252	2 332	2 390	2 501	2 634	2 869
Entreprises sous contrôle étranger	750	794	818	968	1 012	992	1 022	1 106
Succursales d'entreprises étrangères	115	112	110	144	176	174	183	197
Ensemble des entreprises	2 283	2 266	2 362	2 476	2 565	2 676	2 817	4 172
Mixtes								
Entreprises nationales	9 321	9 490	9 686	9 829	9 860	9 929	10 069	10 269
Entreprises sous contrôle étranger	2 304	2 294	2 443	2 632	2 566	2 658	2 742	2 707
Succursales d'entreprises étrangères	0	0	0	0	0	0	..	..
Ensemble des entreprises	9 321	9 490	9 686	9 829	9 860	9 929	10 069	12 976
dont :								
Vie	2 788	2 970	3 109	3 292	3 196	3 223	3 244	3 991
Entreprises nationales	2 788	2 970	3 109	3 292	3 196	3 223	3 244	3 213
Entreprises sous contrôle étranger	635	628	696	743	708	773	833	778
Succursales d'entreprises étrangères	0	0	0	0	0	0	..	..
Ensemble des entreprises	2 788	2 970	3 109	3 292	3 196	3 223	3 244	3 991
Non-vie	6 532	6 520	6 577	6 537	6 664	6 706	6 825	8 985
Entreprises nationales	6 532	6 520	6 577	6 537	6 664	6 706	6 825	7 056
Entreprises sous contrôle étranger	1 669	1 667	1 747	1 889	1 858	1 885	1 909	1 929
Succursales d'entreprises étrangères	0	0	0	0	0	0	..	..
Ensemble des entreprises	6 532	6 520	6 577	6 537	6 664	6 706	6 825	8 985
Total								
Entreprises nationales	12 401	12 520	12 891	13 109	13 213	13 400	13 629	14 146
Entreprises sous contrôle étranger	3 653	3 658	3 883	4 234	4 251	4 307	4 413	4 494
Succursales d'entreprises étrangères	115	112	110	144	176	174	183	197
Ensemble des entreprises	12 516	12 633	13 001	13 253	13 388	13 574	13 812	18 837

ITALIE

Tableau 1. Agrégats sélectionnés (*suite*)

Millions EUR

	2012	2013	2014	2015	2016	2017	2018	2019
1.5 Opérations à l'étranger par succursale, primes brutes								
Vie								
Succursales et agences	0	0	1	1	3	1	2	0
Filiales	2 813	3 333	3 469	4 224	1 339	1 712	1 403	1 529
Total	2 813	3 333	3 469	4 226	1 342	1 713	1 404	1 529
Non-vie								
Succursales et agences	9	12	12	9	10	13	7	15
Filiales	0	0	0	0	0	0	..	..
Total	9	12	12	9	10	13	7	15
Mixtes								
Succursales et agences	762	823	892	868	1 376	1 114	1 138	2 791
Filiales	57 155	56 340	54 902	58 541	57 863	60 367	56 485	56 132
Total	57 917	57 163	55 795	59 409	59 239	61 482	57 623	58 923
dont :								
Vie	39 265	39 445	39 878	42 059	41 554	43 469	40 058	40 286
Succursales et agences	127	154	175	235	477	215	208	1 366
Filiales	39 138	39 291	39 703	41 824	41 077	43 254	39 850	38 920
Total	39 265	39 445	39 878	42 059	41 554	43 469	40 058	40 286
Non-vie	18 652	17 718	15 917	17 350	17 685	18 012	17 565	18 637
Succursales et agences	634	668	718	633	899	899	930	1 425
Filiales	18 018	17 049	15 199	16 717	16 785	17 113	16 635	17 212
Total	18 652	17 718	15 917	17 350	17 685	18 012	17 565	18 637
Total								
Succursales et agences	771	835	905	878	1 390	1 128	1 147	2 806
Filiales	59 968	59 673	58 371	62 765	59 202	62 079	57 887	57 661
Total	60 739	60 508	59 276	63 643	60 592	63 207	59 034	60 467

.. Non disponible

Note : Voir les métadonnées détaillées sur : *http://metalinks.oecd.org/ins/20210324/e2bc.*

Source : *Statistiques de l'OCDE sur les assurances (base de données)*

ITALIE

Tableau 2. Nombre d'entreprises et d'employés

	2012	2013	2014	2015	2016	2017	2018	2019
2.1 Nombre d'entreprises								
Vie								
Entreprises nationales	41	41	38	35	32	30	26	26
Entreprises sous contrôle étranger	23	23	20	19	17	13	11	11
Succursales d'entreprises étrangères	20	17	19	20	22	19	20	20
Ensemble des entreprises	61	58	57	55	54	49	46	46
Non-vie								
Entreprises nationales	69	67	63	58	54	50	51	52
Entreprises sous contrôle étranger	21	20	18	19	18	16	16	17
Succursales d'entreprises étrangères	61	65	60	65	65	73	81	77
Ensemble des entreprises	130	132	123	123	119	123	132	129
Mixtes								
Entreprises nationales	25	23	21	21	21	20	20	20
Entreprises sous contrôle étranger	9	8	8	9	10	9	9	9
Succursales d'entreprises étrangères	12	13	14	14	13	14	13	13
Ensemble des entreprises	37	36	35	35	34	34	33	33
Réassurance								
Entreprises nationales	0	0	0	0	0	0	..	..
Entreprises sous contrôle étranger	0	0	0	0	0	0	..	..
Succursales d'entreprises étrangères	7	7	7	7	7	7	7	6
Ensemble des entreprises	7	7	7	7	7	7	7	6
Total								
Entreprises nationales	135	131	122	114	107	100	97	98
Entreprises sous contrôle étranger	53	51	46	47	45	38	36	37
Succursales d'entreprises étrangères	100	102	100	106	107	113	121	116
Ensemble des entreprises	235	233	222	220	214	213	218	214
2.2 Nombre d'employés								
Entreprises d'assurance	40 798	39 887	40 259	40 588	40 872	40 386	40 028	39 733
Intermédiaires	220 130	227 444	220 288	220 850	212 596	..	..	..
Total	260 928	267 331	260 547	261 438	253 468	..	..	..

.. Non disponible
Note : Voir les métadonnées détaillées sur : *http://metalinks.oecd.org/ins/20210324/e2bc.*
Source : *Statistiques de l'OCDE sur les assurances (base de données)*

JAPON

Tableau 1. Agrégats sélectionnés

Millions JPY

	2012	2013	2014	2015	2016	2017	2018	2019
1.1 Opérations d'assurance conclues dans le pays déclarant								
1.1.1 Opérations d'assurance, par intérêt								
Primes brutes								
Entreprises nationales	44 184 695	42 971 395	46 031 579	46 908 456	42 615 488	41 452 663	44 740 881	42 580 813
Entreprises sous contrôle étranger	6 746 278	6 184 716	6 724 592	7 046 820	6 617 836	6 432 494	8 315 056	7 768 028
Succursales d'entreprises étrangères	2 028 538	1 699 621	1 548 143	1 537 624	1 703 444	1 739 958	348 167	314 078
Ensemble des entreprises	37 140 563	34 738 150	37 222 352	37 748 110	44 318 932	43 192 621	45 089 048	42 894 891
Primes cédées								
Entreprises nationales	3 820 152	3 823 919	4 207 229	4 127 260	4 449 638	4 176 204	4 817 685	6 191 736
Entreprises sous contrôle étranger	2 083 368	1 802 239	2 084 233	1 890 218	2 143 727	1 733 566	2 285 450	2 793 927
Succursales d'entreprises étrangères	20 507	38 391	47 768	75 917	214 477	239 041	223 967	206 605
Ensemble des entreprises	2 188 965	1 780 848	2 129 106	2 022 086	4 664 115	4 415 245	5 041 652	6 398 341
Primes nettes émises								
Entreprises nationales	40 364 544	39 147 476	41 824 350	42 781 196	38 165 836	37 276 448	39 923 181	36 388 692
Entreprises sous contrôle étranger	4 662 910	4 382 477	4 640 359	5 156 602	4 474 105	4 698 925	6 029 602	4 974 097
Succursales d'entreprises étrangères	2 008 031	1 661 230	1 500 375	1 461 707	1 488 976	1 499 865	124 190	107 464
Ensemble des entreprises	34 951 598	32 957 302	35 093 246	35 726 024	39 654 812	38 776 313	40 047 371	36 496 156
1.1.2 Opérations d'assurance par risque à l'étranger, primes brutes								
Vie	..	..	..	..	..	..	..	..
Non-vie	..	..	..	..	..	..	..	..
Mixtes total	..	..	..	..	..	..	..	..
Total	..	..	..	..	..	..	..	..
1.1.3 Paiement par catégories d'assurance, primes brutes (vie)								
Rentes	4 374 166	4 312 468	5 154 122	4 729 892	4 340 846	3 607 407	3 875 104	3 300 278
Unit linked	..	..	..	..	..	..	..	..
Autre assurance vie	29 076 673	27 864 772	30 015 418	31 464 495	27 968 949	27 990 703	29 370 822	27 589 307
Total assurance vie	33 450 839	32 177 240	35 169 540	36 194 387	32 309 795	31 598 110	33 245 926	30 889 585
***dont :** Contrats de retraite*	3 683 892	3 851 878	4 175 622	4 562 867	3 057 696	2 953 431	2 861 906	2 833 705
1.1.4 Paiement par catégories d'assurance, primes brutes (non-vie)								
L'assurance automobile	5 268 338	5 632 807	5 786 949	5 916 489	6 026 253	5 814 388	5 905 312	5 988 484
Les assurances transport (y compris maritime et aérien)	149 531	170 502	170 115	186 542	159 142	152 632	150 286	177 296
L'assurance de fret	217 090	242 939	248 817	242 488	230 397	239 546	253 139	250 516
L'assurance incendie et des dommages aux bien	1 787 943	1 983 049	2 104 111	2 228 178	..	..	..	..
L'assurance des pertes pécuniaires	216 797	266 835	299 082	342 570	..	..	..	..
L'assurance de la responsabilité civile générale	519 985	584 318	598 945	615 167	633 290	657 637	692 945	713 193
Les assurances accidents et maladie	780 078	897 507	979 477	982 614	..	..	..	..
***dont :** Maladie*	-216	76	214	-152	..	..	..	..
Autres assurances non-vie	132 908	154 909	169 874	183 922	..	..	..	..
Réassurance obligatoire	..	..	..	..	..	..	..	..
Total assurance non-vie	9 072 670	9 932 866	10 357 370	10 697 970	10 859 799	10 750 127	11 173 102	11 483 495
1.2 Paiements bruts des sinistres								
Vie								
Entreprises nationales	31 012 138	33 069 327	34 214 304	31 685 988	28 227 418	28 115 903	28 748 864	29 502 430
Entreprises sous contrôle étranger	5 218 820	6 584 738	6 428 288	5 559 928	5 107 453	5 198 975	5 980 013	6 200 318
Succursales d'entreprises étrangères	673 623	709 471	738 243	768 206	786 644	827 193	37 839	45 369
Ensemble des entreprises	31 685 761	33 778 798	34 952 547	32 454 194	29 014 062	28 943 096	28 786 703	29 547 799
Non-vie								
Entreprises nationales	6 215 207	5 904 278	5 953 809	5 917 050	6 694 135	5 856 017	7 585 094	7 135 164
Entreprises sous contrôle étranger	251 245	341 353	373 601	366 795	383 518	237 359	480 088	411 562
Succursales d'entreprises étrangères	..	..	..	..	104 648	98 935	222 146	200 874
Ensemble des entreprises	..	..	..	..	6 798 783	5 954 952	7 807 240	7 336 038
Mixtes, ensemble des entreprises	..	..	..	..	..	..	..	..
Total								
Entreprises nationales	37 227 345	38 973 605	40 168 113	37 603 038	34 921 553	33 971 920	36 333 958	36 637 594
Entreprises sous contrôle étranger	5 470 065	6 926 091	6 801 889	5 926 723	5 490 971	5 436 334	6 460 101	6 611 880
Succursales d'entreprises étrangères	673 623	709 471	738 243	768 206	891 292	926 128	259 985	246 243
Ensemble des entreprises	31 685 761	33 778 798	34 952 547	32 454 194	35 812 845	34 898 048	36 593 943	36 883 837
1.3 Commissions								
Vie								
Entreprises nationales	..	..	..	..	..	..	..	..
Entreprises sous contrôle étranger	..	..	..	..	..	..	..	..
Succursales d'entreprises étrangères	..	..	..	..	..	..	..	..
Ensemble des entreprises	..	..	..	..	..	..	..	..
Non-vie								
Entreprises nationales	1 141 653	1 149 357	1 229 205	1 273 631	1 240 454	1 221 324	1 241 826	1 296 198
Entreprises sous contrôle étranger	48 003	25 883	33 975	37 223	20 067	-15 311	-19 855	-27 941
Succursales d'entreprises étrangères	..	..	..	..	-19 897	-29 330	-33 799	-1 094
Ensemble des entreprises	..	..	..	..	1 220 557	1 191 994	1 208 027	1 295 104
Mixtes, ensemble des entreprises	..	..	..	..	..	..	..	..
Total								
Entreprises nationales	1 141 653	1 149 357	1 229 205	1 273 631	1 240 454	1 221 324	1 241 826	1 296 198
Entreprises sous contrôle étranger	48 003	25 883	33 975	37 223	20 067	-15 311	-19 855	-27 941
Succursales d'entreprises étrangères	..	..	..	..	-19 897	-29 330	-33 799	-1 094
Ensemble des entreprises	..	..	..	..	1 220 557	1 191 994	1 208 027	1 295 104

JAPON

Tableau 1. Agrégats sélectionnés *(suite)*

Millions JPY

	2012	2013	2014	2015	2016	2017	2018	2019
1.4 Dépenses brutes d'exploitation								
Vie								
Entreprises nationales	4 030 195	4 068 896	4 178 568	4 356 425	4 369 595	4 385 030	4 856 591	4 691 017
Entreprises sous contrôle étranger	838 416	862 622	893 811	945 921	948 132	965 055	1 353 249	1 282 164
Succursales d'entreprises étrangères	319 261	320 576	320 518	349 858	357 069	366 406	22 814	23 341
Ensemble des entreprises	4 349 456	4 389 472	4 499 086	4 706 283	4 726 664	4 751 436	4 879 405	4 714 358
Non-vie								
Entreprises nationales	1 229 758	3 034 716	3 189 416	3 275 358	3 247 478	3 206 606	3 318 518	3 389 286
Entreprises sous contrôle étranger	69 136	176 725	238 092	249 835	207 689	125 459	185 822	158 127
Succursales d'entreprises étrangères	..	..	..	..	34 405	37 023	34 772	61 577
Ensemble des entreprises	..	..	..	..	3 281 883	3 243 629	3 353 290	3 450 863
Mixtes, ensemble des entreprises	..	..	..	..	..	..	..	..
Total								
Entreprises nationales	5 259 953	7 103 612	7 367 984	7 631 783	7 617 073	7 591 636	8 175 109	8 080 303
Entreprises sous contrôle étranger	907 552	1 039 347	1 131 903	1 195 756	1 155 821	1 090 514	1 539 071	1 440 291
Succursales d'entreprises étrangères	319 261	320 576	320 518	349 858	391 474	403 429	57 586	84 918
Ensemble des entreprises	4 349 456	4 389 472	4 499 086	4 706 283	8 008 547	7 995 065	8 232 695	8 165 221
1.5 Opérations à l'étranger par succursale, primes brutes								
Vie								
Succursales et agences	..	..	..	..	..	..	..	..
Filiales	..	..	..	..	..	..	..	..
Total	..	..	..	..	..	..	..	..
Non-vie								
Succursales et agences	..	..	..	..	..	..	..	..
Filiales	..	..	..	..	..	..	..	..
Total	..	..	..	..	..	..	..	..
Mixtes total	..	..	..	..	..	..	..	..
Total								
Succursales et agences	..	..	..	..	..	..	..	..
Filiales	..	..	..	..	..	..	..	..
Total	..	..	..	..	..	..	..	..

.. Non disponible

Note : Voir les métadonnées détaillées sur : *http://metalinks.oecd.org/ins/20210324/5519.*

Source : *Statistiques de l'OCDE sur les assurances (base de données)*

JAPON

Tableau 2. Nombre d'entreprises et d'employés

	2012	2013	2014	2015	2016	2017	2018	2019
2.1 Nombre d'entreprises								
Vie								
Entreprises nationales	40	40	39	38	38	38	40	41
Entreprises sous contrôle étranger	15	15	13	13	13	13	14	14
Succursales d'entreprises étrangères	3	3	3	3	3	3	1	1
Ensemble des entreprises	43	43	42	41	41	41	41	42
Non-vie								
Entreprises nationales	30	30	30	30	30	29	30	32
Entreprises sous contrôle étranger	5	6	7	7	7	6	7	7
Succursales d'entreprises étrangères	23	22	22	22	21	23	21	21
Ensemble des entreprises	53	52	52	52	51	52	51	53
Mixtes, ensemble des entreprises	**0**	**0**	**0**	**0**	**0**	..	..	..
Réassurance								
Entreprises nationales	..	..	..	..	..	..	..	..
Entreprises sous contrôle étranger	..	..	..	..	..	..	..	..
Succursales d'entreprises étrangères	..	..	..	..	..	..	..	..
Ensemble des entreprises	..	..	..	..	..	..	..	..
Total								
Entreprises nationales	..	..	..	68	68	67	70	..
Entreprises sous contrôle étranger	..	..	..	20	20	19	21	..
Succursales d'entreprises étrangères	..	..	..	25	24	26	22	..
Ensemble des entreprises	..	..	..	93	92	93	92	..
2.2 Nombre d'employés								
Entreprises d'assurance	447 435	221 675	226 043	120 353	..	..	..	..
Intermédiaires	..	2 283 335	2 293 863	2 059 743	..	..	..	..
Total	..	2 505 010	2 519 906	2 080 096	..	345 582	..	..

.. Non disponible

Note : Voir les métadonnées détaillées sur : *http://metalinks.oecd.org/ins/20210324/5519.*

Source : *Statistiques de l'OCDE sur les assurances (base de données)*

CORÉE

Tableau 1. Agrégats sélectionnés

Millions KRW

	2012	2013	2014	2015	2016	2017	2018	2019
1.1 Opérations d'assurance conclues dans le pays déclarant								
1.1.1 Opérations d'assurance, par intérêt								
Primes brutes								
Entreprises nationales	179 792 881	180 479 019	192 380 611	205 460 047	210 800 275	209 464 937	206 866 894	..
Entreprises sous contrôle étranger	16 543 211	15 928 630	13 324 532	15 765 302	16 670 208	17 513 911	14 930 441	..
Succursales d'entreprises étrangères	3 894 692	4 755 050	4 594 745	2 267 929	4 629 847	4 849 409	5 320 101	..
Ensemble des entreprises	183 687 573	185 234 069	196 975 356	207 727 976	215 430 122	214 314 346	212 186 995	..
Primes cédées								
Entreprises nationales	8 770 133	9 411 425	9 694 294	10 255 858	10 505 959	11 215 981	11 733 647	..
Entreprises sous contrôle étranger	581 696	538 227	478 174	638 961	599 183	611 390	584 975	..
Succursales d'entreprises étrangères	448 135	456 049	651 726	732 347	817 712	990 510	1 035 820	..
Ensemble des entreprises	9 218 268	9 867 474	10 346 020	10 988 205	11 323 671	12 206 491	12 769 467	..
Primes nettes émises								
Entreprises nationales	171 022 748	171 067 594	182 686 317	195 204 189	200 294 316	198 248 956	195 133 247	..
Entreprises sous contrôle étranger	15 961 515	15 390 403	12 846 358	15 126 341	16 071 025	16 902 521	14 345 466	..
Succursales d'entreprises étrangères	3 446 557	4 299 001	3 943 019	1 535 582	3 812 135	3 858 899	4 284 281	..
Ensemble des entreprises	174 469 305	175 366 595	186 629 336	196 739 771	204 106 451	202 107 855	199 417 528	..
1.1.2 Opérations d'assurance par risque à l'étranger, primes brutes								
Vie	..	..	..	..	..	..	..	..
Non-vie	..	..	..	..	..	..	..	..
Mixtes total	..	..	..	..	..	..	..	..
Total	..	..	..	..	..	..	..	..
1.1.3 Paiement par catégories d'assurance, primes brutes (vie)								
Rentes	29 118 668	25 867 249	23 905 884	24 586 649	21 347 503	19 558 128	17 605 227	..
Unit linked	21 003 522	21 073 957	20 670 949	20 643 073	19 406 180	19 623 687	18 834 528	..
Autre assurance vie	57 004 710	61 618 265	65 998 453	71 983 930	79 057 566	74 791 666	74 403 374	..
Total assurance vie	107 126 900	108 559 471	110 575 286	117 213 652	119 811 249	113 973 481	110 843 129	..
***dont :** Contrats de retraite*	6 187 541	8 103 216	11 817 288	13 694 337	16 718 996	14 905 838	16 869 826	..
1.1.4 Paiement par catégories d'assurance, primes brutes (non-vie)								
L'assurance automobile	13 667 642	13 692 186	14 188 378	15 635 198	16 975 333	17 426 917	17 276 192	..
Les assurances transport (y compris maritime et aérien)	1 249 845	1 062 919	1 006 367	971 854	854 536	917 229	832 470	..
L'assurance de fret	..	0	0	..	..	..	..	..
L'assurance incendie et des dommages aux bien	509 590	515 217	484 799	472 624	471 017	428 560	373 175	..
L'assurance des pertes pécuniaires	1 697 064	1 637 782	1 601 517	1 672 799	1 693 861	1 858 689	2 133 544	..
L'assurance de la responsabilité civile générale	870 395	947 583	910 341	967 362	1 100 438	1 182 101	1 233 606	..
Les assurances accidents et maladie	18 558 162	49 501 658	24 196 315	39 104 233	30 297 640	33 024 528	36 093 627	..
***dont :** Maladie*	7 171 480	83 983	10 090 810	11 740 294	13 406 917	14 799 985	16 444 106	..
Autres assurances non-vie	38 774 054	8 105 434	32 685 216	30 357 048	42 702 138	43 864 781	41 435 506	..
Réassurance obligatoire	..	0	0	..	..	..	..	..
Total assurance non-vie	75 326 752	75 462 779	85 163 744	89 181 118	94 094 963	98 702 805	99 378 120	..
1.2 Paiements bruts des sinistres								
Vie								
Entreprises nationales	50 571 293	51 098 146	61 070 702	65 751 692	77 155 805	78 055 802	77 155 805	..
Entreprises sous contrôle étranger	7 981 965	8 103 569	69 035 817	6 945 034	9 505 582	10 803 105	9 505 582	..
Succursales d'entreprises étrangères	1 251 467	1 252 924	1 292 842	1 333 124	1 410 493	1 457 100	1 410 493	..
Ensemble des entreprises	51 822 760	52 351 070	62 363 544	67 084 816	78 566 298	79 512 902	78 566 298	..
Non-vie								
Entreprises nationales	26 319 367	22 119 519	30 233 735	30 895 053	32 747 964	35 060 020	40 091 995	..
Entreprises sous contrôle étranger	833 963	516 770	844 722	843 763	802 729	767 651	824 571	..
Succursales d'entreprises étrangères	914 946	7 033 799	1 098 087	1 264 227	1 282 459	1 285 551	1 554 862	..
Ensemble des entreprises	27 234 313	29 153 318	31 331 823	32 159 280	34 030 423	36 345 571	41 646 857	..
Mixtes, ensemble des entreprises	..	..	..	..	..	..	..	..
Total								
Entreprises nationales	76 890 660	73 217 665	91 304 438	96 646 745	109 903 769	113 115 822	117 247 800	..
Entreprises sous contrôle étranger	8 815 928	8 620 339	69 880 539	7 788 797	10 308 311	11 570 756	10 330 153	..
Succursales d'entreprises étrangères	2 166 413	8 286 723	2 390 929	2 597 351	2 692 952	2 742 651	2 965 355	..
Ensemble des entreprises	79 057 073	81 504 388	93 695 367	99 244 096	112 596 721	115 858 473	120 213 155	..
1.3 Commissions								
Vie								
Entreprises nationales	..	..	..	..	..	..	..	..
Entreprises sous contrôle étranger	..	..	..	..	..	..	..	..
Succursales d'entreprises étrangères	..	..	..	..	..	..	..	..
Ensemble des entreprises	..	..	..	..	..	..	..	..
Non-vie								
Entreprises nationales	..	..	..	..	..	..	..	..
Entreprises sous contrôle étranger	..	..	..	..	..	..	..	..
Succursales d'entreprises étrangères	..	..	..	..	..	..	..	..
Ensemble des entreprises	..	..	..	..	..	..	..	..
Mixtes, ensemble des entreprises	..	..	..	..	..	..	..	..
Total								
Entreprises nationales	..	..	..	..	..	..	..	..
Entreprises sous contrôle étranger	..	..	..	..	..	..	..	..
Succursales d'entreprises étrangères	..	..	..	..	..	..	..	..
Ensemble des entreprises	..	..	..	..	..	..	..	..

CORÉE

Tableau 1. Agrégats sélectionnés (*suite*)

Millions KRW

	2012	2013	2014	2015	2016	2017	2018	2019
1.4 Dépenses brutes d'exploitation								
Vie								
Entreprises nationales	23 307 641	25 608 456	27 511 983	28 987 407	28 236 989	28 574 504	36 539 562	..
Entreprises sous contrôle étranger	5 189 114	5 278 175	806 034	756 903	5 074 779	5 675 330	5 878 573	..
Succursales d'entreprises étrangères	734 416	770 753	4 595 483	5 009 714	760 976	619 584	790 806	..
Ensemble des entreprises	24 042 057	26 379 209	32 107 466	33 997 121	28 997 965	29 194 088	37 330 368	..
Non-vie								
Entreprises nationales	11 569 785	11 294 192	16 760 436	13 511 865	14 238 364	15 685 551	16 637 805	..
Entreprises sous contrôle étranger	320 770	129 781	245 017	182 669	163 724	225 860	254 141	..
Succursales d'entreprises étrangères	331 833	1 592 503	1 116 586	405 386	411 714	434 676	510 688	..
Ensemble des entreprises	11 901 618	12 886 695	17 877 022	13 917 251	14 650 078	16 120 227	17 148 493	..
Mixtes, ensemble des entreprises	..	..	..	..	..	..	..	..
Total								
Entreprises nationales	34 877 426	36 902 648	44 272 419	42 499 272	42 475 353	44 260 055	53 177 367	..
Entreprises sous contrôle étranger	5 509 884	5 407 956	1 051 051	939 572	5 238 503	5 901 190	6 132 714	..
Succursales d'entreprises étrangères	1 066 249	2 363 256	5 712 069	5 415 100	1 172 690	1 054 260	1 301 494	..
Ensemble des entreprises	35 943 675	39 265 904	49 984 488	47 914 372	43 648 043	45 314 315	54 478 861	..
1.5 Opérations à l'étranger par succursale, primes brutes								
Vie								
Succursales et agences	..	..	..	..	..	..	..	..
Filiales	..	..	..	..	..	..	..	..
Total	..	..	..	..	..	..	..	..
Non-vie								
Succursales et agences	..	..	..	..	..	..	..	..
Filiales	..	..	..	..	..	..	..	..
Total	..	..	..	..	..	..	..	..
Mixtes total	..	..	..	..	..	..	..	..
Total								
Succursales et agences	..	..	..	..	..	..	..	..
Filiales	..	..	..	..	..	..	..	..
Total	..	..	..	..	..	..	..	..

.. Non disponible

Note : Voir les métadonnées détaillées sur : *http://metalinks.oecd.org/ins/20210324/7294.*

Source : *Statistiques de l'OCDE sur les assurances (base de données)*

Tableau 2. Nombre d'entreprises et d'employés

	2012	2013	2014	2015	2016	2017	2018	2019
2.1 Nombre d'entreprises								
Vie								
Entreprises nationales	23	24	24	24	24	24	24	..
Entreprises sous contrôle étranger	8	8	7	7	8	8	8	..
Succursales d'entreprises étrangères	1	1	1	1	1	1	1	..
Ensemble des entreprises	24	25	25	25	25	25	25	..
Non-vie								
Entreprises nationales	16	16	17	17	17	18	17	..
Entreprises sous contrôle étranger	6	3	4	4	4	5	4	..
Succursales d'entreprises étrangères	8	8	5	5	5	6	5	..
Ensemble des entreprises	24	24	22	22	22	24	22	..
Mixtes, ensemble des entreprises	**0**	**0**	**0**	**0**	**0**	..	..	..
Réassurance								
Entreprises nationales	1	1	1	1	1	1	1	..
Entreprises sous contrôle étranger	..	..	0	0	0	0	0	..
Succursales d'entreprises étrangères	6	6	8	8	9	9	9	..
Ensemble des entreprises	7	7	9	9	10	10	10	..
Total								
Entreprises nationales	40	41	42	42	42	43	42	..
Entreprises sous contrôle étranger	14	11	11	11	12	13	12	..
Succursales d'entreprises étrangères	15	15	14	14	15	16	15	..
Ensemble des entreprises	55	56	56	56	57	59	57	..
2.2 Nombre d'employés								
Entreprises d'assurance	62 155	63 859	61 158	59 685	58 833	57 854	58 833	..
Intermédiaires	288 362	280 087	245 127	235 319	229 292	222 411	229 292	..
Total	350 517	343 946	306 285	295 004	288 125	280 265	288 125	..

.. Non disponible
Note : Voir les métadonnées détaillées sur : *http://metalinks.oecd.org/ins/20210324/7294.*
Source : *Statistiques de l'OCDE sur les assurances (base de données)*

LETTONIE

Tableau 1. Agrégats sélectionnés

Millions EUR

	2012	2013	2014	2015	2016	2017	2018	2019
1.1 Opérations d'assurance conclues dans le pays déclarant								
1.1.1 Opérations d'assurance, par intérêt								
Primes brutes								
Entreprises nationales	354	350	371	379	364	419	489	569
Entreprises sous contrôle étranger	155	150	151	188	267	293	352	446
Succursales d'entreprises étrangères	93	121	146	152	168	227	267	289
Ensemble des entreprises	447	471	517	531	532	646	756	857
Primes cédées								
Entreprises nationales	26	17	19	22	25	44	77	83
Entreprises sous contrôle étranger	5	4	4	7	18	27	54	58
Succursales d'entreprises étrangères	..	..	..	..	..	..	..	..
Ensemble des entreprises	26	17	19	22	25	44	77	83
Primes nettes émises								
Entreprises nationales	328	333	352	357	339	375	412	486
Entreprises sous contrôle étranger	150	146	147	182	249	266	298	388
Succursales d'entreprises étrangères	93	121	146	152	168	227	267	289
Ensemble des entreprises	421	454	498	509	507	602	679	774
1.1.2 Opérations d'assurance par risque à l'étranger, primes brutes								
Vie	..	..	..	..	0	0	..	..
Non-vie	..	..	..	..	160	204	234	226
Mixtes	..	..	..	..	0	0	0	69
dont :								
Vie	..	..	..	..	0	0	0	69
Non-vie	..	..	..	..	..	0	..	..
Total	..	..	..	..	160	204	234	296
1.1.3 Paiement par catégories d'assurance, primes brutes (vie)								
Rentes	0	0	0	0	11	18	25	41
Unit linked	21	23	34	43	45	57	55	102
Autre assurance vie	57	66	73	72	68	70	65	85
Total Assurance Vie	79	89	107	115	124	145	145	228
dont : *Contrats de retraite*	0	0	0	0	..	..	..	..
1.1.4 Paiement par catégories d'assurance, primes brutes (non-vie)								
L'assurance automobile	204	221	222	221	229	301	381	370
Les assurances transport (y compris maritime et aérien)	3	2	2	2	2	5	4	4
L'assurance de fret	6	5	3	3	3	1	3	3
L'assurance incendie et des dommages aux bien	63	67	86	84	76	84	90	104
L'assurance des pertes pécuniaires	12	11	13	14	12	11	16	20
L'assurance de la responsabilité civile générale	21	17	21	21	19	19	21	23
Les assurances accidents et maladie	50	46	52	58	55	63	78	85
dont : *Maladie*	42	38	42	48	45	54	64	71
Autres assurances non-vie	10	12	12	13	13	16	18	20
Réassurance obligatoire	0	0	0	0	0	0	0	0
Total assurance non-vie	368	382	411	416	409	501	611	629
1.2 Paiements bruts des sinistres								
Vie								
Entreprises nationales	19	31	26	29	0	0	..	..
Entreprises sous contrôle étranger	18	26	24	27	0	0	0	..
Succursales d'entreprises étrangères	27	31	31	34	0	0	..	..
Ensemble des entreprises	46	62	57	63	0	0	..	..
Non-vie								
Entreprises nationales	169	165	184	198	180	193	229	303
Entreprises sous contrôle étranger	75	68	77	92	139	126	170	231
Succursales d'entreprises étrangères	25	38	43	50	60	78	86	101
Ensemble des entreprises	194	204	226	248	240	271	315	404
Mixtes								
Entreprises nationales	..	..	..	..	33	43	43	86
Entreprises sous contrôle étranger	..	..	..	..	27	31	34	77
Succursales d'entreprises étrangères	..	..	..	..	40	47	48	59
Ensemble des entreprises	..	..	..	..	72	90	91	145
dont :								
Vie	..	..	..	..	72	90	91	145
Entreprises nationales	..	..	..	..	33	43	43	86
Entreprises sous contrôle étranger	..	..	..	..	27	31	34	77
Succursales d'entreprises étrangères	..	..	..	..	40	47	48	59
Ensemble des entreprises	..	..	..	..	72	90	91	145
Non-vie	..	..	..	..	..	0	..	..
Entreprises nationales	..	..	..	..	..	0	..	..
Entreprises sous contrôle étranger	..	..	..	..	..	0	..	..
Succursales d'entreprises étrangères	..	..	..	..	..	0	..	..
Ensemble des entreprises	..	..	..	..	..	0	..	..
Total								
Entreprises nationales	188	196	209	227	213	236	272	388
Entreprises sous contrôle étranger	93	94	102	119	166	158	203	308
Succursales d'entreprises étrangères	52	69	73	83	99	125	134	161
Ensemble des entreprises	240	265	283	311	312	361	406	549

Tableau 1. Agrégats sélectionnés *(suite)*

Millions EUR

	2012	2013	2014	2015	2016	2017	2018	2019
1.3 Commissions								
Vie								
Entreprises nationales	1	1	1	0	0	0	0	..
Entreprises sous contrôle étranger	1	1	1	1	0	0	0	..
Succursales d'entreprises étrangères	4	5	5	6	..	..	..	..
Ensemble des entreprises	5	5	6	6	0	0	0	..
Non-vie								
Entreprises nationales	38	32	45	34	32	40	65	60
Entreprises sous contrôle étranger	5	..	7	11	16	13	37	38
Succursales d'entreprises étrangères	4	10	12	13	..	..	..	..
Ensemble des entreprises	41	42	58	47	32	40	65	60
Mixtes								
Entreprises nationales	..	..	..	..	0	1	1	6
Entreprises sous contrôle étranger	..	..	..	..	0	0	1	6
Succursales d'entreprises étrangères	..	..	..	..	..	..	..	..
Ensemble des entreprises	..	..	..	..	0	1	1	6
dont :								
Vie	..	..	..	..	0	1	1	6
Entreprises nationales	..	..	..	..	0	1	1	6
Entreprises sous contrôle étranger	..	..	..	..	0	0	1	6
Succursales d'entreprises étrangères	..	..	..	..	..	..	..	..
Ensemble des entreprises	..	..	..	..	0	1	1	6
Non-vie	..	..	..	..	..	0	..	..
Entreprises nationales	..	..	..	..	..	0	..	..
Entreprises sous contrôle étranger	..	..	..	..	..	0	..	..
Succursales d'entreprises étrangères	..	..	..	..	..	..	..	..
Ensemble des entreprises	..	..	..	..	..	0	..	..
Total								
Entreprises nationales	38	33	46	34	33	41	65	66
Entreprises sous contrôle étranger	6	1	8	11	16	14	37	44
Succursales d'entreprises étrangères	8	15	17	19	..	..	..	..
Ensemble des entreprises	46	48	64	53	33	41	65	66
1.4 Dépenses brutes d'exploitation								
Vie								
Entreprises nationales	4	4	4	4	0	0	0	..
Entreprises sous contrôle étranger	4	4	4	4	0	0	0	..
Succursales d'entreprises étrangères	..	..	..	..	..	..	..	..
Ensemble des entreprises	4	4	4	4	0	0	0	..
Non-vie								
Entreprises nationales	110	102	108	109	56	87	119	118
Entreprises sous contrôle étranger	45	40	40	51	30	51	81	87
Succursales d'entreprises étrangères	..	..	..	..	..	..	..	..
Ensemble des entreprises	110	102	108	109	56	87	119	118
Mixtes								
Entreprises nationales	..	..	..	..	4	5	5	17
Entreprises sous contrôle étranger	..	..	..	..	4	4	5	16
Succursales d'entreprises étrangères	..	..	..	..	..	..	..	..
Ensemble des entreprises	..	..	..	..	4	5	5	17
dont :								
Vie	..	..	..	..	4	5	5	17
Entreprises nationales	..	..	..	..	4	5	5	17
Entreprises sous contrôle étranger	..	..	..	..	4	4	5	16
Succursales d'entreprises étrangères	..	..	..	..	..	..	..	..
Ensemble des entreprises	..	..	..	..	4	5	5	17
Non-vie	..	..	..	..	..	0	..	..
Entreprises nationales	..	..	..	..	..	0	..	..
Entreprises sous contrôle étranger	..	..	..	..	..	0	..	..
Succursales d'entreprises étrangères	..	..	..	..	..	..	..	..
Ensemble des entreprises	..	..	..	..	..	0	..	..
Total								
Entreprises nationales	115	106	112	113	60	92	124	135
Entreprises sous contrôle étranger	49	44	44	55	34	55	86	104
Succursales d'entreprises étrangères	..	..	..	..	..	..	..	..
Ensemble des entreprises	115	106	112	113	60	92	124	135

LETTONIE

Tableau 1. Agrégats sélectionnés *(suite)*

Millions EUR

	2012	2013	2014	2015	2016	2017	2018	2019
1.5 Opérations à l'étranger par succursale, primes brutes								
Vie								
Succursales et agences	0	0	0	0	0	0	..	..
Filiales	..	..	..	..	..	..	..	..
Total	0	0	0	0	0	0	..	..
Non-vie								
Succursales et agences	143	158	168	157	158	203	233	226
Filiales	..	..	..	..	..	..	..	..
Total	143	158	168	157	158	203	233	226
Mixtes								
Succursales et agences	..	..	..	..	0	0	..	69
Filiales	..	..	..	..	..	..	..	..
Total	..	..	..	..	0	0	..	69
dont :								
Vie	..	..	..	..	0	0	..	69
Succursales et agences	..	..	..	..	0	0	..	69
Filiales	..	..	..	..	..	..	..	..
Total	..	..	..	..	0	0	..	69
Non-vie	..	..	..	..	..	0	..	..
Succursales et agences	..	..	..	..	..	0	..	..
Filiales	..	..	..	..	..	..	..	..
Total	..	..	..	..	..	0	..	..
Total								
Succursales et agences	143	158	168	157	158	203	233	296
Filiales	..	..	..	..	..	..	..	..
Total	143	158	168	157	158	203	233	296

.. Non disponible

Note : Voir les métadonnées détaillées sur : *http://metalinks.oecd.org/ins/20210324/2bfe.*

Source : *Statistiques de l'OCDE sur les assurances (base de données)*

LETTONIE

Tableau 2. Nombre d'entreprises et d'employés

	2012	2013	2014	2015	2016	2017	2018	2019
2.1 Nombre d'entreprises								
Vie								
Entreprises nationales	2	2	2	2	..	0	0	0
Entreprises sous contrôle étranger	1	1	1	1	..	0	0	0
Succursales d'entreprises étrangères	5	5	5	4	..	0	0	0
Ensemble des entreprises	7	7	7	6	..	0	0	..
Non-vie								
Entreprises nationales	7	5	5	6	5	4	4	4
Entreprises sous contrôle étranger	3	2	2	3	3	2	2	2
Succursales d'entreprises étrangères	8	7	9	10	8	7	7	8
Ensemble des entreprises	15	12	14	16	13	11	11	12
Mixtes								
Entreprises nationales	0	0	0	0	2	2	2	2
Entreprises sous contrôle étranger	0	0	0	0	1	1	1	1
Succursales d'entreprises étrangères	0	0	0	0	4	4	4	4
Ensemble des entreprises	0	0	0	0	6	6	6	6
Réassurance								
Entreprises nationales	0	0	0	0	..	0	..	..
Entreprises sous contrôle étranger	0	0	0	0	..	0	..	..
Succursales d'entreprises étrangères	0	0	0	0	..	0	..	..
Ensemble des entreprises	0	0	0	0	..	0	..	..
Total								
Entreprises nationales	9	7	7	8	7	6	6	6
Entreprises sous contrôle étranger	4	3	3	4	4	3	3	3
Succursales d'entreprises étrangères	13	12	14	14	12	11	11	12
Ensemble des entreprises	22	19	21	22	19	17	17	18
2.2 Nombre d'employés								
Entreprises d'assurance	2 749	2 300	2 121	1 047	..	..	..	..
Intermédiaires	1 168	846	773	905	..	..	..	..
Total	3 917	3 146	2 894	1 952	..	..	..	..

.. Non disponible

Note : Voir les métadonnées détaillées sur : *http://metalinks.oecd.org/ins/20210324/2bfe.*

Source : *Statistiques de l'OCDE sur les assurances (base de données)*

LITUANIE

Tableau 1. Agrégats sélectionnés

Millions EUR

	2012	2013	2014	2015	2016	2017	2018	2019
1.1 Opérations d'assurance conclues dans le pays déclarant								
1.1.1 Opérations d'assurance, par intérêt								
Primes brutes								
Entreprises nationales	309	288	303	326	393	425	447	430
Entreprises sous contrôle étranger	299	278	294	316	383	416	437	419
Succursales d'entreprises étrangères	208	280	298	319	317	367	432	516
Ensemble des entreprises	518	567	601	645	710	793	878	946
Primes cédées								
Entreprises nationales	14	10	8	8	21	27	29	23
Entreprises sous contrôle étranger	13	10	8	8	21	27	29	23
Succursales d'entreprises étrangères	..	..	21	24	15	40	55	63
Ensemble des entreprises	..	..	29	32	36	68	84	86
Primes nettes émises								
Entreprises nationales	296	277	295	318	372	398	418	407
Entreprises sous contrôle étranger	285	268	285	308	362	388	408	397
Succursales d'entreprises étrangères	..	..	277	295	302	327	376	453
Ensemble des entreprises	..	..	572	613	674	725	794	860
1.1.2 Opérations d'assurance par risque à l'étranger, primes brutes								
Vie	..	..	..	..	..	..	..	..
Non-vie	..	..	..	..	..	..	..	..
Mixtes	..	..	..	..	..	..	..	..
dont :								
Vie	..	..	..	..	..	..	..	..
Non-vie	..	..	..	..	..	..	..	..
Total	..	..	..	..	..	..	..	..
1.1.3 Paiement par catégories d'assurance, primes brutes (vie)								
Rentes	3	3	4	5	6	7	7	6
Unit linked	115	126	152	170	157	137	151	170
Autre assurance vie	48	52	59	60	84	88	90	94
Total Assurance Vie	166	181	215	236	247	231	248	270
***dont :** Contrats de retraite*	..	..	..	..	1	..	..	..
1.1.4 Paiement par catégories d'assurance, primes brutes (non-vie)								
L'assurance automobile	209	228	227	236	273	353	403	420
Les assurances transport (y compris maritime et aérien)	2	2	2	2	2	2	2	1
L'assurance de fret	2	2	2	2	2	3	3	3
L'assurance incendie et des dommages aux bien	68	74	79	89	98	103	109	120
L'assurance des pertes pécuniaires	20	20	18	17	17	20	23	25
L'assurance de la responsabilité civile générale	16	19	20	20	20	21	22	24
Les assurances accidents et maladie	34	40	37	42	49	56	65	78
***dont :** Maladie*	21	25	21	24	30	35	42	51
Autres assurances non-vie	1	1	1	1	2	3	3	4
Réassurance obligatoire	..	..	..	..	..	0	0	0
Total assurance non-vie	352	386	386	409	463	561	630	675
1.2 Paiements bruts des sinistres								
Vie								
Entreprises nationales	10	15	13	15	26	29	32	34
Entreprises sous contrôle étranger	10	15	13	15	23	26	29	30
Succursales d'entreprises étrangères	60	41	47	42	45	56	48	45
Ensemble des entreprises	70	57	60	57	71	85	80	79
Non-vie								
Entreprises nationales	126	105	105	116	134	169	153	168
Entreprises sous contrôle étranger	106	85	92	102	134	169	153	168
Succursales d'entreprises étrangères	74	104	111	113	117	126	158	184
Ensemble des entreprises	200	209	216	229	251	295	311	353
Mixtes								
Entreprises nationales	43	40	35	40	43	65	46	20
Entreprises sous contrôle étranger	41	38	33	38	43	65	46	20
Succursales d'entreprises étrangères	3	4	4	6	8	11	15	47
Ensemble des entreprises	46	44	40	46	51	75	62	67
dont :								
Vie	41	39	35	40	43	66	49	51
Entreprises nationales	39	37	32	36	39	60	42	15
Entreprises sous contrôle étranger	37	35	30	34	39	60	42	15
Succursales d'entreprises étrangères	2	2	2	3	4	6	7	36
Ensemble des entreprises	41	39	35	40	43	66	49	51
Non-vie	5	5	5	6	8	9	13	16
Entreprises nationales	4	3	3	4	4	4	4	5
Entreprises sous contrôle étranger	4	3	3	4	4	4	4	5
Succursales d'entreprises étrangères	1	2	2	2	4	5	9	11
Ensemble des entreprises	5	5	5	6	8	9	13	16
Total								
Entreprises nationales	179	161	154	171	203	263	231	222
Entreprises sous contrôle étranger	157	138	138	155	200	260	228	219
Succursales d'entreprises étrangères	137	149	163	161	170	193	221	277
Ensemble des entreprises	316	310	316	332	373	456	453	499

LITUANIE

Tableau 1. Agrégats sélectionnés *(suite)*

Millions EUR

	2012	2013	2014	2015	2016	2017	2018	2019
1.3 Commissions								
Vie								
Entreprises nationales	0	0	0	0	0	0	0	0
Entreprises sous contrôle étranger	0	0	0	0	0	0	0	0
Succursales d'entreprises étrangères	..	..	0	0	0	0	0	0
Ensemble des entreprises	..	..	0	0	0	0	0	0
Non-vie								
Entreprises nationales	1	0	1	0	2	5	7	5
Entreprises sous contrôle étranger	1	0	1	0	2	5	7	5
Succursales d'entreprises étrangères	..	..	3	3	2	7	12	11
Ensemble des entreprises	..	..	3	3	4	12	19	16
Mixtes								
Entreprises nationales	2	3	1	1	0	0	0	0
Entreprises sous contrôle étranger	2	3	1	1	0	0	0	0
Succursales d'entreprises étrangères	..	..	0	1	1	1	1	1
Ensemble des entreprises	..	..	1	1	1	1	2	2
dont :								
Vie	..	..	..	1	1	1	2	2
Entreprises nationales	1	1	..	1	0	0	0	0
Entreprises sous contrôle étranger	1	1	..	1	0	0	0	0
Succursales d'entreprises étrangères	..	..	..	1	1	1	1	1
Ensemble des entreprises	..	..	..	1	1	1	2	2
Non-vie	..	..	..	0	0	0	0	0
Entreprises nationales	1	2	..	0	0	0	0	0
Entreprises sous contrôle étranger	1	2	..	0	0	0	0	0
Succursales d'entreprises étrangères	..	..	..	0	0	0	0	0
Ensemble des entreprises	..	..	..	0	0	0	0	0
Total								
Entreprises nationales	3	3	1	1	3	5	7	6
Entreprises sous contrôle étranger	3	3	1	1	3	5	7	6
Succursales d'entreprises étrangères	..	..	3	4	3	8	13	12
Ensemble des entreprises	..	..	4	5	6	13	21	18
1.4 Dépenses brutes d'exploitation								
Vie								
Entreprises nationales	8	9	9	12	16	16	16	17
Entreprises sous contrôle étranger	8	9	9	12	14	14	15	15
Succursales d'entreprises étrangères	..	..	8	6	7	6	6	7
Ensemble des entreprises	..	..	17	18	22	21	22	24
Non-vie								
Entreprises nationales	79	72	71	97	87	90	94	98
Entreprises sous contrôle étranger	75	68	68	94	85	89	92	96
Succursales d'entreprises étrangères	..	..	63	95	63	65	76	81
Ensemble des entreprises	..	..	134	192	150	155	170	179
Mixtes								
Entreprises nationales	20	22	17	28	9	14	14	7
Entreprises sous contrôle étranger	18	21	16	25	9	14	14	7
Succursales d'entreprises étrangères	..	..	9	29	12	13	14	23
Ensemble des entreprises	..	..	27	56	22	26	28	30
dont :								
Vie	..	..	26	55	20	24	25	27
Entreprises nationales	17	19	17	27	8	13	13	6
Entreprises sous contrôle étranger	15	17	15	24	8	13	13	6
Succursales d'entreprises étrangères	..	..	9	28	12	11	12	21
Ensemble des entreprises	..	..	26	55	20	24	25	27
Non-vie	..	..	1	2	2	2	3	3
Entreprises nationales	3	3	1	1	1	1	1	1
Entreprises sous contrôle étranger	3	3	1	1	1	1	1	1
Succursales d'entreprises étrangères	..	..	0	1	1	1	2	2
Ensemble des entreprises	..	..	1	2	2	2	3	3
Total								
Entreprises nationales	107	102	97	137	111	120	124	122
Entreprises sous contrôle étranger	101	98	93	131	108	116	121	118
Succursales d'entreprises étrangères	..	..	81	130	82	83	96	111
Ensemble des entreprises	..	..	178	267	194	203	220	234

LITUANIE

Tableau 1. Agrégats sélectionnés *(suite)*

Millions EUR

	2012	2013	2014	2015	2016	2017	2018	2019
1.5 Opérations à l'étranger par succursale, primes brutes								
Vie								
Succursales et agences	0	0	0	0	0	0	0	0
Filiales	..	..	..	..	..	..	..	..
Total	0	0	0	0	0	0	0	0
Non-vie								
Succursales et agences	0	1	17	40	65	115	142	150
Filiales	..	..	..	..	..	..	..	..
Total	0	1	17	40	65	115	142	150
Mixtes								
Succursales et agences	22	26	31	37	40	46	46	46
Filiales	..	..	..	..	..	..	..	..
Total	22	26	31	37	40	46	46	46
dont :								
Vie	10	11	14	18	19	22	22	21
Succursales et agences	10	11	14	18	19	22	22	21
Filiales	..	..	..	..	..	..	..	..
Total	10	11	14	18	19	22	22	21
Non-vie	12	15	17	20	21	24	24	25
Succursales et agences	12	15	17	20	21	24	24	25
Filiales	..	..	..	..	..	..	..	..
Total	12	15	17	20	21	24	24	25
Total								
Succursales et agences	22	27	48	77	105	161	188	196
Filiales	..	..	..	..	..	..	..	..
Total	22	27	48	77	105	161	188	196

.. Non disponible

Note : Voir les métadonnées détaillées sur : *http://metalinks.oecd.org/ins/20210324/6790.*

Source : *Statistiques de l'OCDE sur les assurances (base de données)*

LITUANIE

Tableau 2. Nombre d'entreprises et d'employés

	2012	2013	2014	2015	2016	2017	2018	2019
2.1 Nombre d'entreprises								
Vie								
Entreprises nationales	1	1	1	1	3	3	3	3
Entreprises sous contrôle étranger	1	1	1	1	2	2	2	2
Succursales d'entreprises étrangères	4	3	3	3	2	2	2	2
Ensemble des entreprises	5	4	4	4	5	5	5	5
Non-vie								
Entreprises nationales	6	5	5	5	4	4	4	4
Entreprises sous contrôle étranger	3	2	2	3	3	3	3	3
Succursales d'entreprises étrangères	9	10	10	10	9	9	8	8
Ensemble des entreprises	15	15	15	15	13	13	12	12
Mixtes								
Entreprises nationales	4	4	4	4	2	2	2	1
Entreprises sous contrôle étranger	3	3	3	3	2	2	2	1
Succursales d'entreprises étrangères	1	1	1	1	1	1	1	2
Ensemble des entreprises	5	5	5	5	3	3	3	3
Réassurance								
Entreprises nationales	..	..	..	..	..	..	..	..
Entreprises sous contrôle étranger	..	..	..	..	..	..	..	..
Succursales d'entreprises étrangères	..	..	..	..	..	..	..	..
Ensemble des entreprises	..	..	..	..	..	..	..	..
Total								
Entreprises nationales	11	10	10	10	9	9	9	8
Entreprises sous contrôle étranger	7	6	6	7	7	7	7	6
Succursales d'entreprises étrangères	14	14	14	14	12	12	11	12
Ensemble des entreprises	25	24	24	24	21	21	20	20
2.2 Nombre d'employés								
Entreprises d'assurance	4 390	4 519	4 414	4 482	4 562	4 599	4 569	4 409
Intermédiaires	1 320	1 320	1 433	1 441	1 480	1 463	1 459	1 480
Total	5 710	5 839	5 847	5 923	6 042	6 062	6 028	5 889

.. Non disponible

Note : Voir les métadonnées détaillées sur : *http://metalinks.oecd.org/ins/20210324/6790.*

Source : *Statistiques de l'OCDE sur les assurances (base de données)*

LUXEMBOURG

Tableau 1. Agrégats sélectionnés

Millions EUR

	2012	2013	2014	2015	2016	2017	2018	2019
1.1 Opérations d'assurance conclues dans le pays déclarant								
1.1.1 Opérations d'assurance, par intérêt								
Primes brutes								
Entreprises nationales	19 445	18 410	21 712	19 100	18 259	21 446	20 702	23 692
Entreprises sous contrôle étranger	17 930	17 036	20 356	17 075	13 690	18 728	18 360	21 280
Succursales d'entreprises étrangères	144	191	76	78	70	77	77	1 435
Ensemble des entreprises	19 589	18 601	21 788	19 178	18 329	21 523	20 779	25 128
Primes cédées								
Entreprises nationales	6 109	4 624	6 122	3 030	3 235	3 026	4 794	6 325
Entreprises sous contrôle étranger	5 892	4 246	5 863	2 770	2 943	2 657	4 452	6 126
Succursales d'entreprises étrangères	40	37	33	26	31	27	33	456
Ensemble des entreprises	6 149	4 661	6 155	3 056	3 267	3 053	4 827	6 781
Primes nettes émises								
Entreprises nationales	13 336	13 787	15 590	16 070	15 024	18 421	15 908	17 367
Entreprises sous contrôle étranger	12 037	12 790	14 493	14 305	10 747	16 070	13 907	15 155
Succursales d'entreprises étrangères	104	153	43	52	39	50	44	980
Ensemble des entreprises	13 440	13 940	15 633	16 122	15 063	18 470	15 952	18 347
1.1.2 Opérations d'assurance par risque à l'étranger, primes brutes								
Vie	17 115	15 837	18 455	16 383	15 071	18 182	17 356	19 705
Non-vie	476	572	438	587	621	784	658	1 014
Mixtes	..	0	0	0	0	0	0	1 344
dont :								
Vie	..	0	0	0	0	0	0	1 133
Non-vie	..	0	0	0	0	0	0	211
Total	17 591	16 408	18 893	16 969	15 692	18 967	18 014	22 063
1.1.3 Paiement par catégories d'assurance, primes brutes (vie)								
Rentes	..	..	..	..	..	..	..	..
Unit linked	11 224	10 516	11 086	12 874	11 949	15 426	12 966	14 616
Autre assurance vie	6 826	6 413	9 103	4 685	4 767	4 283	6 064	6 994
Total Assurance Vie	18 050	16 929	20 190	17 559	16 716	19 709	19 030	21 610
***dont :** Contrats de retraite*	..	..	..	..	..	..	..	..
1.1.4 Paiement par catégories d'assurance, primes brutes (non-vie)								
L'assurance automobile	..	..	..	..	..	..	..	..
Les assurances transport (y compris maritime et aérien)	..	..	..	..	..	..	..	..
L'assurance de fret	..	..	..	..	..	..	..	..
L'assurance incendie et des dommages aux bien	..	..	..	..	..	..	..	..
L'assurance des pertes pécuniaires	..	..	..	..	..	..	..	..
L'assurance de la responsabilité civile générale	..	..	..	..	..	..	..	..
Les assurances accidents et maladie	..	..	..	..	..	..	..	..
***dont :** Maladie*	..	..	..	..	..	..	..	..
Autres assurances non-vie	..	..	..	..	..	..	..	..
Réassurance obligatoire	..	..	..	..	..	..	..	..
Total assurance non-vie	1 300	1 501	1 339	1 476	1 554	1 767	1 707	2 339
1.2 Paiements bruts des sinistres								
Vie								
Entreprises nationales	11 111	11 696	10 597	9 995	11 802	12 002	11 103	11 861
Entreprises sous contrôle étranger	10 823	11 179	10 214	9 032	11 035	11 291	10 262	10 534
Succursales d'entreprises étrangères	10	25	25	27	28	27	26	60
Ensemble des entreprises	11 122	11 721	10 622	10 023	11 829	12 029	11 129	11 921
Non-vie								
Entreprises nationales	623	1 105	809	900	860	961	987	1 192
Entreprises sous contrôle étranger	348	691	428	512	766	500	488	552
Succursales d'entreprises étrangères	27	39	36	18	31	37	26	34
Ensemble des entreprises	650	1 143	845	918	891	999	1 014	1 225
Mixtes								
Entreprises nationales	..	0	0	0	0	0	0	0
Entreprises sous contrôle étranger	..	0	0	0	0	0	0	0
Succursales d'entreprises étrangères	38	27	133	17	8	8	9	754
Ensemble des entreprises	38	27	133	17	8	8	9	754
dont :								
Vie	20	15	130	17	8	8	9	624
Entreprises nationales	..	0	0	0	0	0	0	0
Entreprises sous contrôle étranger	..	0	0	0	0	0	0	0
Succursales d'entreprises étrangères	20	15	130	17	8	8	9	624
Ensemble des entreprises	20	15	130	17	8	8	9	624
Non-vie	18	12	3	0	0	0	0	130
Entreprises nationales	..	0	0	0	0	0	0	0
Entreprises sous contrôle étranger	..	0	0	0	0	0	0	0
Succursales d'entreprises étrangères	18	12	3	0	0	0	0	130
Ensemble des entreprises	18	12	3	0	0	0	0	130
Total								
Entreprises nationales	11 734	12 801	11 406	10 896	12 661	12 964	12 091	13 053
Entreprises sous contrôle étranger	11 171	11 869	10 642	9 544	11 802	11 791	10 751	11 086
Succursales d'entreprises étrangères	76	90	195	62	66	72	61	848
Ensemble des entreprises	11 810	12 891	11 600	10 958	12 728	13 036	12 152	13 900

LUXEMBOURG

Tableau 1. Agrégats sélectionnés *(suite)*

Millions EUR

	2012	2013	2014	2015	2016	2017	2018	2019
1.3 Commissions								
Vie								
Entreprises nationales	328	327	317	326	291	320	312	319
Entreprises sous contrôle étranger	328	309	297	289	186	283	276	273
Succursales d'entreprises étrangères	0	0	0	0	0	0	0	0
Ensemble des entreprises	328	328	317	326	292	320	312	319
Non-vie								
Entreprises nationales	205	217	211	237	251	284	283	344
Entreprises sous contrôle étranger	205	119	109	122	143	151	140	194
Succursales d'entreprises étrangères	11	12	9	9	9	8	7	9
Ensemble des entreprises	217	229	221	246	260	292	290	353
Mixtes								
Entreprises nationales	..	0	0	0	0	0	0	0
Entreprises sous contrôle étranger	..	0	0	0	0	0	0	0
Succursales d'entreprises étrangères	12	12	3	4	4	3	0	0
Ensemble des entreprises	12	12	3	4	4	3	0	0
dont :								
Vie	5	5	3	4	4	3	0	0
Entreprises nationales	..	0	0	0	0	0	0	0
Entreprises sous contrôle étranger	..	0	0	0	0	0	0	0
Succursales d'entreprises étrangères	5	5	3	4	4	3	0	0
Ensemble des entreprises	5	5	3	4	4	3	0	0
Non-vie	7	7	0	0	0	0	0	0
Entreprises nationales	..	0	0	0	0	0	0	0
Entreprises sous contrôle étranger	..	0	0	0	0	0	0	0
Succursales d'entreprises étrangères	7	7	0	0	0	0	0	0
Ensemble des entreprises	7	7	0	0	0	0	0	0
Total								
Entreprises nationales	533	544	528	563	542	604	595	662
Entreprises sous contrôle étranger	533	428	406	411	329	435	416	467
Succursales d'entreprises étrangères	24	25	13	14	14	11	7	9
Ensemble des entreprises	557	569	541	576	556	615	602	672
1.4 Dépenses brutes d'exploitation								
Vie								
Entreprises nationales	656	362	376	406	417	433	450	470
Entreprises sous contrôle étranger	622	347	358	374	352	392	411	422
Succursales d'entreprises étrangères	0	0	1	0	1	1	1	0
Ensemble des entreprises	656	362	376	406	418	433	450	470
Non-vie								
Entreprises nationales	270	66	72	82	81	96	59	125
Entreprises sous contrôle étranger	270	34	41	46	78	58	17	82
Succursales d'entreprises étrangères	14	3	2	2	3	3	5	6
Ensemble des entreprises	285	69	74	84	84	99	64	131
Mixtes								
Entreprises nationales	..	0	0	0	0	0	0	0
Entreprises sous contrôle étranger	..	0	0	0	0	0	0	0
Succursales d'entreprises étrangères	18	7	1	1	1	1	1	17
Ensemble des entreprises	18	7	1	1	1	1	1	17
dont :								
Vie	7	3	1	1	1	1	1	16
Entreprises nationales	..	0	0	0	0	0	0	0
Entreprises sous contrôle étranger	..	0	0	0	0	0	0	0
Succursales d'entreprises étrangères	7	3	1	1	1	1	1	16
Ensemble des entreprises	7	3	1	1	1	1	1	16
Non-vie	11	4	0	0	0	0	0	1
Entreprises nationales	..	0	0	0	0	0	0	0
Entreprises sous contrôle étranger	..	0	0	0	0	0	0	0
Succursales d'entreprises étrangères	11	4	0	0	0	0	0	1
Ensemble des entreprises	11	4	0	0	0	0	0	1
Total								
Entreprises nationales	926	429	448	488	498	529	509	595
Entreprises sous contrôle étranger	892	381	399	421	430	450	428	504
Succursales d'entreprises étrangères	33	9	4	3	4	5	6	23
Ensemble des entreprises	959	438	451	491	502	534	515	618

Tableau 1. Agrégats sélectionnés *(suite)*

Millions EUR

	2012	2013	2014	2015	2016	2017	2018	2019
1.5 Opérations à l'étranger par succursale, primes brutes								
Vie								
Succursales et agences	2 619	2 648	3 250	3 552	4 622	3 492	4 746	3 999
Filiales	0	..	..	..	..	..	..	..
Total	2 619	2 648	3 250	3 552	4 622	3 492	4 746	3 999
Non-vie								
Succursales et agences	1 417	1 546	1 831	1 965	2 022	1 957	2 847	10 306
Filiales	0	..	..	..	..	..	..	..
Total	1 417	1 546	1 831	1 965	2 022	1 957	2 847	10 306
Mixtes								
Succursales et agences	..	0	0	0	0	0	0	0
Filiales	..	..	..	..	..	..	..	..
Total	..	0	0	0	0	0	0	0
dont :								
Vie	..	0	0	0	0	0	0	0
Succursales et agences	..	0	0	0	0	0	0	0
Filiales	..	..	..	..	..	..	..	..
Total	..	0	0	0	0	0	0	0
Non-vie	..	0	0	0	0	0	0	0
Succursales et agences	..	0	0	0	0	0	0	0
Filiales	..	..	..	..	..	..	..	..
Total	..	0	0	0	0	0	0	0
Total								
Succursales et agences	4 036	4 194	5 082	5 516	6 644	5 449	7 593	14 305
Filiales	0	..	..	..	..	..	..	..
Total	4 036	4 194	5 082	5 516	6 644	5 449	7 593	14 305

.. Non disponible

Note : Voir les métadonnées détaillées sur : *http://metalinks.oecd.org/ins/20210324/295f.*

Source : *Statistiques de l'OCDE sur les assurances (base de données)*

Tableau 2. Nombre d'entreprises et d'employés

	2012	2013	2014	2015	2016	2017	2018	2019
2.1 Nombre d'entreprises								
Vie								
Entreprises nationales	43	42	44	43	40	39	38	36
Entreprises sous contrôle étranger	39	34	39	38	34	35	30	30
Succursales d'entreprises étrangères	1	2	2	2	3	3	3	2
Ensemble des entreprises	44	44	46	45	43	42	41	38
Non-vie								
Entreprises nationales	31	34	34	32	33	34	41	42
Entreprises sous contrôle étranger	27	27	8	21	24	25	33	31
Succursales d'entreprises étrangères	11	10	10	10	10	9	8	9
Ensemble des entreprises	42	44	44	42	43	43	49	51
Mixtes								
Entreprises nationales	0	0	0	0	0	0	0	0
Entreprises sous contrôle étranger	0	0	0	0	0	0	0	0
Succursales d'entreprises étrangères	3	3	3	3	3	2	3	3
Ensemble des entreprises	3	3	3	3	3	2	3	3
Réassurance								
Entreprises nationales	238	226	224	217	208	204	198	196
Entreprises sous contrôle étranger	219	207	205	204	191	187	181	179
Succursales d'entreprises étrangères	0	0	0	0	0	0	0	0
Ensemble des entreprises	238	226	224	217	208	204	198	196
Total								
Entreprises nationales	312	302	302	292	281	277	277	274
Entreprises sous contrôle étranger	285	268	252	263	249	247	244	240
Succursales d'entreprises étrangères	15	15	15	15	16	14	14	14
Ensemble des entreprises	327	317	317	307	297	291	291	288
2.2 Nombre d'employés								
Entreprises d'assurance	4 326	5 692	6 057	6 484	6 484	7 446	8 034	10 295
Intermédiaires	9 659	10 030	550	561	522	586	637	578
Total	13 985	15 722	6 607	7 045	7 006	8 032	8 671	10 873

Note : Voir les métadonnées détaillées sur : *http://metalinks.oecd.org/ins/20210324/295f.*

Source : *Statistiques de l'OCDE sur les assurances (base de données)*

MEXIQUE

Tableau 1. Agrégats sélectionnés

Millions MXN

	2012	2013	2014	2015	2016	2017	2018	2019
1.1 Opérations d'assurance conclues dans le pays déclarant								
1.1.1 Opérations d'assurance, par intérêt								
Primes brutes								
Entreprises nationales	310 747	347 196	363 530	395 083	450 740	502 856	543 652	603 832
Entreprises sous contrôle étranger	189 698	207 890	220 225	242 872	265 159	290 985	312 037	350 508
Succursales d'entreprises étrangères	..	..	..	..	..	..	..	..
Ensemble des entreprises	310 747	347 196	363 530	395 083	450 740	502 856	543 652	603 832
Primes cédées								
Entreprises nationales	50 188	60 551	58 378	67 135	70 420	93 577	91 472	112 667
Entreprises sous contrôle étranger	24 728	26 822	29 932	40 217	40 674	58 977	51 768	68 212
Succursales d'entreprises étrangères	..	..	..	..	..	..	..	..
Ensemble des entreprises	50 188	60 551	58 378	67 135	70 420	93 577	91 472	112 667
Primes nettes émises								
Entreprises nationales	260 559	286 645	305 152	327 947	380 320	409 279	452 180	491 165
Entreprises sous contrôle étranger	164 970	181 068	190 293	202 655	224 485	232 008	260 270	282 295
Succursales d'entreprises étrangères	..	..	..	..	..	..	..	..
Ensemble des entreprises	260 559	286 645	305 152	327 947	380 320	409 279	452 180	491 165
1.1.2 Opérations d'assurance par risque à l'étranger, primes brutes								
Vie	..	..	..	..	..	..	..	..
Non-vie	425	402	..	..	..	..	..	..
Mixtes	1 787	1 692	..	..	..	..	..	..
dont :								
Vie	..	..	..	..	..	..	..	..
Non-vie	..	..	..	..	..	..	..	..
Total	2 212	2 093	..	..	..	..	..	..
1.1.3 Paiement par catégories d'assurance, primes brutes (vie)								
Rentes	17 633	20 099	20 521	19 719	19 286	21 310	24 176	27 278
Unit linked	..	..	..	..	..	..	0	0
Autre assurance vie	125 175	138 959	148 624	162 199	189 860	193 587	218 641	243 178
Total Assurance Vie	142 808	159 058	169 145	181 918	209 146	214 897	242 817	270 456
***dont :** Contrats de retraite*	..	..	..	..	..	..	..	..
1.1.4 Paiement par catégories d'assurance, primes brutes (non-vie)								
L'assurance automobile	62 944	66 562	68 735	75 858	91 375	103 014	110 405	115 377
Les assurances transport (y compris maritime et aérien)	7 691	7 851	9 356	11 007	11 312	16 558	12 811	18 850
L'assurance de fret								
L'assurance incendie et des dommages aux bien	9 980	16 520	12 232	13 815	14 497	18 115	37 929	46 830
L'assurance des pertes pécuniaires	749	5 210	501	947	1 131	12 278	1 774	1 933
L'assurance de la responsabilité civile générale	6 920	7 341	7 201	9 099	9 668	12 005	11 757	13 878
Les assurances accidents et maladie	45 526	51 189	56 686	59 550	66 512	76 720	85 417	92 322
***dont :** Maladie*	1 918	2 682	2 719	2 622	3 218	3 518	4 279	4 910
Autres assurances non-vie	33 390	32 581	38 511	42 081	45 976	48 006	39 687	42 678
Réassurance obligatoire	..	..	..	..	..	..	..	..
Total assurance non-vie	167 200	187 253	193 221	212 357	240 470	286 696	299 780	331 868
1.2 Paiements bruts des sinistres								
Vie								
Entreprises nationales	10 279	11 800	12 325	13 760	14 829	16 234	18 272	20 554
Entreprises sous contrôle étranger	..	..	5 875	6 443	6 971	7 390	8 005	8 593
Succursales d'entreprises étrangères	..	..	..	..	..	..	..	..
Ensemble des entreprises	10 279	11 800	12 325	13 760	14 829	16 234	18 272	20 554
Non-vie								
Entreprises nationales	14 874	21 716	17 912	19 552	23 827	32 868	32 866	32 639
Entreprises sous contrôle étranger	..	..	4 093	4 923	5 515	7 449	5 433	5 012
Succursales d'entreprises étrangères	..	..	..	..	..	..	..	..
Ensemble des entreprises	14 874	21 716	17 912	19 552	23 827	32 868	32 866	32 639
Mixtes								
Entreprises nationales	115 041	159 315	148 932	162 803	185 481	204 354	224 193	256 776
Entreprises sous contrôle étranger	..	..	104 822	109 465	125 575	136 316	151 138	179 902
Succursales d'entreprises étrangères	..	..	..	..	..	..	..	..
Ensemble des entreprises	115 041	159 315	148 932	162 803	185 481	204 354	224 193	256 776
dont :								
Vie	55 436	76 467	81 643	88 136	101 700	115 199	124 902	152 184
Entreprises nationales	55 436	76 467	81 643	88 136	101 700	115 199	124 902	152 184
Entreprises sous contrôle étranger	..	..	67 855	70 802	81 029	89 726	97 155	122 938
Succursales d'entreprises étrangères	..	..	..	..	..	..	..	..
Ensemble des entreprises	55 436	76 467	81 643	88 136	101 700	115 199	124 902	152 184
Non-vie	59 605	82 848	67 289	74 667	83 781	89 154	99 291	104 592
Entreprises nationales	59 605	82 848	67 289	74 667	83 781	89 154	99 291	104 592
Entreprises sous contrôle étranger	..	..	36 968	38 662	44 546	46 591	53 983	56 964
Succursales d'entreprises étrangères	..	..	..	..	..	..	..	..
Ensemble des entreprises	59 605	82 848	67 289	74 667	83 781	89 154	99 291	104 592
Total								
Entreprises nationales	140 195	192 832	179 169	196 115	224 138	253 455	275 331	309 969
Entreprises sous contrôle étranger	..	..	114 791	120 830	138 061	151 155	164 576	193 507
Succursales d'entreprises étrangères	..	..	..	..	..	..	..	..
Ensemble des entreprises	140 195	192 832	179 169	196 115	224 138	253 455	275 331	309 969

MEXIQUE

Tableau 1. Agrégats sélectionnés *(suite)*

Millions MXN

	2012	2013	2014	2015	2016	2017	2018	2019
1.3 Commissions								
Vie								
Entreprises nationales	1 133	1 075	749	1 045	1 155	..	..	..
Entreprises sous contrôle étranger	277	251	74	192	247	..	..	..
Succursales d'entreprises étrangères	..	..	..	..	..	..	..	..
Ensemble des entreprises	1 133	1 075	749	1 045	1 155	..	..	..
Non-vie								
Entreprises nationales	6 911	8 410	9 458	7 257	9 473	..	..	..
Entreprises sous contrôle étranger	2 721	3 523	3 808	1 888	1 618	..	..	..
Succursales d'entreprises étrangères	..	..	..	..	..	..	..	..
Ensemble des entreprises	6 911	8 410	9 458	7 257	9 473	..	..	..
Mixtes								
Entreprises nationales	44 178	46 777	49 973	48 713	56 225	..	..	..
Entreprises sous contrôle étranger	28 060	29 464	31 616	30 146	33 073	..	..	..
Succursales d'entreprises étrangères	..	..	..	..	..	..	..	..
Ensemble des entreprises	44 178	46 777	49 973	48 713	56 225	..	..	..
dont :								
Vie	18 508	19 316	21 023	22 507	26 955	..	..	..
Entreprises nationales	18 508	19 316	21 023	22 507	26 955	..	..	..
Entreprises sous contrôle étranger	12 501	12 940	17 514	14 838	17 151	..	..	..
Succursales d'entreprises étrangères	..	..	..	..	..	..	..	..
Ensemble des entreprises	18 508	19 316	21 023	22 507	26 955	..	..	..
Non-vie	25 670	27 462	28 950	26 206	29 270	..	..	..
Entreprises nationales	25 670	27 462	28 950	26 206	29 270	..	..	..
Entreprises sous contrôle étranger	15 559	16 524	14 103	15 308	15 922	..	..	..
Succursales d'entreprises étrangères	..	..	..	..	..	..	..	..
Ensemble des entreprises	25 670	27 462	28 950	26 206	29 270	..	..	..
Total								
Entreprises nationales	52 222	56 263	60 180	57 016	66 853	..	..	..
Entreprises sous contrôle étranger	31 058	33 239	35 498	32 226	34 937	..	..	..
Succursales d'entreprises étrangères	..	..	..	..	..	..	..	..
Ensemble des entreprises	52 222	56 263	60 180	57 016	66 853	..	..	..
1.4 Dépenses brutes d'exploitation								
Vie								
Entreprises nationales	1 313	1 486	1 156	1 336	1 705	1 617	1 480	1 699
Entreprises sous contrôle étranger	..	..	570	661	723	759	734	704
Succursales d'entreprises étrangères	..	..	..	..	..	..	..	..
Ensemble des entreprises	1 313	1 486	1 156	1 336	1 705	1 617	1 480	1 699
Non-vie								
Entreprises nationales	2 968	3 545	4 198	4 924	5 852	7 490	8 280	9 060
Entreprises sous contrôle étranger	..	..	2 010	3 137	3 249	4 041	3 412	4 004
Succursales d'entreprises étrangères	..	..	..	..	..	..	..	..
Ensemble des entreprises	2 968	3 545	4 198	4 924	5 852	7 490	8 280	9 060
Mixtes								
Entreprises nationales	14 382	16 389	16 621	18 736	21 447	23 147	25 162	24 951
Entreprises sous contrôle étranger	..	..	10 470	12 270	13 297	13 037	15 216	14 640
Succursales d'entreprises étrangères	..	..	..	..	..	..	..	..
Ensemble des entreprises	14 382	16 389	16 621	18 736	21 447	23 147	25 162	24 951
dont :								
Vie	7 085	8 530	8 486	9 990	11 792	11 674	12 701	12 400
Entreprises nationales	7 085	8 530	8 486	9 990	11 792	11 674	12 701	12 400
Entreprises sous contrôle étranger	..	..	6 273	7 388	8 480	7 981	8 964	8 466
Succursales d'entreprises étrangères	..	..	..	..	..	..	..	..
Ensemble des entreprises	7 085	8 530	8 486	9 990	11 792	11 674	12 701	12 400
Non-vie	7 298	7 859	8 135	8 746	9 655	11 473	12 461	12 551
Entreprises nationales	7 298	7 859	8 135	8 746	9 655	11 473	12 461	12 551
Entreprises sous contrôle étranger	..	..	4 198	4 882	4 818	5 055	6 252	6 174
Succursales d'entreprises étrangères	..	..	..	..	..	..	..	..
Ensemble des entreprises	7 298	7 859	8 135	8 746	9 655	11 473	12 461	12 551
Total								
Entreprises nationales	18 662	21 420	21 974	24 996	29 004	32 254	34 923	35 709
Entreprises sous contrôle étranger	..	..	13 050	16 068	17 270	17 837	19 363	19 349
Succursales d'entreprises étrangères	..	..	..	..	..	..	..	..
Ensemble des entreprises	18 662	21 420	21 974	24 996	29 004	32 254	34 923	35 709

MEXIQUE

Tableau 1. Agrégats sélectionnés *(suite)*

Millions MXN

	2012	2013	2014	2015	2016	2017	2018	2019
1.5 Opérations à l'étranger par succursale, primes brutes								
Vie								
Succursales et agences	..	..	..	..	..	..	..	..
Filiales	..	..	..	..	..	..	..	..
Total	..	..	..	..	..	..	..	..
Non-vie								
Succursales et agences	..	..	..	..	..	..	..	..
Filiales	..	..	..	..	..	..	..	..
Total	..	..	..	..	..	..	..	..
Mixtes								
Succursales et agences	..	..	..	..	..	..	..	..
Filiales	..	..	..	..	..	..	..	..
Total	..	..	..	..	..	..	..	..
dont :								
Vie	..	..	..	..	..	..	..	..
Succursales et agences	..	..	..	..	..	..	..	..
Filiales	..	..	..	..	..	..	..	..
Total	..	..	..	..	..	..	..	..
Non-vie	..	..	..	..	..	..	..	..
Succursales et agences	..	..	..	..	..	..	..	..
Filiales	..	..	..	..	..	..	..	..
Total	..	..	..	..	..	..	..	..
Total								
Succursales et agences	..	..	..	..	..	..	..	..
Filiales	..	..	..	..	..	..	..	..
Total	..	..	..	..	..	..	..	..

.. Non disponible

Note : Voir les métadonnées détaillées sur : *http://metalinks.oecd.org/ins/20210324/a3ec.*

Source : *Statistiques de l'OCDE sur les assurances (base de données)*

MEXIQUE

Tableau 2. Nombre d'entreprises et d'employés

	2012	2013	2014	2015	2016	2017	2018	2019
2.1 Nombre d'entreprises								
Vie								
Entreprises nationales	20	20	16	16	17	15	15	14
Entreprises sous contrôle étranger	11	11	9	9	10	8	8	7
Succursales d'entreprises étrangères	..	..	..	..	..	..	..	..
Ensemble des entreprises	20	20	16	16	17	15	15	14
Non-vie								
Entreprises nationales	47	45	49	46	44	60	58	61
Entreprises sous contrôle étranger	27	27	26	23	22	31	28	31
Succursales d'entreprises étrangères	..	..	..	..	..	..	..	..
Ensemble des entreprises	47	45	49	46	44	60	58	61
Mixtes								
Entreprises nationales	35	37	38	37	37	38	36	35
Entreprises sous contrôle étranger	21	21	22	21	20	21	20	19
Succursales d'entreprises étrangères	..	..	..	..	..	..	..	..
Ensemble des entreprises	35	37	38	37	37	38	36	35
Réassurance								
Entreprises nationales	2	2	2	3	2	2	2	2
Entreprises sous contrôle étranger	0	0	0	0	0	0	..	..
Succursales d'entreprises étrangères	..	..	..	..	..	..	..	..
Ensemble des entreprises	2	2	2	3	2	2	2	2
Total								
Entreprises nationales	104	104	105	102	100	115	111	112
Entreprises sous contrôle étranger	59	59	57	53	52	60	56	57
Succursales d'entreprises étrangères	..	..	..	..	..	..	..	..
Ensemble des entreprises	104	104	105	102	100	115	111	112
2.2 Nombre d'employés								
Entreprises d'assurance	14 491	14 500	14 799	19 168	..	..	..	..
Intermédiaires	36 190	46 712	51 780	55 005	57 900	61 695	..	..
Total	50 681	61 212	66 579	74 173	57 900	61 695	..	..

.. Non disponible

Note : Voir les métadonnées détaillées sur : *http://metalinks.oecd.org/ins/20210324/a3ec.*

Source : *Statistiques de l'OCDE sur les assurances (base de données)*

PAYS-BAS

Tableau 1. Agrégats sélectionnés

Millions EUR

	2012	2013	2014	2015	2016	2017	2018	2019
1.1 Opérations d'assurance conclues dans le pays déclarant								
1.1.1 Opérations d'assurance, par intérêt								
Primes brutes								
Entreprises nationales	39 012	38 077	36 523	33 708	69 887	71 228	73 667	..
Entreprises sous contrôle étranger	9 255	7 674	2 969	5 812	4 102	4 371	3 429	..
Succursales d'entreprises étrangères	891	430	62	0	..	..	..	..
Ensemble des entreprises	39 903	38 507	36 585	33 708	69 887	71 228	73 667	..
Primes cédées								
Entreprises nationales	3 109	2 951	3 880	2 814	1 198	1 698	1 460	..
Entreprises sous contrôle étranger	1 706	1 484	1 615	1 365	287	353	84	..
Succursales d'entreprises étrangères	79	20	0	0	..	..	..	..
Ensemble des entreprises	3 188	2 971	3 880	2 814	1 198	1 698	1 460	..
Primes nettes émises								
Entreprises nationales	35 903	35 126	32 643	30 894	68 689	69 530	72 207	..
Entreprises sous contrôle étranger	7 549	6 190	1 354	4 447	3 815	4 018	3 345	..
Succursales d'entreprises étrangères	812	410	62	0	..	..	..	..
Ensemble des entreprises	36 715	35 536	32 705	30 894	68 689	69 530	72 207	..
1.1.2 Opérations d'assurance par risque à l'étranger, primes brutes								
Vie	..	..	..	..	269	273	300	..
Non-vie	..	..	..	..	534	452	1 102	..
Mixtes total	..	..	..	..	..	252	501	..
Total	..	..	..	..	803	977	1 903	..
1.1.3 Paiement par catégories d'assurance, primes brutes (vie)								
Rentes	10 892	10 998	10 806	9 035	0	0	0	..
Unit linked	7 836	7 086	6 504	5 533	5 262	4 553	4 296	..
Autre assurance vie	247	188	150	122	8 465	8 411	7 674	..
Total assurance vie	18 975	18 272	17 460	14 690	13 727	12 964	11 970	..
***dont :** Contrats de retraite*	6 034	5 810	5 552	5 208	334	157	38	..
1.1.4 Paiement par catégories d'assurance, primes brutes (non-vie)								
L'assurance automobile	4 500	4 376	3 934	3 884	3 892	4 051	4 312	..
Les assurances transport (y compris maritime et aérien)	596	525	435	404	361	283	273	..
L'assurance de fret	263	256	231	191	..	0	0	..
L'assurance incendie et des dommages aux bien	3 698	3 664	3 449	3 456	3 256	3 290	3 380	..
L'assurance des pertes pécuniaires	278	206	164	176	258	206	271	..
L'assurance de la responsabilité civile générale	1 116	1 125	1 064	1 033	882	883	919	..
Les assurances accidents et maladie	8 560	8 167	7 867	7 851	46 459	47 499	50 393	..
***dont :** Maladie*	..	..	..	..	45 064	46 044	48 900	..
Autres assurances non-vie	1 907	1 919	1 976	2 016	1 049	1 165	1 099	..
Réassurance obligatoire	..	..	..	..	..	0	0	..
Total assurance non-vie	20 918	20 238	19 120	19 011	56 157	57 377	60 647	..
1.2 Paiements bruts des sinistres								
Vie								
Entreprises nationales	25 331	24 085	25 487	22 576	20 919	25 124	20 129	..
Entreprises sous contrôle étranger	3 538	3 205	1 136	4 504	4 203	4 286	3 640	..
Succursales d'entreprises étrangères	401	420	0	0	..	..	..	..
Ensemble des entreprises	25 732	24 505	25 487	22 576	20 919	25 124	20 129	..
Non-vie								
Entreprises nationales	13 999	14 304	13 666	13 806	50 966	51 936	53 872	..
Entreprises sous contrôle étranger	2 870	2 915	867	1 937	1 053	844	693	..
Succursales d'entreprises étrangères	41	41	149	0	..	..	..	..
Ensemble des entreprises	14 040	14 345	13 815	13 806	50 966	51 936	53 872	..
Mixtes, ensemble des entreprises	**..**	**..**	**..**	**..**	**..**	**473**	**481**	**..**
Total								
Entreprises nationales	39 330	38 389	39 153	36 382	71 885	77 533	74 482	..
Entreprises sous contrôle étranger	6 408	6 120	2 003	6 441	5 256	5 130	4 333	..
Succursales d'entreprises étrangères	442	461	149	0	..	..	..	..
Ensemble des entreprises	39 772	38 850	39 302	36 382	71 885	77 533	74 482	..
1.3 Commissions								
Vie								
Entreprises nationales	473	243	190	158	..	..	..	..
Entreprises sous contrôle étranger	196	64	17	49	..	..	..	..
Succursales d'entreprises étrangères	17	12	0	0	..	..	..	..
Ensemble des entreprises	490	255	190	158	..	..	..	..
Non-vie								
Entreprises nationales	3 197	2 891	2 713	2 663	..	..	..	..
Entreprises sous contrôle étranger	833	734	282	464	..	..	..	..
Succursales d'entreprises étrangères	22	22	21	0	..	..	..	..
Ensemble des entreprises	3 219	2 913	2 734	2 663	..	..	..	..
Mixtes, ensemble des entreprises	**..**	**..**	**..**	**..**	**..**	**..**	**..**	**..**
Total								
Entreprises nationales	3 670	3 134	2 903	2 821	..	..	..	..
Entreprises sous contrôle étranger	1 029	798	299	513	..	..	..	..
Succursales d'entreprises étrangères	39	34	21	0	..	..	..	..
Ensemble des entreprises	3 709	3 168	2 924	2 821	..	..	..	..

PAYS-BAS

Tableau 1. Agrégats sélectionnés *(suite)*

Millions EUR

	2012	2013	2014	2015	2016	2017	2018	2019
1.4 Dépenses brutes d'exploitation								
Vie								
Entreprises nationales	2 827	2 266	2 497	2 072	2 183	2 002	1 839	..
Entreprises sous contrôle étranger	342	297	113	378	417	356	274	..
Succursales d'entreprises étrangères	37	44	0	0	..	..	..	..
Ensemble des entreprises	2 864	2 310	2 497	2 072	2 183	2 002	1 839	..
Non-vie								
Entreprises nationales	4 933	4 809	4 635	4 485	6 219	6 156	6 235	..
Entreprises sous contrôle étranger	1 181	1 136	373	771	525	550	461	..
Succursales d'entreprises étrangères	24	25	23	0	..	..	..	..
Ensemble des entreprises	4 957	4 834	4 658	4 485	6 219	6 156	6 235	..
Mixtes, ensemble des entreprises	**..**	**..**	**..**	**..**	**..**	**115**	**71**	**..**
Total								
Entreprises nationales	7 759	7 075	7 132	6 557	8 402	8 273	8 145	..
Entreprises sous contrôle étranger	1 523	1 433	486	1 149	942	906	735	..
Succursales d'entreprises étrangères	61	69	23	0	..	..	..	..
Ensemble des entreprises	7 820	7 144	7 155	6 557	8 402	8 273	8 145	..
1.5 Opérations à l'étranger par succursale, primes brutes								
Vie								
Succursales et agences	540	370	276	..	253	260	291	..
Filiales	..	..	..	..	..	..	..	..
Total	540	370	276	267	253	260	291	..
Non-vie								
Succursales et agences	1 276	1 132	1 289	..	175	163	153	..
Filiales	..	..	..	..	..	..	..	..
Total	1 276	1 132	1 289	1 487	175	163	153	..
Mixtes total	**..**	**..**	**..**	**..**	**..**	**0**	**477**	**..**
Total								
Succursales et agences	1 816	1 502	1 565	..	428	423	921	..
Filiales	..	..	..	..	..	..	..	..
Total	1 816	1 502	1 565	1 754	428	423	921	..

.. Non disponible

Note : Voir les métadonnées détaillées sur : *http://metalinks.oecd.org/ins/20210324/0467*.

Source : *Statistiques de l'OCDE sur les assurances (base de données)*

PAYS-BAS

Tableau 2. Nombre d'entreprises et d'employés

	2012	2013	2014	2015	2016	2017	2018	2019
2.1 Nombre d'entreprises								
Vie								
Entreprises nationales	41	36	38	..	31	30	27	..
Entreprises sous contrôle étranger	6	6	7	..	11	10	6	..
Succursales d'entreprises étrangères	4	4	0	..	..	..	..	..
Ensemble des entreprises	45	40	38	..	31	30	27	..
Non-vie								
Entreprises nationales	158	316	136	..	107	101	96	..
Entreprises sous contrôle étranger	15	14	8	..	9	8	7	..
Succursales d'entreprises étrangères	2	1	2	..	..	..	..	..
Ensemble des entreprises	160	317	138	..	107	101	96	..
Mixtes, ensemble des entreprises	**0**	**0**	**0**	**0**	**0**	**0**	..	..
Réassurance								
Entreprises nationales	15	11	10	..	9	9	8	..
Entreprises sous contrôle étranger	1	0	0	..	0	0	0	..
Succursales d'entreprises étrangères	0	0	0	..	..	..	..	..
Ensemble des entreprises	15	11	10	..	9	9	8	..
Total								
Entreprises nationales	214	363	184	..	147	140	131	..
Entreprises sous contrôle étranger	22	20	15	..	20	18	13	..
Succursales d'entreprises étrangères	6	5	2	..	..	..	..	..
Ensemble des entreprises	220	368	186	..	147	140	131	..
2.2 Nombre d'employés								
Entreprises d'assurance	..	..	..	..	..	..	..	..
Intermédiaires	..	..	..	..	..	..	..	..
Total	..	..	..	..	..	..	..	..

.. Non disponible

Note : Voir les métadonnées détaillées sur : *http://metalinks.oecd.org/ins/20210324/0467*.

Source : *Statistiques de l'OCDE sur les assurances (base de données)*

NOUVELLE-ZÉLANDE

Tableau 1. Agrégats sélectionnés

Millions NZD

	2012	2013	2014	2015	2016	2017	2018	2019
1.1 Opérations d'assurance conclues dans le pays déclarant								
1.1.1 Opérations d'assurance, par intérêt								
Primes brutes								
Entreprises nationales	..	..	..	..	..	..	..	9 384
Entreprises sous contrôle étranger	..	..	..	..	..	..	..	6 678
Succursales d'entreprises étrangères	..	..	..	..	..	..	..	1 634
Ensemble des entreprises	5 665	6 266	6 460	6 678	6 828	7 240	..	11 017
Primes cédées								
Entreprises nationales	..	..	..	..	..	..	..	2 548
Entreprises sous contrôle étranger	..	..	..	..	..	..	..	2 148
Succursales d'entreprises étrangères	..	..	..	..	..	..	..	721
Ensemble des entreprises	1 207	1 412	1 292	1 305	1 789	1 852	..	3 269
Primes nettes émises								
Entreprises nationales	..	..	..	..	..	..	..	6 836
Entreprises sous contrôle étranger	..	..	..	..	..	..	..	4 530
Succursales d'entreprises étrangères	..	..	..	..	..	..	..	912
Ensemble des entreprises	6 365	6 758	7 186	7 523	7 303	7 729	..	7 748
1.1.2 Opérations d'assurance par risque à l'étranger, primes brutes								
Vie	..	..	..	..	..	..	..	0
Non-vie	..	..	..	..	..	..	..	0
Mixtes	..	..	..	..	..	..	..	0
dont :								
Vie	..	..	..	..	..	..	..	0
Non-vie	..	..	..	..	..	..	..	0
Total	..	..	..	..	..	..	..	0
1.1.3 Paiement par catégories d'assurance, primes brutes (vie)								
Rentes	..	..	..	..	..	..	..	1
Unit linked	..	..	..	..	..	..	..	9
Autre assurance vie	..	..	..	..	..	..	..	2 587
Total Assurance Vie	..	..	..	..	..	..	..	2 597
***dont :** Contrats de retraite*	..	..	..	..	..	..	..	0
1.1.4 Paiement par catégories d'assurance, primes brutes (non-vie)								
L'assurance automobile	..	..	..	..	..	..	..	2 154
Les assurances transport (y compris maritime et aérien)	..	..	..	..	..	..	..	149
L'assurance de fret	..	..	..	..	..	..	..	..
L'assurance incendie et des dommages aux bien	..	..	..	..	..	..	..	3 388
L'assurance des pertes pécuniaires	..	..	..	..	..	..	..	..
L'assurance de la responsabilité civile générale	..	..	..	..	..	..	..	593
Les assurances accidents et maladie	..	..	..	..	..	..	..	1 678
***dont :** Maladie*	..	..	..	..	..	..	..	1 633
Autres assurances non-vie	..	..	..	..	..	..	..	455
Réassurance obligatoire	..	..	..	..	..	..	..	..
Total assurance non-vie	5 665	6 266	6 460	6 678	6 828	7 240	..	8 415
1.2 Paiements bruts des sinistres								
Vie								
Entreprises nationales	..	..	..	..	..	..	..	556
Entreprises sous contrôle étranger	..	..	..	..	..	..	..	388
Succursales d'entreprises étrangères	..	..	..	..	..	..	..	355
Ensemble des entreprises	1 360	1 303	1 399	1 544	1 598	1 579	..	911
Non-vie								
Entreprises nationales	..	..	..	..	..	..	..	4 730
Entreprises sous contrôle étranger	..	..	..	..	..	..	..	3 119
Succursales d'entreprises étrangères	..	..	..	..	..	..	..	588
Ensemble des entreprises	9 531	4 539	5 642	6 302	4 864	6 662	..	5 318
Mixtes								
Entreprises nationales	..	..	..	..	..	..	..	755
Entreprises sous contrôle étranger	..	..	..	..	..	..	..	590
Succursales d'entreprises étrangères	..	..	..	..	..	..	..	84
Ensemble des entreprises	..	..	..	..	..	..	..	839
dont :								
Vie	..	..	..	..	..	..	..	549
Entreprises nationales	..	..	..	..	..	..	..	478
Entreprises sous contrôle étranger	..	..	..	..	..	..	..	372
Succursales d'entreprises étrangères	..	..	..	..	..	..	..	71
Ensemble des entreprises	..	..	..	..	..	..	..	549
Non-vie	..	..	..	..	..	..	..	291
Entreprises nationales	..	..	..	..	..	..	..	277
Entreprises sous contrôle étranger	..	..	..	..	..	..	..	218
Succursales d'entreprises étrangères	..	..	..	..	..	..	..	13
Ensemble des entreprises	..	..	..	..	..	..	..	291
Total								
Entreprises nationales	..	..	..	..	..	..	..	6 041
Entreprises sous contrôle étranger	..	..	..	..	..	..	..	4 097
Succursales d'entreprises étrangères	..	..	..	..	..	..	..	1 027
Ensemble des entreprises	10 891	5 842	7 041	7 846	6 462	8 241	..	7 068

NOUVELLE-ZÉLANDE

Tableau 1. Agrégats sélectionnés *(suite)*

Millions NZD

	2012	2013	2014	2015	2016	2017	2018	2019
1.3 Commissions								
Vie								
Entreprises nationales	..	..	..	..	..	..	..	169
Entreprises sous contrôle étranger	..	..	..	..	..	..	..	105
Succursales d'entreprises étrangères	..	..	..	..	..	..	..	35
Ensemble des entreprises	..	..	..	..	..	..	..	204
Non-vie								
Entreprises nationales	..	..	..	..	..	..	..	659
Entreprises sous contrôle étranger	..	..	..	..	..	..	..	618
Succursales d'entreprises étrangères	..	..	..	..	..	..	..	190
Ensemble des entreprises	..	..	..	..	..	..	..	849
Mixtes								
Entreprises nationales	..	..	..	..	..	..	..	313
Entreprises sous contrôle étranger	..	..	..	..	..	..	..	196
Succursales d'entreprises étrangères	..	..	..	..	..	..	..	31
Ensemble des entreprises	..	..	..	..	..	..	..	343
dont :								
Vie	..	..	..	..	..	..	..	267
Entreprises nationales	..	..	..	..	..	..	..	240
Entreprises sous contrôle étranger	..	..	..	..	..	..	..	144
Succursales d'entreprises étrangères	..	..	..	..	..	..	..	27
Ensemble des entreprises	..	..	..	..	..	..	..	267
Non-vie	..	..	..	..	..	..	..	76
Entreprises nationales	..	..	..	..	..	..	..	73
Entreprises sous contrôle étranger	..	..	..	..	..	..	..	52
Succursales d'entreprises étrangères	..	..	..	..	..	..	..	3
Ensemble des entreprises	..	..	..	..	..	..	..	76
Total								
Entreprises nationales	..	..	..	..	..	..	..	1 140
Entreprises sous contrôle étranger	..	..	..	..	..	..	..	918
Succursales d'entreprises étrangères	..	..	..	..	..	..	..	256
Ensemble des entreprises	..	..	..	..	..	..	..	1 396
1.4 Dépenses brutes d'exploitation								
Vie								
Entreprises nationales	..	..	..	..	..	..	..	291
Entreprises sous contrôle étranger	..	..	..	..	..	..	..	206
Succursales d'entreprises étrangères	..	..	..	..	..	..	..	70
Ensemble des entreprises	2 169	2 151	2 384	2 323	2 489	2 476	..	360
Non-vie								
Entreprises nationales	..	..	..	..	..	..	..	989
Entreprises sous contrôle étranger	..	..	..	..	..	..	..	655
Succursales d'entreprises étrangères	..	..	..	..	..	..	..	153
Ensemble des entreprises	12 070	6 102	7 490	8 472	6 875	8 884	..	1 142
Mixtes								
Entreprises nationales	..	..	..	..	..	..	..	342
Entreprises sous contrôle étranger	..	..	..	..	..	..	..	258
Succursales d'entreprises étrangères	..	..	..	..	..	..	..	38
Ensemble des entreprises	..	..	..	..	..	..	..	380
dont :								
Vie	..	..	..	..	..	..	..	294
Entreprises nationales	..	..	..	..	..	..	..	261
Entreprises sous contrôle étranger	..	..	..	..	..	..	..	200
Succursales d'entreprises étrangères	..	..	..	..	..	..	..	33
Ensemble des entreprises	..	..	..	..	..	..	..	294
Non-vie	..	..	..	..	..	..	..	86
Entreprises nationales	..	..	..	..	..	..	..	81
Entreprises sous contrôle étranger	..	..	..	..	..	..	..	58
Succursales d'entreprises étrangères	..	..	..	..	..	..	..	5
Ensemble des entreprises	..	..	..	..	..	..	..	86
Total								
Entreprises nationales	..	..	..	..	..	..	..	1 622
Entreprises sous contrôle étranger	..	..	..	..	..	..	..	1 119
Succursales d'entreprises étrangères	..	..	..	..	..	..	..	261
Ensemble des entreprises	14 239	8 253	9 874	10 795	9 364	11 360	..	1 882

NOUVELLE-ZÉLANDE

Tableau 1. Agrégats sélectionnés *(suite)*

Millions NZD

	2012	2013	2014	2015	2016	2017	2018	2019
1.5 Opérations à l'étranger par succursale, primes brutes								
Vie								
Succursales et agences	..	..	..	..	..	..	..	0
Filiales	..	..	..	..	..	..	..	..
Total	..	..	..	..	..	..	..	0
Non-vie								
Succursales et agences	..	..	..	..	..	..	..	22
Filiales	..	..	..	..	..	..	..	..
Total	..	..	..	..	..	..	..	22
Mixtes								
Succursales et agences	..	..	..	..	..	..	..	0
Filiales	..	..	..	..	..	..	..	..
Total	..	..	..	..	..	..	..	0
dont :								
Vie	..	..	..	..	..	..	..	0
Succursales et agences	..	..	..	..	..	..	..	0
Filiales	..	..	..	..	..	..	..	..
Total	..	..	..	..	..	..	..	0
Non-vie	..	..	..	..	..	..	..	0
Succursales et agences	..	..	..	..	..	..	..	0
Filiales	..	..	..	..	..	..	..	..
Total	..	..	..	..	..	..	..	0
Total								
Succursales et agences	..	..	..	..	..	..	..	22
Filiales	..	..	..	..	..	..	..	..
Total	..	..	..	..	..	..	..	22

.. Non disponible
Note : Voir les métadonnées détaillées sur : *http://metalinks.oecd.org/ins/20210324/a1f9.*
Source : *Statistiques de l'OCDE sur les assurances (base de données)*

NOUVELLE-ZÉLANDE

Tableau 2. Nombre d'entreprises et d'employés

	2012	2013	2014	2015	2016	2017	2018	2019
2.1 Nombre d'entreprises								
Vie								
Entreprises nationales	..	..	..	..	..	..	..	14
Entreprises sous contrôle étranger	..	..	..	..	..	..	..	6
Succursales d'entreprises étrangères	..	..	..	..	..	..	..	3
Ensemble des entreprises	43	37	43	30	30	30	..	17
Non-vie								
Entreprises nationales	..	..	..	..	..	..	..	31
Entreprises sous contrôle étranger	..	..	..	..	..	..	..	9
Succursales d'entreprises étrangères	..	..	..	..	..	..	..	20
Ensemble des entreprises	142	130	145	102	90	87	..	51
Mixtes								
Entreprises nationales	..	..	..	..	..	..	..	10
Entreprises sous contrôle étranger	..	..	..	..	..	..	..	3
Succursales d'entreprises étrangères	..	..	..	..	..	..	..	1
Ensemble des entreprises	..	..	..	..	..	..	..	11
Réassurance								
Entreprises nationales	..	..	..	..	..	..	..	0
Entreprises sous contrôle étranger	..	..	..	..	..	..	..	0
Succursales d'entreprises étrangères	..	..	..	..	..	..	..	9
Ensemble des entreprises	..	..	..	..	..	..	..	9
Total								
Entreprises nationales	..	..	..	..	..	..	..	55
Entreprises sous contrôle étranger	..	..	..	..	..	..	..	18
Succursales d'entreprises étrangères	..	..	..	..	..	..	..	32
Ensemble des entreprises	185	167	188	132	120	117	..	87
2.2 Nombre d'employés								
Entreprises d'assurance	..	10 780	10 720	10 680	..	..	..	..
Intermédiaires	..	..	..	..	..	..	..	..
Total	10 640	10 780	..	..	..	..	..	..

.. Non disponible

Note : Voir les métadonnées détaillées sur : *http://metalinks.oecd.org/ins/20210324/a1f9*.

Source : *Statistiques de l'OCDE sur les assurances (base de données)*

NORVÈGE

Tableau 1. Agrégats sélectionnés

Millions NOK

	2012	2013	2014	2015	2016	2017	2018	2019
1.1 Opérations d'assurance conclues dans le pays déclarant								
1.1.1 Opérations d'assurance, par intérêt								
Primes brutes								
Entreprises nationales	119 751	119 149	134 884	135 864	138 612	139 748	148 945	161 842
Entreprises sous contrôle étranger	8 589	8 948	11 029	13 195	..	..	..	..
Succursales d'entreprises étrangères	30 039	30 872	31 867	30 638	31 150	29 049	29 917	32 324
Ensemble des entreprises	149 790	150 021	166 751	166 502	169 762	168 797	178 862	194 166
Primes cédées								
Entreprises nationales	6 252	6 396	6 891	7 973	7 053	7 061	7 109	6 671
Entreprises sous contrôle étranger	316	173	198	218	..	..	..	..
Succursales d'entreprises étrangères	4 290	4 219	4 653	4 976	5 362	4 814	4 868	5 613
Ensemble des entreprises	10 542	10 614	11 544	12 950	12 415	11 876	11 976	12 284
Primes nettes émises								
Entreprises nationales	113 499	112 754	127 993	127 890	131 559	132 686	141 836	155 171
Entreprises sous contrôle étranger	8 273	8 775	10 832	12 978	..	..	..	..
Succursales d'entreprises étrangères	25 749	26 653	27 213	25 662	25 788	24 235	25 049	26 711
Ensemble des entreprises	139 248	139 407	155 206	153 552	157 347	156 921	166 885	181 882
1.1.2 Opérations d'assurance par risque à l'étranger, primes brutes								
Vie	31	..	..	9	7	6	4 144	2
Non-vie	7 352	6 202	11 468	11 250	10 855	10 417	10 989	12 310
Mixtes total	..	..	..	..	..	..	..	..
Total	7 383	6 202	11 468	11 260	10 862	10 422	15 133	12 313
1.1.3 Paiement par catégories d'assurance, primes brutes (vie)								
Rentes	..	..	..	..	..	..	..	..
Unit linked	..	..	..	..	..	..	..	..
Autre assurance vie	..	..	..	..	..	..	..	..
Total assurance vie	81 742	81 299	92 185	91 794	94 093	93 577	99 961	108 693
***dont :** Contrats de retraite*	69 652	66 873	..	..	..	..	..	..
1.1.4 Paiement par catégories d'assurance, primes brutes (non-vie)								
L'assurance automobile	19 403	..	20 378	20 706	20 897	21 029	22 316	24 811
Les assurances transport (y compris maritime et aérien)	9 581	..	6 574	5 201	15 291	5 292	5 203	11 270
L'assurance de fret	..	..	..	..	0	..	..	..
L'assurance incendie et des dommages aux bien	17 738	..	18 195	19 041	23 135	22 553	23 487	25 120
L'assurance des pertes pécuniaires	585	..	127	97	432	92	98	..
L'assurance de la responsabilité civile générale	1 755	..	1 695	1 637	2 000	1 774	1 980	3 276
Les assurances accidents et maladie	6 111	..	5 608	5 553	10 526	10 288	11 075	12 004
***dont :** Maladie*	..	..	..	..	0	..	..	..
Autres assurances non-vie	12 875	..	21 989	13 048	7 085	6 088	12 644	8 992
Réassurance obligatoire	..	..	..	..	0	..	2 099	..
Total assurance non-vie	68 048	..	74 566	65 283	79 366	67 116	78 901	85 472
1.2 Paiements bruts des sinistres								
Vie								
Entreprises nationales	45 033	45 143	45 742	49 007	51 548	54 419	58 887	60 593
Entreprises sous contrôle étranger	3 120	3 186	3 150	4 796	.. c	..	..	.. c
Succursales d'entreprises étrangères	482	692	476	235	288	281	298	288
Ensemble des entreprises	45 515	45 835	46 218	49 242	51 836	54 700	59 185	60 881
Non-vie								
Entreprises nationales	28 356	23 486	30 742	34 587	32 537	31 896	34 370	37 564
Entreprises sous contrôle étranger	542	.. c	.. c	.. c	.. c	..	..	.. c
Succursales d'entreprises étrangères	24 549	20 026	22 287	21 584	21 146	20 655	20 427	23 006
Ensemble des entreprises	52 905	43 512	53 030	56 170	53 683	52 550	54 797	60 569
Mixtes, ensemble des entreprises	..	..	..	..	..	..	..	..
Total								
Entreprises nationales	73 389	68 629	76 485	83 593	84 085	86 315	93 257	98 157
Entreprises sous contrôle étranger	3 662	3 186	3 150	4 796	..	..	..	..
Succursales d'entreprises étrangères	25 031	20 718	22 763	21 819	21 434	20 935	20 725	23 294
Ensemble des entreprises	98 420	89 347	99 248	105 413	105 519	107 250	113 983	121 451
1.3 Commissions								
Vie								
Entreprises nationales	692	774	839	916	890	783	737	913
Entreprises sous contrôle étranger	152	179	202	227	.. c	.. c	.. c	.. c
Succursales d'entreprises étrangères	0	0	0	..	..	..	..	..
Ensemble des entreprises	692	774	839	916	890	783	737	913
Non-vie								
Entreprises nationales	1 507	1 536	2 204	2 119	1 956	2 105	2 309	2 684
Entreprises sous contrôle étranger	35	.. c	.. c	..	.. c	.. c	.. c	.. c
Succursales d'entreprises étrangères	1 101	1 084	1 099	1 107	950	915	916	952
Ensemble des entreprises	2 608	2 619	3 303	3 226	2 906	3 020	3 224	3 636
Mixtes, ensemble des entreprises	..	..	..	..	..	..	..	..
Total								
Entreprises nationales	2 199	2 310	3 043	3 035	2 846	2 889	3 046	3 597
Entreprises sous contrôle étranger	187	179	202	227	..	..	..	..
Succursales d'entreprises étrangères	1 101	1 084	1 099	1 107	950	915	916	952
Ensemble des entreprises	3 300	3 393	4 142	4 142	3 797	3 804	3 961	4 549

NORVÈGE

Tableau 1. Agrégats sélectionnés (*suite*)

Millions NOK

	2012	2013	2014	2015	2016	2017	2018	2019
1.4 Dépenses brutes d'exploitation								
Vie								
Entreprises nationales	7 019	6 688	7 205	7 383	7 750	7 380	7 817	8 313
Entreprises sous contrôle étranger	692	185	807	765	.. c	..	..	..
Succursales d'entreprises étrangères	0	126	162	..	157	143	126	83
Ensemble des entreprises	7 019	6 814	7 367	7 383	7 907	7 523	7 943	8 396
Non-vie								
Entreprises nationales	5 527	5 925	6 585	6 138	6 139	6 956	11 045	8 474
Entreprises sous contrôle étranger	48	.. c	.. c	.. c	.. c	..	..	..
Succursales d'entreprises étrangères	4 765	4 203	5 318	5 574	5 465	4 732	5 207	4 862
Ensemble des entreprises	10 292	10 128	11 903	11 712	11 605	11 688	16 252	13 336
Mixtes, ensemble des entreprises	..	..	..	..	..	..	..	..
Total								
Entreprises nationales	12 546	12 613	13 790	13 521	13 889	14 336	18 862	16 787
Entreprises sous contrôle étranger	740	185	807	765	..	..	..	..
Succursales d'entreprises étrangères	4 765	4 329	5 480	5 574	5 623	4 875	5 333	4 945
Ensemble des entreprises	17 311	16 942	19 270	19 095	19 512	19 211	24 195	21 732
1.5 Opérations à l'étranger par succursale, primes brutes								
Vie								
Succursales et agences	..	.. c	..	..	..	..	..	..
Filiales	..	..	..	..	..	..	..	..
Total	..	.. c	..	..	..	..	..	..
Non-vie								
Succursales et agences	2 454	1 134	4 636	1 569	7 141	2 493	2 431	4 073
Filiales	..	.. c	.. c	..	..	..	..	..
Total	2 454	1 134	4 636	1 569	7 141	2 493	2 431	4 073
Mixtes total	..	..	..	..	..	..	..	..
Total								
Succursales et agences	2 454	1 134	4 636	1 569	7 141	2 493	2 431	4 073
Filiales	..	..	..	..	..	..	..	..
Total	2 454	1 134	4 636	1 569	7 141	2 493	2 431	4 073

.. Non disponible ; c Donnée confidentielle

Note : Voir les métadonnées détaillées sur : *http://metalinks.oecd.org/ins/20210324/f778*.

Source : *Statistiques de l'OCDE sur les assurances (base de données)*

NORVÈGE

Tableau 2. Nombre d'entreprises et d'employés

	2012	2013	2014	2015	2016	2017	2018	2019
2.1 Nombre d'entreprises								
Vie								
Entreprises nationales	10	12	10	10	10	13	12	11
Entreprises sous contrôle étranger	2	2	2	2	2	3	3	3
Succursales d'entreprises étrangères	9	9	7	7	7	6	6	6
Ensemble des entreprises	19	21	17	17	17	19	18	17
Non-vie								
Entreprises nationales	63	59	59	58	59	58	56	55
Entreprises sous contrôle étranger	1	1	1	2	2	2	1	1
Succursales d'entreprises étrangères	25	25	22	21	23	23	21	24
Ensemble des entreprises	88	84	81	79	82	81	77	79
Mixtes, ensemble des entreprises	**0**	**0**	**0**	**0**	..	..	..	..
Réassurance								
Entreprises nationales	..	..	..	..	..	..	..	..
Entreprises sous contrôle étranger	..	..	..	..	..	..	..	..
Succursales d'entreprises étrangères	..	..	..	..	..	..	..	..
Ensemble des entreprises	..	..	..	..	..	..	..	..
Total								
Entreprises nationales	73	71	69	68	69	71	68	66
Entreprises sous contrôle étranger	3	3	3	4	4	5	4	4
Succursales d'entreprises étrangères	34	34	29	28	30	29	27	30
Ensemble des entreprises	107	105	98	96	99	100	95	96
2.2 Nombre d'employés								
Entreprises d'assurance	..	..	..	..	..	..	..	..
Intermédiaires	..	..	..	..	..	..	..	..
Total	..	..	..	..	..	..	..	..

.. Non disponible
Note : Voir les métadonnées détaillées sur : *http://metalinks.oecd.org/ins/20210324/f778.*
Source : *Statistiques de l'OCDE sur les assurances (base de données)*

POLOGNE

Tableau 1. Agrégats sélectionnés

Millions PLN

	2012	2013	2014	2015	2016	2017	2018	2019
1.1 Opérations d'assurance conclues dans le pays déclarant								
1.1.1 Opérations d'assurance, par intérêt								
Primes brutes								
Entreprises nationales	62 627	57 863	54 927	54 804	56 039	62 339	62 161	63 838
Entreprises sous contrôle étranger	35 100	31 562	30 425	30 801	31 961	33 189	33 452	35 129
Succursales d'entreprises étrangères	..	..	..	..	..	..	..	..
Ensemble des entreprises	62 627	57 863	54 927	54 804	56 039	62 339	62 161	63 838
Primes cédées								
Entreprises nationales	4 598	4 214	4 170	5 197	6 765	7 216	7 235	7 940
Entreprises sous contrôle étranger	4 224	3 664	3 533	4 355	4 798	4 664	4 396	4 768
Succursales d'entreprises étrangères	..	..	..	..	..	..	..	..
Ensemble des entreprises	4 598	4 214	4 170	5 197	6 765	7 216	7 235	7 940
Primes nettes émises								
Entreprises nationales	58 029	53 649	50 757	49 606	49 274	55 123	54 927	55 898
Entreprises sous contrôle étranger	30 876	27 898	26 892	26 446	27 163	28 525	29 057	30 361
Succursales d'entreprises étrangères	..	..	..	..	..	..	..	..
Ensemble des entreprises	58 029	53 649	50 757	49 606	49 274	55 123	54 927	55 898
1.1.2 Opérations d'assurance par risque à l'étranger, primes brutes								
Vie	..	..	..	..	..	118	100	215
Non-vie	..	..	..	..	..	181	255	422
Mixtes total	..	..	..	..	..	..	..	..
Total	..	..	..	..	..	299	355	637
1.1.3 Paiement par catégories d'assurance, primes brutes (vie)								
Rentes	99	107	114	131	138	0	0	0
Unit linked	12 046	13 052	12 600	12 996	10 325	10 955	7 487	6 440
Autre assurance vie	24 203	18 082	15 933	14 377	13 370	13 583	14 216	14 836
Total assurance vie	36 348	31 241	28 646	27 505	23 833	24 539	21 702	21 275
***dont :** Contrats de retraite*	371	396	356	356	..	243	230	226
1.1.4 Paiement par catégories d'assurance, primes brutes (non-vie)								
L'assurance automobile	14 780	13 945	13 397	13 910	18 744	23 249	24 295	24 638
Les assurances transport (y compris maritime et aérien)	256	267	275	210	185	271	319	435
L'assurance de fret	119	117	126	116	120	..	..	0
L'assurance incendie et des dommages aux bien	5 441	5 973	5 715	5 938	6 246	6 877	7 618	8 249
L'assurance des pertes pécuniaires	1 526	1 858	2 149	1 893	1 805	1 713	1 812	2 203
L'assurance de la responsabilité civile générale	1 773	1 891	1 964	2 134	1 915	2 064	2 297	2 518
Les assurances accidents et maladie	1 801	1 926	2 007	2 273	2 222	2 347	2 715	2 972
***dont :** Maladie*	513	612	656	613	618	561	872	942
Autres assurances non-vie	554	622	627	804	947	1 256	1 403	1 379
Réassurance obligatoire	..	..	..	..	..	..	..	0
Total assurance non-vie	26 250	26 599	26 260	27 278	32 182	37 777	40 459	42 392
1.2 Paiements bruts des sinistres								
Vie								
Entreprises nationales	25 917	23 087	20 360	19 358	18 284	20 315	21 401	17 292
Entreprises sous contrôle étranger	13 331	10 927	9 783	8 795	9 543	9 295	10 029	7 810
Succursales d'entreprises étrangères	..	..	..	..	..	..	..	..
Ensemble des entreprises	25 917	23 087	20 360	19 358	18 284	20 315	21 401	17 292
Non-vie								
Entreprises nationales	14 046	13 711	13 811	15 488	18 393	19 931	21 011	22 605
Entreprises sous contrôle étranger	8 890	8 434	8 579	9 515	10 911	11 453	12 435	13 797
Succursales d'entreprises étrangères	..	..	..	..	..	..	..	..
Ensemble des entreprises	14 046	13 711	13 811	15 488	18 393	19 931	21 011	22 605
Mixtes, ensemble des entreprises	..	..	..	..	..	..	..	..
Total								
Entreprises nationales	39 963	36 798	34 171	34 846	36 677	40 246	42 412	39 896
Entreprises sous contrôle étranger	22 221	19 362	18 363	18 310	20 454	20 748	22 464	21 607
Succursales d'entreprises étrangères	..	..	..	..	..	..	..	..
Ensemble des entreprises	39 963	36 798	34 171	34 846	36 677	40 246	42 412	39 896
1.3 Commissions								
Vie								
Entreprises nationales	70	93	203	231	222	183	2 854	2 719
Entreprises sous contrôle étranger	69	70	191	223	218	179	1 754	1 594
Succursales d'entreprises étrangères	..	..	..	..	..	..	..	..
Ensemble des entreprises	70	93	203	231	222	183	2 854	2 719
Non-vie								
Entreprises nationales	657	740	651	719	1 115	1 545	6 720	7 131
Entreprises sous contrôle étranger	648	606	594	657	929	1 122	4 641	4 826
Succursales d'entreprises étrangères	..	..	..	..	..	..	..	..
Ensemble des entreprises	657	740	651	719	1 115	1 545	6 720	7 131
Mixtes, ensemble des entreprises	..	..	..	..	..	..	..	..
Total								
Entreprises nationales	727	833	854	950	1 337	1 727	9 574	9 850
Entreprises sous contrôle étranger	717	676	785	880	1 147	1 301	6 396	6 420
Succursales d'entreprises étrangères	..	..	..	..	..	..	..	..
Ensemble des entreprises	727	833	854	950	1 337	1 727	9 574	9 850

POLOGNE

Tableau 1. Agrégats sélectionnés *(suite)*

Millions PLN

	2012	2013	2014	2015	2016	2017	2018	2019
1.4 Dépenses brutes d'exploitation								
Vie								
Entreprises nationales	6 416	6 146	6 588	6 476	5 647	5 963	5 697	5 230
Entreprises sous contrôle étranger	4 244	3 831	4 369	4 182	3 797	3 491	3 276	2 708
Succursales d'entreprises étrangères	..	..	..	..	..	..	..	..
Ensemble des entreprises	6 416	6 146	6 588	6 476	5 647	5 963	5 697	5 230
Non-vie								
Entreprises nationales	7 733	7 775	8 018	8 335	9 104	12 793	14 073	14 974
Entreprises sous contrôle étranger	5 225	5 090	5 135	5 569	5 978	7 938	8 744	9 193
Succursales d'entreprises étrangères	..	..	..	..	..	..	..	..
Ensemble des entreprises	7 733	7 775	8 018	8 335	9 104	12 793	14 073	14 974
Mixtes, ensemble des entreprises	..	..	..	..	..	..	..	..
Total								
Entreprises nationales	14 149	13 921	14 606	14 811	14 751	18 756	19 770	20 204
Entreprises sous contrôle étranger	9 469	8 921	9 504	9 751	9 776	11 429	12 021	11 901
Succursales d'entreprises étrangères	..	..	..	..	..	..	..	..
Ensemble des entreprises	14 149	13 921	14 606	14 811	14 751	18 756	19 770	20 204
1.5 Opérations à l'étranger par succursale, primes brutes								
Vie								
Succursales et agences	26	..	79	92	..	95	80	99
Filiales	..	..	..	..	..	..	..	..
Total	26	..	79	92	..	95	80	99
Non-vie								
Succursales et agences	53	..	98	116	..	..	0	0
Filiales	..	..	..	..	..	..	..	..
Total	53	..	98	116	..	..	0	0
Mixtes total	..	..	..	..	..	..	..	..
Total								
Succursales et agences	79	..	177	208	..	95	80	99
Filiales	..	..	..	..	..	..	..	..
Total	79	..	177	208	..	95	80	99

.. Non disponible

Note : Voir les métadonnées détaillées sur : *http://metalinks.oecd.org/ins/20210324/fb50.*

Source : *Statistiques de l'OCDE sur les assurances (base de données)*

POLOGNE

Tableau 2. Nombre d'entreprises et d'employés

	2012	2013	2014	2015	2016	2017	2018	2019
2.1 Nombre d'entreprises								
Vie								
Entreprises nationales	28	27	26	28	27	27	26	26
Entreprises sous contrôle étranger	23	21	19	21	21	20	18	17
Succursales d'entreprises étrangères	..	..	..	..	..	..	..	..
Ensemble des entreprises	28	27	26	28	27	27	26	26
Non-vie								
Entreprises nationales	30	30	30	32	33	33	33	32
Entreprises sous contrôle étranger	21	19	19	22	20	19	19	18
Succursales d'entreprises étrangères	..	..	..	..	..	..	..	..
Ensemble des entreprises	30	30	30	32	33	33	33	32
Mixtes, ensemble des entreprises	**0**	**0**	**0**	**0**	**0**	**..**	**..**	**..**
Réassurance								
Entreprises nationales	1	1	1	1	1	1	1	1
Entreprises sous contrôle étranger	1	1	1	1	1	1	1	1
Succursales d'entreprises étrangères	..	..	..	..	..	..	..	..
Ensemble des entreprises	1	1	1	1	1	1	1	1
Total								
Entreprises nationales	59	58	57	61	61	61	60	59
Entreprises sous contrôle étranger	45	41	39	44	42	40	38	36
Succursales d'entreprises étrangères	..	..	..	..	..	..	..	..
Ensemble des entreprises	59	58	57	61	61	61	60	59
2.2 Nombre d'employés								
Entreprises d'assurance	37 205	37 187	35 922	35 282	..	..	..	..
Intermédiaires	58 879	69 621	58 004	49 126	..	..	..	..
Total	96 083	106 808	93 926	84 408	..	..	..	..

.. Non disponible

Note : Voir les métadonnées détaillées sur : *http://metalinks.oecd.org/ins/20210324/fb50.*

Source : *Statistiques de l'OCDE sur les assurances (base de données)*

PORTUGAL

Tableau 1. Agrégats sélectionnés

Millions EUR

	2012	2013	2014	2015	2016	2017	2018	2019
1.1 Opérations d'assurance conclues dans le pays déclarant								
1.1.1 Opérations d'assurance, par intérêt								
Primes brutes								
Entreprises nationales	10 553	12 802	14 051	12 568	10 913	11 455	12 590	11 915
Entreprises sous contrôle étranger	1 553	1 617	8 737	8 890	9 048	10 640	11 441	10 457
Succursales d'entreprises étrangères	0	0	0	0	0	0	0	0
Ensemble des entreprises	10 553	12 802	14 051	12 568	10 913	11 455	12 590	11 915
Primes cédées								
Entreprises nationales	1 096	1 144	1 118	1 194	1 214	1 307	1 338	1 638
Entreprises sous contrôle étranger	130	140	836	924	992	1 180	1 209	1 505
Succursales d'entreprises étrangères	0	0	0	0	0	0	0	0
Ensemble des entreprises	1 096	1 144	1 118	1 194	1 214	1 307	1 338	1 638
Primes nettes émises								
Entreprises nationales	9 457	11 658	12 933	11 374	9 698	10 148	11 252	10 277
Entreprises sous contrôle étranger	1 423	1 477	7 902	7 966	8 056	9 460	10 232	8 952
Succursales d'entreprises étrangères	0	0	0	0	0	0	0	0
Ensemble des entreprises	9 457	11 658	12 933	11 374	9 698	10 148	11 252	10 277
1.1.2 Opérations d'assurance par risque à l'étranger, primes brutes								
Vie	2	3	13	8	11	8	0	0
Non-vie	15	14	13	13	4	7	8	15
Mixtes	54	64	92	107	127	129	195	252
dont :								
Vie	27	27	53	63	70	74	132	183
Non-vie	27	38	39	44	57	55	63	69
Total	72	81	118	129	142	144	203	267
1.1.3 Paiement par catégories d'assurance, primes brutes (vie)								
Rentes	46	79	64	109	142	183	142	40
Unit linked	1 999	1 851	1 966	2 119	1 655	2 077	1 703	1 647
Autre assurance vie	4 633	7 094	8 220	6 254	4 708	4 450	5 934	5 072
Total Assurance Vie	6 678	9 023	10 249	8 481	6 504	6 710	7 779	6 759
***dont :** Contrats de retraite*	..	..	..	..	..	..	..	..
1.1.4 Paiement par catégories d'assurance, primes brutes (non-vie)								
L'assurance automobile	1 353	1 277	1 256	1 316	1 399	1 482	1 429	1 517
Les assurances transport (y compris maritime et aérien)	35	33	29	28	25	27	26	29
L'assurance de fret	25	25	24	23	22	22	0	21
L'assurance incendie et des dommages aux bien	702	700	699	745	771	795	764	820
L'assurance des pertes pécuniaires	63	69	70	73	84	83	47	95
L'assurance de la responsabilité civile générale	89	84	87	94	99	102	101	117
Les assurances accidents et maladie	1 430	1 413	1 452	1 602	1 783	1 999	2 141	2 354
***dont :** Maladie*	838	862	896	973	1 084	1 208	1 307	1 429
Autres assurances non-vie	177	178	183	205	225	235	239	201
Réassurance obligatoire	0	0	0	0	0	0	..	..
Total assurance non-vie	3 874	3 778	3 802	4 086	4 408	4 745	4 747	5 155
1.2 Paiements bruts des sinistres								
Vie								
Entreprises nationales	4 875	4 518	5 254	6 133	6 568	3 940	3 306	3 141
Entreprises sous contrôle étranger	461	374	2 667	2 724	2 252	2 853	2 749	2 547
Succursales d'entreprises étrangères	0	0	0	0	0	0	0	0
Ensemble des entreprises	4 875	4 518	5 254	6 133	6 568	3 940	3 306	3 141
Non-vie								
Entreprises nationales	1 471	1 446	1 407	1 520	1 336	1 413	1 530	1 550
Entreprises sous contrôle étranger	385	376	1 174	1 278	1 070	1 130	1 200	1 246
Succursales d'entreprises étrangères	0	0	0	0	0	0	0	0
Ensemble des entreprises	1 471	1 446	1 407	1 520	1 336	1 413	1 530	1 550
Mixtes								
Entreprises nationales	5 927	5 427	5 201	5 128	4 554	4 230	5 086	4 341
Entreprises sous contrôle étranger	541	562	3 991	3 922	4 501	4 180	4 606	3 877
Succursales d'entreprises étrangères	0	0	0	0	0	0	0	0
Ensemble des entreprises	5 927	5 427	5 201	5 128	4 554	4 230	5 086	4 341
dont :								
Vie	4 616	4 067	3 895	3 840	2 867	2 479	3 320	2 568
Entreprises nationales	4 616	4 067	3 895	3 840	2 867	2 479	3 320	2 568
Entreprises sous contrôle étranger	184	167	2 904	2 839	2 815	2 431	2 843	2 106
Succursales d'entreprises étrangères	0	0	0	0	0	0	0	0
Ensemble des entreprises	4 616	4 067	3 895	3 840	2 867	2 479	3 320	2 568
Non-vie	1 311	1 360	1 306	1 288	1 687	1 751	1 766	1 774
Entreprises nationales	1 311	1 360	1 306	1 288	1 687	1 751	1 766	1 774
Entreprises sous contrôle étranger	357	395	1 087	1 083	1 686	1 749	1 763	1 771
Succursales d'entreprises étrangères	0	0	0	0	0	0	0	0
Ensemble des entreprises	1 311	1 360	1 306	1 288	1 687	1 751	1 766	1 774
Total								
Entreprises nationales	12 274	11 391	11 861	12 782	12 458	9 582	9 922	9 032
Entreprises sous contrôle étranger	1 387	1 312	7 832	7 923	7 822	8 163	8 555	7 670
Succursales d'entreprises étrangères	0	0	0	0	0	0	0	0
Ensemble des entreprises	12 274	11 391	11 861	12 782	12 458	9 582	9 922	9 032

PORTUGAL

Tableau 1. Agrégats sélectionnés *(suite)*

Millions EUR

	2012	2013	2014	2015	2016	2017	2018	2019
1.3 Commissions								
Vie								
Entreprises nationales	47	144	40	77	105	103	89	132
Entreprises sous contrôle étranger	7	7	15	41	42	85	78	116
Succursales d'entreprises étrangères	0	0	0	0	0	0	0	0
Ensemble des entreprises	47	144	40	77	105	103	89	132
Non-vie								
Entreprises nationales	157	156	153	178	164	183	194	220
Entreprises sous contrôle étranger	40	38	117	133	98	115	124	141
Succursales d'entreprises étrangères	0	0	0	0	0	0	0	0
Ensemble des entreprises	157	156	153	178	164	183	194	220
Mixtes								
Entreprises nationales	272	291	301	295	286	351	350	393
Entreprises sous contrôle étranger	81	99	208	222	283	344	333	373
Succursales d'entreprises étrangères	0	0	0	0	0	0	0	0
Ensemble des entreprises	272	291	301	295	286	351	350	393
dont :								
Vie	87	98	100	82	49	58	75	86
Entreprises nationales	87	98	100	82	49	58	75	86
Entreprises sous contrôle étranger	21	28	42	44	47	52	58	66
Succursales d'entreprises étrangères	0	0	0	0	0	0	0	0
Ensemble des entreprises	87	98	100	82	49	58	75	86
Non-vie	185	193	201	214	237	293	275	307
Entreprises nationales	185	193	201	214	237	293	275	307
Entreprises sous contrôle étranger	60	71	165	178	236	291	275	306
Succursales d'entreprises étrangères	0	0	0	0	0	0	0	0
Ensemble des entreprises	185	193	201	214	237	293	275	307
Total								
Entreprises nationales	476	591	493	550	554	637	633	745
Entreprises sous contrôle étranger	128	144	339	396	423	543	534	630
Succursales d'entreprises étrangères	0	0	0	0	0	0	0	0
Ensemble des entreprises	476	591	493	550	554	637	633	745
1.4 Dépenses brutes d'exploitation								
Vie								
Entreprises nationales	206	314	212	244	300	298	280	289
Entreprises sous contrôle étranger	36	33	136	163	168	248	246	254
Succursales d'entreprises étrangères	0	0	0	0	0	0	0	0
Ensemble des entreprises	206	314	212	244	300	298	280	289
Non-vie								
Entreprises nationales	511	496	495	550	467	494	513	549
Entreprises sous contrôle étranger	144	133	398	441	357	388	402	430
Succursales d'entreprises étrangères	0	0	0	0	0	0	0	0
Ensemble des entreprises	511	496	495	550	467	494	513	549
Mixtes								
Entreprises nationales	723	715	717	720	711	851	823	859
Entreprises sous contrôle étranger	200	198	541	571	702	839	790	821
Succursales d'entreprises étrangères	0	0	0	0	0	0	0	0
Ensemble des entreprises	723	715	717	720	711	851	823	859
dont :								
Vie	221	234	230	222	148	173	206	207
Entreprises nationales	221	234	230	222	148	173	206	207
Entreprises sous contrôle étranger	49	48	125	145	140	162	175	170
Succursales d'entreprises étrangères	0	0	0	0	0	0	0	0
Ensemble des entreprises	221	234	230	222	148	173	206	207
Non-vie	502	481	487	497	562	678	617	652
Entreprises nationales	502	481	487	497	562	678	617	652
Entreprises sous contrôle étranger	151	151	416	427	562	677	615	651
Succursales d'entreprises étrangères	0	0	0	0	0	0	0	0
Ensemble des entreprises	502	481	487	497	562	678	617	652
Total								
Entreprises nationales	1 440	1 525	1 425	1 513	1 478	1 643	1 615	1 697
Entreprises sous contrôle étranger	380	364	1 076	1 176	1 227	1 474	1 438	1 505
Succursales d'entreprises étrangères	0	0	0	0	0	0	0	0
Ensemble des entreprises	1 440	1 525	1 425	1 513	1 478	1 643	1 615	1 697

PORTUGAL

Tableau 1. Agrégats sélectionnés *(suite)*

Millions EUR

	2012	2013	2014	2015	2016	2017	2018	2019
1.5 Opérations à l'étranger par succursale, primes brutes								
Vie								
Succursales et agences	2	3	13	8	11	8	0	0
Filiales	0	0	0	0	0	0	0	0
Total	2	3	13	8	11	8	0	0
Non-vie								
Succursales et agences	14	12	12	12	1	3	0	6
Filiales	0	0	0	0	0	0	0	0
Total	14	12	12	12	1	3	0	6
Mixtes								
Succursales et agences	54	64	92	107	127	129	195	252
Filiales	0	0	0	0	0	0	0	0
Total	54	64	92	107	127	129	195	252
dont :								
Vie	27	27	53	63	70	74	132	183
Succursales et agences	27	27	53	63	70	74	132	183
Filiales	0	0	0	0	0	0	0	0
Total	27	27	53	63	70	74	132	183
Non-vie	27	38	39	44	57	55	63	69
Succursales et agences	27	38	39	44	57	55	63	69
Filiales	0	0	0	0	0	0	0	0
Total	27	38	39	44	57	55	63	69
Total								
Succursales et agences	70	79	117	128	138	140	195	258
Filiales	0	0	0	0	0	0	0	0
Total	70	79	117	128	138	140	195	258

.. Non disponible

Note : Voir les métadonnées détaillées sur : *http://metalinks.oecd.org/ins/20210324/866c.*

Source : *Statistiques de l'OCDE sur les assurances (base de données)*

Tableau 2. Nombre d'entreprises et d'employés

	2012	2013	2014	2015	2016	2017	2018	2019
2.1 Nombre d'entreprises								
Vie								
Entreprises nationales	14	14	16	16	14	13	12	12
Entreprises sous contrôle étranger	5	5	10	10	9	9	10	10
Succursales d'entreprises étrangères	6	5	5	5	4	4	5	0
Ensemble des entreprises	20	19	21	21	18	17	17	12
Non-vie								
Entreprises nationales	21	21	21	24	23	23	23	22
Entreprises sous contrôle étranger	4	4	15	16	15	15	16	15
Succursales d'entreprises étrangères	25	24	23	21	19	19	23	0
Ensemble des entreprises	46	45	44	45	42	42	46	22
Mixtes								
Entreprises nationales	6	6	5	5	5	6	5	5
Entreprises sous contrôle étranger	2	2	3	3	4	4	3	3
Succursales d'entreprises étrangères	5	6	6	7	7	7	9	0
Ensemble des entreprises	11	12	11	12	12	13	14	5
Réassurance								
Entreprises nationales	1	1	1	1	1	1	1	1
Entreprises sous contrôle étranger	0	0	1	1	1	1	1	1
Succursales d'entreprises étrangères	0	0	0	0	0	0	0	0
Ensemble des entreprises	1	1	1	1	1	1	1	1
Total								
Entreprises nationales	42	42	43	46	43	43	41	40
Entreprises sous contrôle étranger	11	11	29	30	29	29	30	29
Succursales d'entreprises étrangères	36	35	34	33	30	30	37	0
Ensemble des entreprises	78	77	77	79	73	73	78	40
2.2 Nombre d'employés								
Entreprises d'assurance	8 807	9 224	9 252	9 441	9 387	9 381	8 781	8 781
Intermédiaires	24 624	24 207	23 465	22 738	21 426	20 258	18 999	16 763
Total	33 431	33 431	32 717	32 179	30 813	29 639	27 780	25 544

Note : Voir les métadonnées détaillées sur : *http://metalinks.oecd.org/ins/20210324/866c.*

Source : *Statistiques de l'OCDE sur les assurances (base de données)*

RÉPUBLIQUE SLOVAQUE

Tableau 1. Agrégats sélectionnés

Millions EUR

	2012	2013	2014	2015	2016	2017	2018	2019
1.1 Opérations d'assurance conclues dans le pays déclarant								
1.1.1 Opérations d'assurance, par intérêt								
Primes brutes								
Entreprises nationales	2 036	2 082	2 106	2 020	..	4 186	..	2 304
Entreprises sous contrôle étranger	1 863	1 901	1 918	1 827	..	..	..	2 044
Succursales d'entreprises étrangères	121	146	142	143	..	282	..	287
Ensemble des entreprises	2 157	2 228	2 248	2 163	..	4 468	..	2 522
Primes cédées								
Entreprises nationales	294	298	314	319	..	319	..	363
Entreprises sous contrôle étranger	267	268	283	287	..	..	..	280
Succursales d'entreprises étrangères	17	19	17	17	..	31	..	30
Ensemble des entreprises	311	316	331	336	..	350	..	365
Primes nettes émises								
Entreprises nationales	1 742	1 785	1 792	1 701	..	3 868	..	1 941
Entreprises sous contrôle étranger	1 596	1 633	1 635	1 540	..	..	..	1 765
Succursales d'entreprises étrangères	104	127	126	126	..	250	..	258
Ensemble des entreprises	1 846	1 912	1 917	1 827	..	4 118	..	2 157
1.1.2 Opérations d'assurance par risque à l'étranger, primes brutes								
Vie	..	..	..	..	..	..	..	..
Non-vie	..	..	..	..	..	..	..	..
Mixtes	..	..	..	..	..	..	..	..
dont :								
Vie	..	..	..	..	..	..	..	..
Non-vie	..	..	..	..	..	..	..	..
Total	..	..	..	..	..	..	..	..
1.1.3 Paiement par catégories d'assurance, primes brutes (vie)								
Rentes	607	649	623	586	..	2	..	1
Unit linked	409	423	417	351	..	166	..	253
Autre assurance vie	146	164	180	171	..	950	..	947
Total Assurance Vie	1 162	1 236	1 220	1 108	..	1 119	..	1 202
***dont :** Contrats de retraite*	13	12	12	12	..	..	..	..
1.1.4 Paiement par catégories d'assurance, primes brutes (non-vie)								
L'assurance automobile	548	528	532	547	..	309	..	704
Les assurances transport (y compris maritime et aérien)	7	6	6	6	..	10	..	12
L'assurance de fret	8	8	8	8	..	..	..	..
L'assurance incendie et des dommages aux bien	247	250	257	257	..	276	..	297
L'assurance des pertes pécuniaires	24	27	33	34	..	11	..	..
L'assurance de la responsabilité civile générale	68	73	78	78	..	80	..	79
Les assurances accidents et maladie	40	45	49	44	..	..	..	..
***dont :** Maladie*	2	2	2	3	..	..	..	..
Autres assurances non-vie	32	34	35	39	..	397	..	100
Réassurance obligatoire	21	21	32	42	..	..	..	..
Total assurance non-vie	996	992	1 028	1 055	..	1 083	..	1 366
1.2 Paiements bruts des sinistres								
Vie								
Entreprises nationales	93	91	107	98	186	76	..	74
Entreprises sous contrôle étranger	93	91	107	98	..	73	..	71
Succursales d'entreprises étrangères	0	0	0	2	..	117	..	102
Ensemble des entreprises	93	91	108	100	..	193	..	176
Non-vie								
Entreprises nationales	1	0	0	0	..	..	..	..
Entreprises sous contrôle étranger	1	0	0	0	..	..	..	..
Succursales d'entreprises étrangères	44	27	29	32	..	21	..	18
Ensemble des entreprises	45	27	29	32	..	..	..	18
Mixtes								
Entreprises nationales	1 083	1 117	1 084	1 057	2 291	..	..	..
Entreprises sous contrôle étranger	948	979	948	911	1 909	76	..	1 171
Succursales d'entreprises étrangères	12	14	16	16	..	21	..	46
Ensemble des entreprises	1 094	1 131	1 099	1 073	..	..	..	1 367
dont :								
Vie	640	658	646	575	..	..	..	747
Entreprises nationales	632	647	634	563	1 794	..	..	..
Entreprises sous contrôle étranger	527	544	533	457	1 459	72	..	615
Succursales d'entreprises étrangères	8	11	12	12	..	17	..	37
Ensemble des entreprises	640	658	646	575	..	..	..	747
Non-vie	455	473	453	497	..	..	..	620
Entreprises nationales	451	470	450	494	497	..	..	..
Entreprises sous contrôle étranger	421	435	415	454	450	4	..	555
Succursales d'entreprises étrangères	4	4	3	3	..	5	..	9
Ensemble des entreprises	455	473	453	497	..	..	..	620
Total								
Entreprises nationales	1 176	1 208	1 191	1 155	2 477	76	..	74
Entreprises sous contrôle étranger	1 042	1 070	1 055	1 010	1 909	149	..	1 242
Succursales d'entreprises étrangères	55	42	44	49	..	159	..	166
Ensemble des entreprises	1 232	1 249	1 236	1 205	..	193	..	1 561

RÉPUBLIQUE SLOVAQUE

Tableau 1. Agrégats sélectionnés *(suite)*

Millions EUR

	2012	2013	2014	2015	2016	2017	2018	2019
1.3 Commissions								
Vie								
Entreprises nationales	28	29	33	37	..	..	..	..
Entreprises sous contrôle étranger	28	29	33	37	..	..	..	..
Succursales d'entreprises étrangères	1	1	1	2	..	23	..	26
Ensemble des entreprises	29	30	34	39	..	..	..	..
Non-vie								
Entreprises nationales	1	0	0	0	..	..	..	..
Entreprises sous contrôle étranger	1	0	0	0	..	..	..	..
Succursales d'entreprises étrangères	11	13	15	18	..	21	..	22
Ensemble des entreprises	12	13	15	18	..	..	..	..
Mixtes								
Entreprises nationales	238	251	259	250	..	..	..	..
Entreprises sous contrôle étranger	225	238	244	233	..	..	..	..
Succursales d'entreprises étrangères	17	18	4	16	..	20	..	22
Ensemble des entreprises	255	269	264	266	..	..	..	..
dont :								
Vie	102	107	95	89	..	..	..	..
Entreprises nationales	86	93	95	77	..	..	..	..
Entreprises sous contrôle étranger	81	90	91	73	..	..	..	..
Succursales d'entreprises étrangères	16	14	0	12	..	13	..	12
Ensemble des entreprises	102	107	95	89	..	..	..	..
Non-vie	154	162	168	177	..	..	..	..
Entreprises nationales	152	158	164	173	..	..	..	..
Entreprises sous contrôle étranger	143	149	153	160	..	..	..	..
Succursales d'entreprises étrangères	2	4	4	5	..	7	..	10
Ensemble des entreprises	154	162	168	177	..	..	..	..
Total								
Entreprises nationales	266	279	292	287	..	..	..	..
Entreprises sous contrôle étranger	253	267	277	270	..	..	..	..
Succursales d'entreprises étrangères	30	32	21	36	..	64	..	71
Ensemble des entreprises	296	311	313	323	..	..	..	..
1.4 Dépenses brutes d'exploitation								
Vie								
Entreprises nationales	58	57	63	72	..	55	..	107 361 381
Entreprises sous contrôle étranger	58	57	63	72	..	..	..	53 819 969
Succursales d'entreprises étrangères	3	2	2	3	..	51	..	58
Ensemble des entreprises	60	59	65	75	..	105	..	165
Non-vie								
Entreprises nationales	2	0	0	0	..	..	..	..
Entreprises sous contrôle étranger	2	0	0	0	..	..	..	..
Succursales d'entreprises étrangères	26	30	31	32	..	41	..	39
Ensemble des entreprises	28	30	31	32	..	41	..	39
Mixtes								
Entreprises nationales	510	522	529	505	..	502	..	641 249 475
Entreprises sous contrôle étranger	481	492	498	472	..	..	..	..
Succursales d'entreprises étrangères	29	28	7	25	..	29	..	32
Ensemble des entreprises	539	549	536	531	..	531	..	673
dont :								
Vie	231	228	212	187	..	179	..	191
Entreprises nationales	207	207	212	170	..	161	..	173 023 120
Entreprises sous contrôle étranger	195	197	202	160	..	..	..	..
Succursales d'entreprises étrangères	24	21	1	17	..	19	..	18
Ensemble des entreprises	231	228	212	187	..	179	..	191
Non-vie	308	321	324	344	..	351	..	482
Entreprises nationales	303	314	317	336	..	341	..	468 226 356
Entreprises sous contrôle étranger	286	295	295	312	..	..	..	..
Succursales d'entreprises étrangères	5	7	6	8	..	10	..	14
Ensemble des entreprises	308	321	324	344	..	351	..	482
Total								
Entreprises nationales	569	578	592	578	..	556	..	748 610 856
Entreprises sous contrôle étranger	541	549	561	544	..	..	..	53 819 969
Succursales d'entreprises étrangères	57	60	40	60	..	121	..	129
Ensemble des entreprises	627	639	632	638	..	677	..	877

RÉPUBLIQUE SLOVAQUE

Tableau 1. Agrégats sélectionnés *(suite)*

Millions EUR

	2012	2013	2014	2015	2016	2017	2018	2019
1.5 Opérations à l'étranger par succursale, primes brutes								
Vie								
Succursales et agences	0	0	0	1	..	..	..	..
Filiales	0	0	1	5	..	..	..	..
Total	0	0	1	6	..	..	..	..
Non-vie								
Succursales et agences	0	0	0	0	..	..	..	..
Filiales	0	0	0	0	..	..	..	..
Total	0	0	0	0	..	..	..	..
Mixtes								
Succursales et agences	1	1	2	2	..	..	..	..
Filiales	3	3	4	6	..	..	..	..
Total	4	5	6	8	..	..	..	..
dont :								
Vie	0	0	0	0	..	..	..	..
Succursales et agences	0	0	0	0	..	..	..	..
Filiales	0	0	0	0	..	..	..	..
Total	0	0	0	0	..	..	..	..
Non-vie	4	5	6	8	..	..	..	..
Succursales et agences	1	1	2	2	..	..	..	..
Filiales	3	3	4	6	..	..	..	..
Total	4	5	6	8	..	..	..	..
Total								
Succursales et agences	1	1	2	3	..	..	..	..
Filiales	3	3	5	10	..	..	..	..
Total	4	5	7	14	..	..	..	..

.. Non disponible

Note : Voir les métadonnées détaillées sur : *http://metalinks.oecd.org/ins/20210324/c864.*

Source : *Statistiques de l'OCDE sur les assurances (base de données)*

RÉPUBLIQUE SLOVAQUE

Tableau 2. Nombre d'entreprises et d'employés

	2012	2013	2014	2015	2016	2017	2018	2019
2.1 Nombre d'entreprises								
Vie								
Entreprises nationales	5	5	5	5	3	3	..	3
Entreprises sous contrôle étranger	5	5	5	5	3	2	..	2
Succursales d'entreprises étrangères	1	1	1	1	2	2	..	..
Ensemble des entreprises	6	6	6	6	5	5	..	5
Non-vie								
Entreprises nationales	1	0	0	0	0	0	..	0
Entreprises sous contrôle étranger	1	0	0	0	0	0	..	0
Succursales d'entreprises étrangères	16	17	17	17	19	19	..	..
Ensemble des entreprises	17	17	17	17	19	19	..	0
Mixtes								
Entreprises nationales	12	12	12	12	12	12	..	10
Entreprises sous contrôle étranger	10	10	10	10	12	10	..	8
Succursales d'entreprises étrangères	2	2	2	2	18	2	..	..
Ensemble des entreprises	14	14	14	14	30	14	..	18
Réassurance								
Entreprises nationales	0	0	0	0	0	0	..	0
Entreprises sous contrôle étranger	0	0	0	0	0	0	..	0
Succursales d'entreprises étrangères	1	1	1	1	0	0	..	..
Ensemble des entreprises	1	1	1	1	0	0	..	0
Total								
Entreprises nationales	18	17	17	17	15	15	..	13
Entreprises sous contrôle étranger	16	15	15	15	15	12	..	10
Succursales d'entreprises étrangères	20	21	21	21	39	23	..	..
Ensemble des entreprises	38	38	38	38	54	38	..	..
2.2 Nombre d'employés								
Entreprises d'assurance	5 878	5 778	5 937	..	..	..	..	..
Intermédiaires	1 373	..	1 358	..	..	..	..	25 066
Total	7 251	..	7 295	..	..	..	..	..

.. Non disponible

Note : Voir les métadonnées détaillées sur : *http://metalinks.oecd.org/ins/20210324/c864.*

Source : *Statistiques de l'OCDE sur les assurances (base de données)*

SLOVÉNIE

Tableau 1. Agrégats sélectionnés

Millions EUR

	2012	2013	2014	2015	2016	2017	2018	2019
1.1 Opérations d'assurance conclues dans le pays déclarant								
1.1.1 Opérations d'assurance, par intérêt								
Primes brutes								
Entreprises nationales	2 192	2 114	2 095	2 150	2 182	2 298	2 424	2 647
Entreprises sous contrôle étranger	166	166	166	172	180	186	191	522
Succursales d'entreprises étrangères	..	..	..	..	..	..	..	..
Ensemble des entreprises	2 192	2 114	2 095	2 150	2 182	2 298	2 424	2 647
Primes cédées								
Entreprises nationales	283	258	274	256	269	310	320	377
Entreprises sous contrôle étranger	27	27	28	33	39	42	42	65
Succursales d'entreprises étrangères	..	..	..	..	..	..	..	..
Ensemble des entreprises	283	258	274	256	269	310	320	377
Primes nettes émises								
Entreprises nationales	1 909	1 856	1 821	1 894	1 914	1 988	2 105	2 270
Entreprises sous contrôle étranger	139	140	137	139	141	144	149	457
Succursales d'entreprises étrangères	..	..	..	..	..	..	..	..
Ensemble des entreprises	1 909	1 856	1 821	1 894	1 914	1 988	2 105	2 270
1.1.2 Opérations d'assurance par risque à l'étranger, primes brutes								
Vie	0	..	..	..	..	..	..	..
Non-vie	..	0	0	0	..	..	..	..
Mixtes	2	2	1	1	..	..	..	..
dont :								
Vie	..	0	0	1	..	..	..	..
Non-vie	2	1	1	0	..	..	..	..
Total	2	2	2	2	..	..	..	..
1.1.3 Paiement par catégories d'assurance, primes brutes (vie)								
Rentes	..	..	..	..	..	..	..	..
Unit linked	219	201	195	215	213	223	225	258
Autre assurance vie	266	273	284	283	279	293	301	293
Total Assurance Vie	485	473	479	498	492	516	526	551
***dont :** Contrats de retraite*	65	45	37	37	39	41	41	50
1.1.4 Paiement par catégories d'assurance, primes brutes (non-vie)								
L'assurance automobile	559	513	495	484	499	539	590	659
Les assurances transport (y compris maritime et aérien)	18	15	16	18	18	19	21	24
L'assurance de fret	15	14	13	15	16	16	16	13
L'assurance incendie et des dommages aux bien	396	370	372	393	405	415	439	470
L'assurance des pertes pécuniaires	48	49	56	62	62	64	60	62
L'assurance de la responsabilité civile générale	61	63	65	64	72	73	79	87
Les assurances accidents et maladie	580	585	574	591	591	623	661	738
***dont :** Maladie*	467	480	470	484	489	522	556	628
Autres assurances non-vie	30	31	24	25	28	33	34	42
Réassurance obligatoire	0	..	0	0	0	0	0	0
Total assurance non-vie	1 706	1 641	1 616	1 652	1 690	1 782	1 898	2 096
1.2 Paiements bruts des sinistres								
Vie								
Entreprises nationales	40	31	36	52	50	46	..	..
Entreprises sous contrôle étranger	0	0	1	0	2	..	..	..
Succursales d'entreprises étrangères	..	..	..	..	..	..	..	..
Ensemble des entreprises	40	31	36	52	50	46	..	..
Non-vie								
Entreprises nationales	463	482	449	499	491	532	556	595
Entreprises sous contrôle étranger	..	..	..	1	0	..	0	6
Succursales d'entreprises étrangères	..	..	..	..	..	..	..	..
Ensemble des entreprises	463	482	449	499	491	532	556	595
Mixtes								
Entreprises nationales	902	951	941	911	903	995	1 115	1 132
Entreprises sous contrôle étranger	84	93	90	91	95	104	111	326
Succursales d'entreprises étrangères	..	..	..	..	..	..	..	..
Ensemble des entreprises	902	951	941	911	903	995	1 115	1 132
dont :								
Vie	259	299	304	305	314	347	402	424
Entreprises nationales	259	299	304	305	314	347	402	424
Entreprises sous contrôle étranger	47	51	50	51	50	50	49	94
Succursales d'entreprises étrangères	..	..	..	..	..	..	..	..
Ensemble des entreprises	259	299	304	305	314	347	402	424
Non-vie	642	651	637	606	590	648	713	708
Entreprises nationales	642	651	637	606	590	648	713	708
Entreprises sous contrôle étranger	38	42	41	40	45	54	62	232
Succursales d'entreprises étrangères	..	..	..	..	..	..	..	..
Ensemble des entreprises	642	651	637	606	590	648	713	708
Total								
Entreprises nationales	1 404	1 464	1 426	1 461	1 445	1 573	1 670	1 727
Entreprises sous contrôle étranger	85	93	91	91	97	104	111	331
Succursales d'entreprises étrangères	..	..	..	..	..	..	..	..
Ensemble des entreprises	1 404	1 464	1 426	1 461	1 445	1 573	1 670	1 727

Tableau 1. Agrégats sélectionnés (suite)

Millions EUR

	2012	2013	2014	2015	2016	2017	2018	2019
1.3 Commissions								
Vie								
Entreprises nationales	6	3	3	3	3	4	..	..
Entreprises sous contrôle étranger	0	0	0	0	0	..	..	..
Succursales d'entreprises étrangères	..	..	..	..	..	..	..	..
Ensemble des entreprises	6	3	3	3	3	4	..	..
Non-vie								
Entreprises nationales	2	4	7	8	7	8	9	1
Entreprises sous contrôle étranger	..	..	..	0	0	..	0	0
Succursales d'entreprises étrangères	..	..	..	..	..	..	..	..
Ensemble des entreprises	2	4	7	8	7	8	9	1
Mixtes								
Entreprises nationales	80	84	86	89	86	92	104	115
Entreprises sous contrôle étranger	19	19	20	21	28	22	23	49
Succursales d'entreprises étrangères	..	..	..	..	..	..	..	..
Ensemble des entreprises	80	84	86	89	86	92	104	115
dont :								
Vie	27	32	32	34	32	32	35	34
Entreprises nationales	27	32	32	34	32	32	35	34
Entreprises sous contrôle étranger	10	10	10	10	15	9	9	13
Succursales d'entreprises étrangères	..	..	..	..	..	..	..	..
Ensemble des entreprises	27	32	32	34	32	32	35	34
Non-vie	53	52	54	56	54	60	68	81
Entreprises nationales	53	52	54	56	54	60	68	81
Entreprises sous contrôle étranger	9	9	10	11	13	13	14	36
Succursales d'entreprises étrangères	..	..	..	..	..	..	..	..
Ensemble des entreprises	53	52	54	56	54	60	68	81
Total								
Entreprises nationales	89	91	96	100	96	104	112	116
Entreprises sous contrôle étranger	20	19	20	21	28	22	23	49
Succursales d'entreprises étrangères	..	..	..	..	..	..	..	..
Ensemble des entreprises	89	91	96	100	96	104	112	116
1.4 Dépenses brutes d'exploitation								
Vie								
Entreprises nationales	28	14	15	16	12	15	..	..
Entreprises sous contrôle étranger	2	2	1	1	1	..	..	..
Succursales d'entreprises étrangères	..	..	..	..	..	..	..	..
Ensemble des entreprises	28	14	15	16	12	15	..	..
Non-vie								
Entreprises nationales	80	81	86	90	97	97	105	112
Entreprises sous contrôle étranger	..	..	..	0	1	..	1	6
Succursales d'entreprises étrangères	..	..	..	..	..	..	..	..
Ensemble des entreprises	80	81	86	90	97	97	105	112
Mixtes								
Entreprises nationales	361	366	362	368	378	388	418	442
Entreprises sous contrôle étranger	56	47	57	60	60	66	68	146
Succursales d'entreprises étrangères	..	..	..	..	..	..	..	..
Ensemble des entreprises	361	366	362	368	378	388	418	442
dont :								
Vie	93	104	99	100	99	102	116	118
Entreprises nationales	93	104	99	100	99	102	116	118
Entreprises sous contrôle étranger	28	26	27	28	26	27	27	43
Succursales d'entreprises étrangères	..	..	..	..	..	..	..	..
Ensemble des entreprises	93	104	99	100	99	102	116	118
Non-vie	269	263	263	268	279	286	302	324
Entreprises nationales	269	263	263	268	279	286	302	324
Entreprises sous contrôle étranger	28	21	30	32	33	39	41	103
Succursales d'entreprises étrangères	..	..	..	..	..	..	..	..
Ensemble des entreprises	269	263	263	268	279	286	302	324
Total								
Entreprises nationales	469	461	462	474	487	500	523	553
Entreprises sous contrôle étranger	57	49	59	62	62	66	69	152
Succursales d'entreprises étrangères	..	..	..	..	..	..	..	..
Ensemble des entreprises	469	461	462	474	487	500	523	553

SLOVÉNIE

Tableau 1. Agrégats sélectionnés *(suite)*

Millions EUR

	2012	2013	2014	2015	2016	2017	2018	2019
1.5 Opérations à l'étranger par succursale, primes brutes								
Vie								
Succursales et agences	..	..	..	..	..	..	..	..
Filiales	..	..	..	..	..	..	..	..
Total	..	..	..	..	..	..	..	..
Non-vie								
Succursales et agences	..	..	..	..	..	1	1	1
Filiales	..	..	..	..	..	..	..	..
Total	..	..	..	..	..	1	1	1
Mixtes								
Succursales et agences	..	..	..	2	..	31	44	65
Filiales	..	..	..	..	..	..	..	..
Total	..	..	..	2	..	31	44	65
dont :								
Vie	..	..	..	2	..	6	7	7
Succursales et agences	..	..	..	2	..	6	7	7
Filiales	..	..	..	..	..	..	..	..
Total	..	..	..	2	..	6	7	7
Non-vie	..	..	..	0	..	25	37	58
Succursales et agences	..	..	..	0	..	25	37	58
Filiales	..	..	..	..	..	..	..	..
Total	..	..	..	0	..	25	37	58
Total								
Succursales et agences	..	..	..	2	..	32	45	66
Filiales	..	..	..	..	..	..	..	..
Total	..	..	..	2	..	32	45	66

.. Non disponible

Note : Voir les métadonnées détaillées sur : *http://metalinks.oecd.org/ins/20210324/b9ca*.

Source : *Statistiques de l'OCDE sur les assurances (base de données)*

SLOVÉNIE

Tableau 2. Nombre d'entreprises et d'employés

	2012	2013	2014	2015	2016	2017	2018	2019
2.1 Nombre d'entreprises								
Vie								
Entreprises nationales	4	3	3	3	3	2	0	0
Entreprises sous contrôle étranger	1	1	1	1	1	0	0	0
Succursales d'entreprises étrangères	0	0	0	0	0	0	0	0
Ensemble des entreprises	4	3	3	3	3	2	0	0
Non-vie								
Entreprises nationales	3	3	3	4	4	4	4	4
Entreprises sous contrôle étranger	0	0	0	0	0	0	1	2
Succursales d'entreprises étrangères	3	4	4	4	4	4	3	3
Ensemble des entreprises	6	7	7	8	8	8	7	7
Mixtes								
Entreprises nationales	8	8	8	8	7	7	9	9
Entreprises sous contrôle étranger	3	3	3	3	3	3	3	4
Succursales d'entreprises étrangères	2	2	2	2	2	2	4	4
Ensemble des entreprises	10	10	10	10	9	9	13	13
Réassurance								
Entreprises nationales	2	2	2	2	2	2	2	2
Entreprises sous contrôle étranger	0	0	0	0	0	0	0	0
Succursales d'entreprises étrangères	0	0	0	0	0	0	0	0
Ensemble des entreprises	2	2	2	2	2	2	2	2
Total								
Entreprises nationales	17	16	16	17	16	15	15	15
Entreprises sous contrôle étranger	4	4	4	4	4	3	4	6
Succursales d'entreprises étrangères	5	6	6	6	6	6	7	7
Ensemble des entreprises	22	22	22	23	22	21	22	22
2.2 Nombre d'employés								
Entreprises d'assurance	..	..	..	..	..	..	..	..
Intermédiaires	..	..	..	..	..	..	..	..
Total	..	..	..	..	..	..	..	..

.. Non disponible

Note : Voir les métadonnées détaillées sur : *http://metalinks.oecd.org/ins/20210324/b9ca.*

Source : *Statistiques de l'OCDE sur les assurances (base de données)*

ESPAGNE

Tableau 1. Agrégats sélectionnés

Millions EUR

	2012	2013	2014	2015	2016	2017	2018	2019
1.1 Opérations d'assurance conclues dans le pays déclarant								
1.1.1 Opérations d'assurance, par intérêt								
Primes brutes								
Entreprises nationales	56 608	58 110	57 662	59 048	66 541	65 719	66 538	66 197
Entreprises sous contrôle étranger	14 689	12 578	12 542	11 038	..	..	..	..
Succursales d'entreprises étrangères	117	0	0	0	..	..	..	..
Ensemble des entreprises	56 725	58 110	57 662	59 048	66 541	65 719	66 538	66 197
Primes cédées								
Entreprises nationales	4 235	5 831	5 019	5 161	6 014	6 206	6 020	6 885
Entreprises sous contrôle étranger	1 094	1 058	923	736	..	..	..	..
Succursales d'entreprises étrangères	42	0	0	0	..	..	..	..
Ensemble des entreprises	4 277	5 831	5 019	5 161	6 014	6 206	6 020	6 885
Primes nettes émises								
Entreprises nationales	52 373	52 279	52 643	53 886	60 527	59 513	60 518	59 312
Entreprises sous contrôle étranger	13 594	11 520	11 620	10 301	..	..	..	..
Succursales d'entreprises étrangères	75	0	0	0	..	..	..	..
Ensemble des entreprises	52 448	52 279	52 643	53 886	60 527	59 513	60 518	59 312
1.1.2 Opérations d'assurance par risque à l'étranger, primes brutes								
Vie	16	22	7	11	13	9	11	0
Non-vie	138	79	73	59	45	20	3	326
Mixtes	54	52	44	61	49	26	147	150
dont :								
Vie	39	42	34	46	35	2	28	46
Non-vie	16	10	9	15	14	24	119	104
Total	209	153	123	130	107	55	160	476
1.1.3 Paiement par catégories d'assurance, primes brutes (vie)								
Rentes	7 052	7 946	6 406	5 881	8 746	8 318	7 583	7 053
Unit linked	3 748	3 062	2 816	2 721	2 981	4 431	4 432	4 842
Autre assurance vie	15 828	14 865	16 021	17 128	19 330	16 270	16 559	15 144
Total Assurance Vie	26 629	25 873	25 244	25 730	31 056	29 019	28 574	27 039
***dont :** Contrats de retraite*	..	..	..	..	..	..	..	..
1.1.4 Paiement par catégories d'assurance, primes brutes (non-vie)								
L'assurance automobile	9 961	9 610	9 445	9 695	10 451	10 918	11 212	11 734
Les assurances transport (y compris maritime et aérien)	329	390	361	369	369	367	389	409
L'assurance de fret	194	294	268	261	270	281	301	320
L'assurance incendie et des dommages aux bien	913	2 246	2 315	2 610	2 895	2 770	3 425	3 379
L'assurance des pertes pécuniaires	311	175	178	208	283	247	252	221
L'assurance de la responsabilité civile générale	1 096	1 077	1 009	1 011	1 049	1 100	1 181	1 300
Les assurances accidents et maladie	7 629	7 888	8 227	8 449	8 879	9 329	9 744	10 057
***dont :** Maladie*	6 777	7 031	7 356	7 536	7 902	8 224	8 652	8 997
Autres assurances non-vie	10 502	10 531	10 558	10 729	11 001	11 264	11 029	11 281
Réassurance obligatoire	0	0	0	0	0	..	..	..
Total assurance non-vie	30 933	32 211	32 362	33 332	35 197	36 275	37 532	38 702
1.2 Paiements bruts des sinistres								
Vie								
Entreprises nationales	15 189	14 147	16 777	18 872	3 070	3 685	3 096	2 488
Entreprises sous contrôle étranger	2 127	1 814	1 688	1 582	..	..	..	..
Succursales d'entreprises étrangères	0	0	0	0	..	..	..	..
Ensemble des entreprises	15 189	14 147	16 777	18 872	3 070	3 685	3 096	2 488
Non-vie								
Entreprises nationales	9 489	9 463	9 250	9 593	9 453	10 280	9 702	9 940
Entreprises sous contrôle étranger	3 926	3 947	3 890	2 592	..	..	..	..
Succursales d'entreprises étrangères	0	0	0	0	..	..	..	..
Ensemble des entreprises	9 489	9 463	9 250	9 593	9 453	10 280	9 702	9 940
Mixtes								
Entreprises nationales	22 204	21 477	21 596	20 659	32 425	35 292	35 464	37 506
Entreprises sous contrôle étranger	6 495	5 208	5 230	5 136	..	..	..	..
Succursales d'entreprises étrangères	49	0	0	0	..	..	..	..
Ensemble des entreprises	22 252	21 477	21 596	20 659	32 425	35 292	35 464	37 506
dont :								
Vie	11 547	9 702	9 986	8 948	20 670	22 722	21 474	23 064
Entreprises nationales	11 511	9 702	9 986	8 948	20 670	22 722	21 474	23 064
Entreprises sous contrôle étranger	3 836	2 320	2 497	2 292	..	..	..	..
Succursales d'entreprises étrangères	36	0	0	0	..	..	..	..
Ensemble des entreprises	11 547	9 702	9 986	8 948	20 670	22 722	21 474	23 064
Non-vie	10 705	11 775	11 610	11 711	11 755	12 571	13 989	14 442
Entreprises nationales	10 693	11 775	11 610	11 711	11 755	12 571	13 989	14 442
Entreprises sous contrôle étranger	2 659	2 888	2 733	2 843	..	..	..	..
Succursales d'entreprises étrangères	12	0	0	0	..	..	..	..
Ensemble des entreprises	10 705	11 775	11 610	11 711	11 755	12 571	13 989	14 442
Total								
Entreprises nationales	46 882	45 088	47 622	49 125	44 947	49 258	48 262	49 934
Entreprises sous contrôle étranger	12 548	10 968	10 809	9 310	..	..	..	..
Succursales d'entreprises étrangères	49	0	0	0	..	..	..	..
Ensemble des entreprises	46 930	45 088	47 622	49 125	44 947	49 258	48 262	49 934

ESPAGNE

Tableau 1. Agrégats sélectionnés *(suite)*

Millions EUR

	2012	2013	2014	2015	2016	2017	2018	2019
1.3 Commissions								
Vie								
Entreprises nationales	..	..	660	712	234	257	273	225
Entreprises sous contrôle étranger	..	..	86	71	..	..	..	..
Succursales d'entreprises étrangères	..	..	0	0	..	..	..	..
Ensemble des entreprises	..	..	660	712	234	257	273	225
Non-vie								
Entreprises nationales	..	..	1 472	1 436	1 433	1 522	1 524	1 565
Entreprises sous contrôle étranger	..	..	642	517	..	..	..	..
Succursales d'entreprises étrangères	..	..	0	0	..	..	..	..
Ensemble des entreprises	..	..	1 472	1 436	1 433	1 522	1 524	1 565
Mixtes								
Entreprises nationales	..	..	2 270	2 635	3 328	4 629	3 786	3 897
Entreprises sous contrôle étranger	..	..	669	710	..	..	..	..
Succursales d'entreprises étrangères	..	..	0	0	..	..	..	..
Ensemble des entreprises	..	..	2 270	2 635	3 328	4 629	3 786	3 897
dont :								
Vie	..	..	418	379	979	1 185	1 114	1 169
Entreprises nationales	..	..	418	379	979	1 185	1 114	1 169
Entreprises sous contrôle étranger	..	..	94	103	..	..	..	..
Succursales d'entreprises étrangères	..	..	0	0	..	..	..	..
Ensemble des entreprises	..	..	418	379	979	1 185	1 114	1 169
Non-vie	..	..	1 852	2 255	2 349	3 444	2 672	2 728
Entreprises nationales	..	..	1 852	2 255	2 349	3 444	2 672	2 728
Entreprises sous contrôle étranger	..	..	576	607	..	..	..	..
Succursales d'entreprises étrangères	..	..	0	0	..	..	..	..
Ensemble des entreprises	..	..	1 852	2 255	2 349	3 444	2 672	2 728
Total								
Entreprises nationales	..	..	4 403	4 782	4 995	6 408	5 583	5 687
Entreprises sous contrôle étranger	..	..	1 398	1 298	..	..	..	..
Succursales d'entreprises étrangères	..	..	0	0	..	..	..	..
Ensemble des entreprises	..	..	4 403	4 782	4 995	6 408	5 583	5 687
1.4 Dépenses brutes d'exploitation								
Vie								
Entreprises nationales	220	968	994	1 075	425	455	484	409
Entreprises sous contrôle étranger	39	201	190	192	..	..	..	..
Succursales d'entreprises étrangères	0	0	..	..	..	..	..	..
Ensemble des entreprises	220	968	994	1 075	425	455	484	409
Non-vie								
Entreprises nationales	491	3 046	2 880	2 832	2 876	3 081	3 065	3 092
Entreprises sous contrôle étranger	242	1 272	1 289	947	..	..	..	..
Succursales d'entreprises étrangères	0	0	..	..	..	..	..	..
Ensemble des entreprises	491	3 046	2 880	2 832	2 876	3 081	3 065	3 092
Mixtes								
Entreprises nationales	564	5 322	5 034	5 250	6 332	6 550	6 855	7 166
Entreprises sous contrôle étranger	120	1 152	1 070	1 100	..	..	..	..
Succursales d'entreprises étrangères	5	1	..	4	..	..	..	..
Ensemble des entreprises	569	5 323	5 034	5 254	6 332	6 550	6 855	7 166
dont :								
Vie	87	809	797	729	1 489	1 546	1 677	1 816
Entreprises nationales	85	809	797	729	1 489	1 546	1 677	1 816
Entreprises sous contrôle étranger	26	162	178	186	..	..	..	..
Succursales d'entreprises étrangères	2	0	..	..	..	..	..	..
Ensemble des entreprises	87	809	797	729	1 489	1 546	1 677	1 816
Non-vie	482	4 515	4 237	4 525	4 843	5 004	5 178	5 350
Entreprises nationales	479	4 514	4 237	4 521	4 843	5 004	5 178	5 350
Entreprises sous contrôle étranger	94	990	892	913	..	..	..	..
Succursales d'entreprises étrangères	3	1	0	4	..	..	..	..
Ensemble des entreprises	482	4 515	4 237	4 525	4 843	5 004	5 178	5 350
Total								
Entreprises nationales	1 275	9 337	8 907	9 157	9 633	10 087	10 405	10 667
Entreprises sous contrôle étranger	401	2 625	2 549	2 239	..	..	..	..
Succursales d'entreprises étrangères	5	1	..	4	..	..	..	..
Ensemble des entreprises	1 280	9 338	8 907	9 161	9 633	10 087	10 405	10 667

ESPAGNE

Tableau 1. Agrégats sélectionnés *(suite)*

Millions EUR

	2012	2013	2014	2015	2016	2017	2018	2019
1.5 Opérations à l'étranger par succursale, primes brutes								
Vie								
Succursales et agences	323	274	0	0	0	0	1	0
Filiales	..	..	..	..	..	..	..	..
Total	..	..	..	..	0	0	1	0
Non-vie								
Succursales et agences	419	592	654	701	1 694	1 841	1 537	1 606
Filiales	..	..	..	..	..	..	..	..
Total	..	..	..	..	1 694	1 841	1 537	1 606
Mixtes								
Succursales et agences	135	885	1 286	1 361	1 262	1 385	2 155	2 184
Filiales	..	..	..	..	..	..	..	..
Total	..	..	..	..	1 262	1 385	2 155	2 184
dont :								
Vie	..	..	..	..	518	574	812	661
Succursales et agences	23	212	559	694	518	574	812	661
Filiales	..	..	..	..	..	..	..	..
Total	..	..	..	..	518	574	812	661
Non-vie	..	..	..	..	744	812	1 344	1 523
Succursales et agences	113	673	728	667	744	812	1 344	1 523
Filiales	..	..	..	..	..	..	..	..
Total	..	..	..	..	744	812	1 344	1 523
Total								
Succursales et agences	878	1 751	1 940	2 062	2 955	3 226	3 693	3 790
Filiales	..	..	..	..	..	..	..	..
Total	..	..	..	..	2 955	3 226	3 693	3 790

.. Non disponible

Note : Voir les métadonnées détaillées sur : *http://metalinks.oecd.org/ins/20210324/c269*.

Source : *Statistiques de l'OCDE sur les assurances (base de données)*

ESPAGNE

Tableau 2. Nombre d'entreprises et d'employés

	2012	2013	2014	2015	2016	2017	2018	2019
2.1 Nombre d'entreprises								
Vie								
Entreprises nationales	84	83	79	78	32	32	29	26
Entreprises sous contrôle étranger	10	10	9	8	..	..	..	..
Succursales d'entreprises étrangères	0	0	0	0	..	..	..	..
Ensemble des entreprises	84	83	79	78	32	32	29	26
Non-vie								
Entreprises nationales	136	132	127	118	121	111	105	100
Entreprises sous contrôle étranger	18	19	19	17	..	..	..	..
Succursales d'entreprises étrangères	0	0	0	1	..	..	..	..
Ensemble des entreprises	136	132	127	119	121	111	105	100
Mixtes								
Entreprises nationales	46	47	45	41	75	74	74	74
Entreprises sous contrôle étranger	10	8	8	8	..	..	..	..
Succursales d'entreprises étrangères	2	1	1	0	..	..	..	..
Ensemble des entreprises	48	48	46	41	75	74	74	74
Réassurance								
Entreprises nationales	2	2	3	3	3	3	3	4
Entreprises sous contrôle étranger	0	0	0	0	..	..	..	..
Succursales d'entreprises étrangères	0	0	0	0	..	..	..	..
Ensemble des entreprises	2	2	3	3	3	3	3	4
Total								
Entreprises nationales	268	264	254	240	231	220	211	204
Entreprises sous contrôle étranger	38	37	36	33	..	..	..	..
Succursales d'entreprises étrangères	2	1	1	1	..	..	..	..
Ensemble des entreprises	270	265	255	241	231	220	211	204
2.2 Nombre d'employés								
Entreprises d'assurance	46 439	46 324	45 535	45 218	47 453	47 498	47 380	48 194
Intermédiaires	..	121 427	129 549	..	..	..	..	..
Total	..	167 751	175 084	..	..	..	..	..

.. Non disponible

Note : Voir les métadonnées détaillées sur : *http://metalinks.oecd.org/ins/20210324/c269*.

Source : *Statistiques de l'OCDE sur les assurances (base de données)*

SUÈDE

Tableau 1. Agrégats sélectionnés

Millions SEK

	2012	2013	2014	2015	2016	2017	2018	2019
1.1 Opérations d'assurance conclues dans le pays déclarant								
1.1.1 Opérations d'assurance, par intérêt								
Primes brutes								
Entreprises nationales	167 132	177 197	332 028	339 533	334 834	379 418	426 318	460 661
Entreprises sous contrôle étranger	65 752	66 854	66 041	62 537	67 208	78 911	97 388	101 544
Succursales d'entreprises étrangères	..	..	10 260	..	..	..	..	..
Ensemble des entreprises	167 132	177 197	342 288	339 533	334 834	379 418	426 318	460 661
Primes cédées								
Entreprises nationales	13 068	12 967	15 157	10 306	9 139	10 693	11 095	14 223
Entreprises sous contrôle étranger	5 428	4 727	3 870	4 441	4 296	5 538	6 138	8 471
Succursales d'entreprises étrangères	..	..	..	..	..	..	..	..
Ensemble des entreprises	13 068	12 967	15 157	10 306	9 139	10 693	11 095	14 223
Primes nettes émises								
Entreprises nationales	154 064	164 230	316 871	329 227	325 695	368 725	415 223	446 438
Entreprises sous contrôle étranger	60 324	62 127	62 171	58 096	62 912	73 373	91 250	93 073
Succursales d'entreprises étrangères	..	..	10 260	..	..	..	..	..
Ensemble des entreprises	154 064	164 230	327 131	329 227	325 695	368 725	415 223	446 438
1.1.2 Opérations d'assurance par risque à l'étranger, primes brutes								
Vie	..	..	581	667	60	58	58	59
Non-vie	..	..	28 134	27 121	26 941	30 482	40 549	44 517
Mixtes total	..	..	..	..	..	..	..	..
Total	..	..	28 715	27 788	27 001	30 540	40 607	44 576
1.1.3 Paiement par catégories d'assurance, primes brutes (vie)								
Rentes	73 378	73 377	205 927	169 626	94 037	107 773	126 049	139 221
Unit linked	1 708	1 188	2 366	75 221	85 696	97 951	107 143	106 859
Autre assurance vie	13 229	13 591	29 900	3 957	71 084	82 841	89 138	102 063
Total assurance vie	88 315	88 156	238 192	248 804	250 817	288 565	322 330	348 143
***dont :** Contrats de retraite*	..	..	..	..	..	..	..	..
1.1.4 Paiement par catégories d'assurance, primes brutes (non-vie)								
L'assurance automobile	..	..	30 360	21 348	..	..	..	..
Les assurances transport (y compris maritime et aérien)	..	..	2 627	749	..	..	..	..
L'assurance de fret	..	..	..	..	..	..	..	..
L'assurance incendie et des dommages aux bien	..	..	29 146	36 720	..	..	..	..
L'assurance des pertes pécuniaires	..	..	459	1 070	..	..	..	..
L'assurance de la responsabilité civile générale	..	..	4 045	4 119	..	..	..	..
Les assurances accidents et maladie	..	..	5 674	5 155	..	..	..	..
***dont :** Maladie*	..	..	..	..	..	..	..	..
Autres assurances non-vie	..	..	9 165	21 483	..	..	..	..
Réassurance obligatoire	..	..	13 811	..	..	..	..	..
Total assurance non-vie	76 947	84 766	95 287	90 644	83 954	90 800	103 940	112 479
1.2 Paiements bruts des sinistres								
Vie								
Entreprises nationales	58 780	64 657	60 930	64 815	76 869	76 390	77 434	73 104
Entreprises sous contrôle étranger	3 499	6 337	6 055	5 719	5 852	5 784	5 704	5 652
Succursales d'entreprises étrangères	..	..	5 999	..	..	..	..	..
Ensemble des entreprises	58 780	64 657	66 929	64 815	76 869	76 390	77 434	73 104
Non-vie								
Entreprises nationales	69 882	69 100	75 805	64 537	65 941	66 635	77 278	82 672
Entreprises sous contrôle étranger	31 639	31 398	31 024	23 701	22 495	25 544	32 791	33 257
Succursales d'entreprises étrangères	..	..	5 328	..	..	..	..	..
Ensemble des entreprises	69 882	69 100	81 133	64 537	65 941	66 635	77 278	82 672
Mixtes, ensemble des entreprises	..	..	..	..	..	..	..	..
Total								
Entreprises nationales	128 662	133 757	136 735	129 352	142 810	143 025	154 712	155 776
Entreprises sous contrôle étranger	35 138	37 735	37 079	29 420	28 347	31 328	38 495	38 909
Succursales d'entreprises étrangères	..	..	11 327	..	..	..	..	..
Ensemble des entreprises	128 662	133 757	148 062	129 352	142 810	143 025	154 712	155 776
1.3 Commissions								
Vie								
Entreprises nationales	..	..	4 167	3 782	3 063	3 545	3 494	3 648
Entreprises sous contrôle étranger	..	..	1 302	610	274	589	587	567
Succursales d'entreprises étrangères	..	..	121	..	..	..	..	..
Ensemble des entreprises	..	..	4 288	3 782	3 063	3 545	3 494	3 648
Non-vie								
Entreprises nationales	..	..	4 168	4 264	3 848	3 953	3 711	4 280
Entreprises sous contrôle étranger	..	..	2 049	2 589	2 362	2 482	2 634	2 711
Succursales d'entreprises étrangères	..	..	786	..	..	..	..	..
Ensemble des entreprises	..	..	4 954	4 264	3 848	3 953	3 711	4 280
Mixtes, ensemble des entreprises	..	..	..	..	..	..	..	..
Total								
Entreprises nationales	..	..	8 335	8 046	6 911	7 498	7 205	7 928
Entreprises sous contrôle étranger	..	..	3 351	3 199	2 636	3 071	3 221	3 278
Succursales d'entreprises étrangères	..	..	907	..	..	..	..	..
Ensemble des entreprises	..	..	9 242	8 046	6 911	7 498	7 205	7 928

SUÈDE

Tableau 1. Agrégats sélectionnés (*suite*)

Millions SEK

	2012	2013	2014	2015	2016	2017	2018	2019
1.4 Dépenses brutes d'exploitation								
Vie								
Entreprises nationales	11 509	12 115	12 738	13 573	12 617	13 248	15 095	13 651
Entreprises sous contrôle étranger	3 557	3 630	3 639	2 122	1 297	1 918	1 901	1 944
Succursales d'entreprises étrangères	..	..	..	..	..	..	..	..
Ensemble des entreprises	11 509	12 115	12 738	13 573	12 617	13 248	15 095	13 651
Non-vie								
Entreprises nationales	14 989	15 004	16 878	16 854	15 781	15 863	18 250	19 503
Entreprises sous contrôle étranger	7 138	7 248	8 238	7 704	7 205	7 691	9 496	10 114
Succursales d'entreprises étrangères	..	..	..	..	..	..	..	..
Ensemble des entreprises	14 989	15 004	16 878	16 854	15 781	15 863	18 250	19 503
Mixtes, ensemble des entreprises	..	..	..	..	..	..	..	..
Total								
Entreprises nationales	26 498	27 119	29 616	30 427	28 398	29 111	33 345	33 154
Entreprises sous contrôle étranger	10 695	10 878	11 877	9 826	8 502	9 609	11 397	12 058
Succursales d'entreprises étrangères	..	..	..	..	..	..	..	..
Ensemble des entreprises	26 498	27 119	29 616	30 427	28 398	29 111	33 345	33 154
1.5 Opérations à l'étranger par succursale, primes brutes								
Vie								
Succursales et agences	234	..	243	279	347	347	447	421
Filiales	..	..	..	..	..	..	..	..
Total	234	..	243	279	347	347	447	421
Non-vie								
Succursales et agences	18 948	..	18 630	18 207	24 226	24 226	34 479	33 631
Filiales	..	..	..	..	..	..	..	..
Total	18 948	..	18 630	18 207	24 226	24 226	34 479	33 631
Mixtes total	..	..	..	..	..	..	..	..
Total								
Succursales et agences	19 182	..	18 873	18 486	24 573	24 573	34 926	34 052
Filiales	..	..	..	..	..	..	..	..
Total	19 182	..	18 873	18 486	24 573	24 573	34 926	34 052

.. Non disponible

Note : Voir les métadonnées détaillées sur : *http://metalinks.oecd.org/ins/20210324/e9de.*

Source : *Statistiques de l'OCDE sur les assurances (base de données)*

SUÈDE

Tableau 2. Nombre d'entreprises et d'employés

	2012	2013	2014	2015	2016	2017	2018	2019
2.1 Nombre d'entreprises								
Vie								
Entreprises nationales	39	39	39	38	37	36	35	37
Entreprises sous contrôle étranger	9	8	8	8	6	6	4	4
Succursales d'entreprises étrangères	5	5	6	8	6	4	4	4
Ensemble des entreprises	44	44	45	46	43	46	39	41
Non-vie								
Entreprises nationales	131	130	130	127	120	117	127	127
Entreprises sous contrôle étranger	46	44	34	24	14	15	8	8
Succursales d'entreprises étrangères	32	32	28	33	31	25	9	9
Ensemble des entreprises	163	162	158	160	151	157	136	136
Mixtes, ensemble des entreprises	**0**	**0**	**0**	**0**	**0**	..	..	..
Réassurance								
Entreprises nationales	2	1	1	1	0	..	..	..
Entreprises sous contrôle étranger	0	0	0	1	0	..	..	..
Succursales d'entreprises étrangères	0	..	0	0	..	..	..	..
Ensemble des entreprises	2	1	1	1	..	..	..	..
Total								
Entreprises nationales	172	170	170	166	157	153	162	164
Entreprises sous contrôle étranger	55	52	42	33	20	21	12	12
Succursales d'entreprises étrangères	37	37	34	41	37	29	13	13
Ensemble des entreprises	209	207	204	207	194	203	175	176
2.2 Nombre d'employés								
Entreprises d'assurance	19 158	19 059	19 573	18 792	20 600	21 900	20 865	22 000
Intermédiaires	2 000	2 000	3 849	3 235	3 540	3 585	3 789	1 245
Total	21 158	21 059	23 422	22 027	..	25 485	24 654	23 245

.. Non disponible

Note : Voir les métadonnées détaillées sur : *http://metalinks.oecd.org/ins/20210324/e9de.*

Source : *Statistiques de l'OCDE sur les assurances (base de données)*

SUISSE

Tableau 1. Agrégats sélectionnés

Millions CHF

	2012	2013	2014	2015	2016	2017	2018	2019
1.1 Opérations d'assurance conclues dans le pays déclarant								
1.1.1 Opérations d'assurance, par intérêt								
Primes brutes								
Entreprises nationales	63 507	66 569	66 312	65 628	63 975	63 967	65 722	67 482
Entreprises sous contrôle étranger	14 322	15 423	14 214	13 846	12 578	11 699	12 241	7 760
Succursales d'entreprises étrangères	2 331	2 267	1 923	2 091	2 522	2 768	2 198	2 064
Ensemble des entreprises	65 838	68 836	68 235	67 720	66 497	66 735	67 920	69 546
Primes cédées								
Entreprises nationales	4 479	4 536	4 346	4 141	3 363	4 085	4 283	4 600
Entreprises sous contrôle étranger	1 219	963	831	731	506	502	613	548
Succursales d'entreprises étrangères	487	532	533	553	813	874	776	772
Ensemble des entreprises	4 965	5 068	4 879	4 694	4 176	4 959	5 059	5 372
Primes nettes émises								
Entreprises nationales	59 028	62 033	61 966	61 487	60 612	59 882	61 439	62 882
Entreprises sous contrôle étranger	13 102	14 460	13 383	13 115	12 072	11 197	11 628	7 212
Succursales d'entreprises étrangères	1 845	1 735	1 390	1 539	1 709	1 894	1 422	1 292
Ensemble des entreprises	60 873	63 768	63 356	63 026	62 321	61 776	62 861	64 174
1.1.2 Opérations d'assurance par risque à l'étranger, primes brutes								
Vie	..	..	..	..	..	..	..	..
Non-vie	..	..	..	..	..	..	..	..
Mixtes total	..	..	..	..	..	..	..	..
Total	..	..	..	..	..	..	..	..
1.1.3 Paiement par catégories d'assurance, primes brutes (vie)								
Rentes	677	564	441	495	428	317	246	281
Unit linked	2 637	2 403	1 730	1 755	1 738	1 861	1 947	2 202
Autre assurance vie	27 841	29 707	30 478	30 359	28 518	27 445	27 607	27 514
Total assurance vie	31 155	32 675	32 649	32 609	30 684	29 623	29 800	29 997
***dont :** Contrats de retraite*	..	..	..	..	..	..	..	..
1.1.4 Paiement par catégories d'assurance, primes brutes (non-vie)								
L'assurance automobile	6 526	6 556	6 580	6 595	6 598	6 742	6 804	6 909
Les assurances transport (y compris maritime et aérien)	968	1 060	876	732	657	681	635	724
L'assurance de fret	..	..	..	..	..	..	..	..
L'assurance incendie et des dommages aux bien	8 150	8 206	8 123	7 909	7 411	7 397	7 804	8 297
L'assurance des pertes pécuniaires	932	1 042	1 096	897	1 095	1 108	1 055	1 024
L'assurance de la responsabilité civile générale	3 514	3 558	3 658	3 562	3 293	3 447	3 416	3 768
Les assurances accidents et maladie	13 093	13 889	13 414	13 387	14 585	15 626	16 692	17 240
***dont :** Maladie*	9 656	9 911	9 934	10 266	10 606	11 361	11 901	12 099
Autres assurances non-vie	1 151	1 351	1 378	1 525	1 649	1 715	1 361	1 214
Réassurance obligatoire	..	..	..	..	..	..	..	..
Total assurance non-vie	34 334	35 661	35 125	34 607	35 288	36 716	37 767	39 176
1.2 Paiements bruts des sinistres								
Vie								
Entreprises nationales	25 817	27 624	27 943	27 794	29 083	29 352	44 908	58 408
Entreprises sous contrôle étranger	7 060	8 854	7 917	8 123	8 578	8 159	11 255	29 424
Succursales d'entreprises étrangères	186	306	3	3	3	3	7	4
Ensemble des entreprises	26 003	27 930	27 946	27 797	29 086	29 355	44 915	58 412
Non-vie								
Entreprises nationales	20 279	19 735	20 149	20 621	20 498	20 716	42 021	44 831
Entreprises sous contrôle étranger	2 292	2 171	2 281	2 671	2 471	2 299	4 534	4 308
Succursales d'entreprises étrangères	667	798	874	902	1 105	1 164	1 219	1 006
Ensemble des entreprises	20 946	20 533	21 023	21 523	21 603	21 880	43 240	45 837
Mixtes, ensemble des entreprises	..	..	..	..	..	..	..	..
Total								
Entreprises nationales	46 096	47 359	48 092	48 415	49 581	50 068	86 929	103 239
Entreprises sous contrôle étranger	9 352	11 025	10 198	10 794	11 049	10 458	15 789	33 732
Succursales d'entreprises étrangères	853	1 104	877	905	1 108	1 167	1 226	1 010
Ensemble des entreprises	46 949	48 463	48 969	49 320	50 689	51 235	88 155	104 249
1.3 Commissions								
Vie								
Entreprises nationales	875	904	920	856	856	836	829	850
Entreprises sous contrôle étranger	103	148	114	169	169	163	163	139
Succursales d'entreprises étrangères	8	11	0	0	1	1	1	1
Ensemble des entreprises	883	915	920	856	857	837	830	851
Non-vie								
Entreprises nationales	1 955	2 067	1 597	2 188	2 289	2 078	1 403	2 410
Entreprises sous contrôle étranger	442	372	381	441	450	453	458	469
Succursales d'entreprises étrangères	88	95	91	78	65	24	72	66
Ensemble des entreprises	2 043	2 162	1 688	2 266	2 354	2 102	1 475	2 476
Mixtes, ensemble des entreprises	..	..	..	..	..	..	..	..
Total								
Entreprises nationales	2 830	2 971	2 517	3 044	3 145	2 914	2 232	3 260
Entreprises sous contrôle étranger	545	520	495	610	619	616	621	608
Succursales d'entreprises étrangères	96	106	91	78	66	25	73	67
Ensemble des entreprises	2 926	3 077	2 608	3 122	3 211	2 939	2 305	3 327

SUISSE

Tableau 1. Agrégats sélectionnés *(suite)*

Millions CHF

	2012	2013	2014	2015	2016	2017	2018	2019
1.4 Dépenses brutes d'exploitation								
Vie								
Entreprises nationales	1 390	1 289	1 364	1 078	1 085	1 091	1 117	1 097
Entreprises sous contrôle étranger	239	176	209	156	156	160	186	186
Succursales d'entreprises étrangères	4	4	2	1	1	2	3	1
Ensemble des entreprises	1 394	1 293	1 366	1 079	1 086	1 093	1 120	1 098
Non-vie								
Entreprises nationales	3 835	3 745	5 520	2 975	2 981	3 185	3 388	3 590
Entreprises sous contrôle étranger	371	416	420	341	310	316	353	337
Succursales d'entreprises étrangères	80	100	108	103	215	195	186	157
Ensemble des entreprises	3 915	3 845	5 628	3 078	3 196	3 380	3 574	3 747
Mixtes, ensemble des entreprises	..	..	..	..	..	..	..	..
Total								
Entreprises nationales	5 225	5 034	6 884	4 053	4 066	4 276	4 505	4 687
Entreprises sous contrôle étranger	610	592	629	497	466	476	539	523
Succursales d'entreprises étrangères	84	104	110	104	216	197	189	158
Ensemble des entreprises	5 309	5 138	6 994	4 157	4 282	4 473	4 694	4 845
1.5 Opérations à l'étranger par succursale, primes brutes								
Vie								
Succursales et agences	2 006	1 967	1 794	1 604	1 567	1 613	1 653	1 717
Filiales	..	..	..	..	..	..	..	..
Total	2 006	1 967	1 794	1 604	1 567	1 613	1 653	1 717
Non-vie								
Succursales et agences	15 417	15 563	15 331	14 100	12 578	12 689	6 664	6 089
Filiales	..	..	..	..	..	..	..	..
Total	15 417	15 563	15 331	14 100	12 578	12 689	6 664	6 089
Mixtes total	..	..	..	..	..	..	..	..
Total								
Succursales et agences	17 423	17 531	17 125	15 704	14 145	14 302	8 317	7 806
Filiales	..	..	..	..	..	..	..	..
Total	17 423	17 531	17 125	15 704	14 145	14 302	8 317	7 806

.. Non disponible

Note : Voir les métadonnées détaillées sur : *http://metalinks.oecd.org/ins/20210324/fceb.*

Source : *Statistiques de l'OCDE sur les assurances (base de données)*

SUISSE

Tableau 2. Nombre d'entreprises et d'employés

	2012	2013	2014	2015	2016	2017	2018	2019
2.1 Nombre d'entreprises								
Vie								
Entreprises nationales	19	19	18	17	16	16	16	16
Entreprises sous contrôle étranger	1	1	1	1	1	1	1	1
Succursales d'entreprises étrangères	4	4	3	3	3	3	3	3
Ensemble des entreprises	23	23	21	20	19	19	19	19
Non-vie								
Entreprises nationales	81	80	79	76	74	73	70	72
Entreprises sous contrôle étranger	6	6	6	6	5	5	5	5
Succursales d'entreprises étrangères	42	44	48	46	46	45	44	46
Ensemble des entreprises	123	124	127	122	120	118	114	118
Mixtes, ensemble des entreprises	0	0	0	0	0	..	..	..
Réassurance								
Entreprises nationales	61	62	62	59	55	55	54	50
Entreprises sous contrôle étranger	7	7	7	7	7	6	6	6
Succursales d'entreprises étrangères	..	..	..	..	..	..	..	..
Ensemble des entreprises	61	62	62	59	55	55	54	50
Total								
Entreprises nationales	161	161	159	152	145	144	140	138
Entreprises sous contrôle étranger	14	14	14	14	13	12	12	12
Succursales d'entreprises étrangères	46	48	51	49	49	48	47	49
Ensemble des entreprises	207	209	210	201	194	192	187	187
2.2 Nombre d'employés								
Entreprises d'assurance	..	..	..	..	..	..	..	..
Intermédiaires	..	..	..	..	..	..	..	..
Total	..	..	..	..	..	..	..	..

.. Non disponible

Note : Voir les métadonnées détaillées sur : *http://metalinks.oecd.org/ins/20210324/fceb.*

Source : *Statistiques de l'OCDE sur les assurances (base de données)*

TURQUIE

Tableau 1. Agrégats sélectionnés

Millions TRY

	2012	2013	2014	2015	2016	2017	2018	2019
1.1 Opérations d'assurance conclues dans le pays déclarant								
1.1.1 Opérations d'assurance, par intérêt								
Primes brutes								
Entreprises nationales	20 427	25 084	26 872	31 903	41 280	47 495	54 416	68 247
Entreprises sous contrôle étranger	10 122	14 981	15 528	20 981	25 640	26 984	29 792	35 819
Succursales d'entreprises étrangères	46	68	77	126	152	201	304	553
Ensemble des entreprises	20 473	25 152	26 949	32 029	41 431	47 696	54 720	68 800
Primes cédées								
Entreprises nationales	4 483	6 077	6 686	7 984	9 816	13 268	15 814	19 346
Entreprises sous contrôle étranger	2 192	3 458	3 510	4 773	5 482	6 672	7 850	8 518
Succursales d'entreprises étrangères	33	49	57	74	76	96	131	288
Ensemble des entreprises	4 516	6 126	6 743	8 059	9 892	13 364	15 945	19 634
Primes nettes émises								
Entreprises nationales	15 944	19 006	20 186	23 919	31 464	34 227	38 601	48 901
Entreprises sous contrôle étranger	7 931	11 522	12 018	16 208	20 158	20 312	21 942	27 300
Succursales d'entreprises étrangères	13	20	20	52	76	105	173	265
Ensemble des entreprises	15 957	19 026	20 206	23 971	31 540	34 332	38 774	49 166
1.1.2 Opérations d'assurance par risque à l'étranger, primes brutes								
Vie	..	..	3 280	..	6 166	..	..	..
Non-vie	..	..	22 711	..	34 322	..	..	..
Mixtes	..	..	958	..	943	..	..	..
dont :								
Vie	..	..	24	..	19	..	..	..
Non-vie	..	..	934	..	924	..	..	..
Total	..	..	26 948	..	41 431	..	..	..
1.1.3 Paiement par catégories d'assurance, primes brutes (vie)								
Rentes	..	..	..	..	..	..	..	..
Unit linked	..	..	..	..	..	..	..	..
Autre assurance vie	..	..	..	..	..	..	..	..
Total Assurance Vie	3 107	3 354	3 895	3 720	5 916	6 766	6 835	13 340
***dont :** Contrats de retraite*	..	..	..	..	..	..	..	..
1.1.4 Paiement par catégories d'assurance, primes brutes (non-vie)								
L'assurance automobile	8 091	10 411	10 648	13 102	19 156	19 981	23 614	26 466
Les assurances transport (y compris maritime et aérien)	263	253	321	423	455	490	706	929
L'assurance de fret	378	416	530	580	585	652	828	922
L'assurance incendie et des dommages aux bien	4 390	5 512	6 992	8 105	9 032	10 101	12 208	14 193
L'assurance des pertes pécuniaires	228	302	318	443	439	549	666	901
L'assurance de la responsabilité civile générale	420	508	679	811	863	1 028	1 389	1 698
Les assurances accidents et maladie	2 897	3 352	4 010	4 685	4 582	6 708	8 051	9 798
***dont :** Maladie*	2 227	2 472	0	0	..	5 025	6 245	8 190
Autres assurances non-vie	61	74	147	99	134	226	167	197
Réassurance obligatoire	..	..	..	0	..	..	..	..
Total assurance non-vie	16 727	20 828	23 645	28 249	35 246	39 735	47 628	55 104
1.2 Paiements bruts des sinistres								
Vie								
Entreprises nationales	2 037	2 355	2 085	2 557	2 957	3 293	3 609	4 776
Entreprises sous contrôle étranger	483	1 128	760	1 194	1 485	1 757	2 061	2 685
Succursales d'entreprises étrangères	..	..	..	..	0	..	0	..
Ensemble des entreprises	2 037	2 355	2 085	2 557	2 957	3 293	3 609	4 776
Non-vie								
Entreprises nationales	9 163	9 440	11 314	13 322	15 041	18 341	23 049	27 354
Entreprises sous contrôle étranger	5 327	6 301	7 496	8 700	-9 940	11 648	13 543	15 282
Succursales d'entreprises étrangères	3	11	10	34	128	77	121	86
Ensemble des entreprises	9 166	9 451	11 325	13 356	15 168	18 417	23 170	27 440
Mixtes								
Entreprises nationales	..	619	592	664	572	617	771	..
Entreprises sous contrôle étranger	..	..	..	..	..	1	5	..
Succursales d'entreprises étrangères	..	..	..	..	..	..	..	..
Ensemble des entreprises	721	619	592	664	572	617	771	..
dont :								
Vie	6	7	11	6	9	15	7	..
Entreprises nationales	..	7	11	6	9	15	7	..
Entreprises sous contrôle étranger	..	..	..	..	..	0	0	..
Succursales d'entreprises étrangères	..	..	..	..	..	..	..	..
Ensemble des entreprises	6	7	11	6	9	15	7	..
Non-vie	715	612	581	657	564	602	764	..
Entreprises nationales	..	612	581	657	564	602	764	..
Entreprises sous contrôle étranger	..	..	..	..	..	1	5	..
Succursales d'entreprises étrangères	..	..	..	..	..	..	..	..
Ensemble des entreprises	715	612	581	657	564	602	764	..
Total								
Entreprises nationales	11 200	12 413	13 991	16 543	18 570	22 251	27 430	32 130
Entreprises sous contrôle étranger	5 810	7 429	8 256	9 894	-8 455	13 406	15 609	17 967
Succursales d'entreprises étrangères	3	11	10	34	128	77	121	86
Ensemble des entreprises	11 924	12 425	14 001	16 578	18 698	22 328	27 551	32 216

TURQUIE

Tableau 1. Agrégats sélectionnés *(suite)*

Millions TRY

	2012	2013	2014	2015	2016	2017	2018	2019
1.3 Commissions								
Vie								
Entreprises nationales	..	..	..	..	..	..	..	..
Entreprises sous contrôle étranger	..	..	..	..	..	..	..	..
Succursales d'entreprises étrangères	..	..	..	..	..	..	..	..
Ensemble des entreprises	..	..	..	..	..	..	..	..
Non-vie								
Entreprises nationales	..	..	..	..	..	..	..	..
Entreprises sous contrôle étranger	..	..	..	..	..	..	..	..
Succursales d'entreprises étrangères	..	..	..	..	..	..	..	..
Ensemble des entreprises	..	..	..	..	..	..	..	..
Mixtes								
Entreprises nationales	..	..	..	..	..	..	..	..
Entreprises sous contrôle étranger	..	..	..	..	..	..	..	..
Succursales d'entreprises étrangères	..	..	..	..	..	..	..	..
Ensemble des entreprises	..	..	..	..	..	..	..	..
dont :								
Vie	..	..	..	..	..	..	..	..
Entreprises nationales	..	..	..	..	..	..	..	..
Entreprises sous contrôle étranger	..	..	..	..	..	..	..	..
Succursales d'entreprises étrangères	..	..	..	..	..	..	..	..
Ensemble des entreprises	..	..	..	..	..	..	..	..
Non-vie	..	..	..	..	..	..	..	..
Entreprises nationales	..	..	..	..	..	..	..	..
Entreprises sous contrôle étranger	..	..	..	..	..	..	..	..
Succursales d'entreprises étrangères	..	..	..	..	..	..	..	..
Ensemble des entreprises	..	..	..	..	..	..	..	..
Total								
Entreprises nationales	..	..	..	..	..	..	..	..
Entreprises sous contrôle étranger	..	..	..	..	..	..	..	..
Succursales d'entreprises étrangères	..	..	..	..	..	..	..	..
Ensemble des entreprises	..	..	..	..	..	..	..	..
1.4 Dépenses brutes d'exploitation								
Vie								
Entreprises nationales	978	2 009	1 198	1 595	1 970	2 644	2 961	4 103
Entreprises sous contrôle étranger	422	1 242	765	1 033	1 241	1 724	1 926	2 376
Succursales d'entreprises étrangères	..	..	..	..	..	..	..	..
Ensemble des entreprises	978	2 009	1 198	1 595	1 970	2 644	2 961	4 103
Non-vie								
Entreprises nationales	3 230	3 726	4 309	4 648	5 579	6 263	6 689	8 211
Entreprises sous contrôle étranger	1 976	2 564	2 944	3 110	3 847	4 170	4 183	4 821
Succursales d'entreprises étrangères	12	19	20	24	26	30	44	122
Ensemble des entreprises	3 242	3 745	4 329	4 672	5 604	6 293	6 733	8 333
Mixtes								
Entreprises nationales	..	..	..	309	316	333	436	..
Entreprises sous contrôle étranger	..	..	..	..	5	2	3	..
Succursales d'entreprises étrangères	..	..	..	..	..	..	..	..
Ensemble des entreprises	285	294	289	309	316	333	436	..
dont :								
Vie	8	10	8	10	10	5	8	..
Entreprises nationales	..	..	..	10	10	5	8	..
Entreprises sous contrôle étranger	..	..	..	..	..	0	0	..
Succursales d'entreprises étrangères	..	..	..	..	..	..	..	..
Ensemble des entreprises	8	10	8	10	10	5	8	..
Non-vie	277	284	281	299	306	328	429	..
Entreprises nationales	..	..	..	299	306	328	429	..
Entreprises sous contrôle étranger	..	..	..	..	5	2	3	..
Succursales d'entreprises étrangères	..	..	..	..	..	..	..	..
Ensemble des entreprises	277	284	281	299	306	328	429	..
Total								
Entreprises nationales	4 209	5 735	5 507	6 552	7 865	9 240	10 087	12 314
Entreprises sous contrôle étranger	2 399	3 806	3 708	4 143	5 092	5 895	6 112	7 197
Succursales d'entreprises étrangères	12	19	20	24	26	30	44	122
Ensemble des entreprises	4 506	6 048	5 816	6 576	7 890	9 270	10 130	12 436

Tableau 1. Agrégats sélectionnés *(suite)*

Millions TRY

	2012	2013	2014	2015	2016	2017	2018	2019
1.5 Opérations à l'étranger par succursale, primes brutes								
Vie								
Succursales et agences	..	..	..	..	..	..	..	..
Filiales	..	..	..	..	..	..	..	..
Total	..	..	..	..	..	..	..	..
Non-vie								
Succursales et agences	..	..	..	..	..	..	..	..
Filiales	..	..	..	..	..	..	..	..
Total	..	..	..	..	..	..	..	..
Mixtes								
Succursales et agences	..	..	..	..	..	..	..	..
Filiales	..	..	..	..	..	..	..	..
Total	..	..	..	..	..	..	..	..
dont :								
Vie	..	..	..	..	..	..	..	..
Succursales et agences	..	..	..	..	..	..	..	..
Filiales	..	..	..	..	..	..	..	..
Total	..	..	..	..	..	..	..	..
Non-vie	..	..	..	..	..	..	..	..
Succursales et agences	..	..	..	..	..	..	..	..
Filiales	..	..	..	..	..	..	..	..
Total	..	..	..	..	..	..	..	..
Total								
Succursales et agences	..	..	..	..	..	..	..	..
Filiales	..	..	..	..	..	..	..	..
Total	..	..	..	..	..	..	..	..

.. Non disponible

Note : Voir les métadonnées détaillées sur : *http://metalinks.oecd.org/ins/20210324/4b72*.

Source : *Statistiques de l'OCDE sur les assurances (base de données)*

TURQUIE

Tableau 2. Nombre d'entreprises et d'employés

	2012	2013	2014	2015	2016	2017	2018	2019
2.1 Nombre d'entreprises								
Vie								
Entreprises nationales	23	24	25	23	22	22	22	22
Entreprises sous contrôle étranger	13	16	16	15	15	15	15	15
Succursales d'entreprises étrangères	0	..	0	..	0	0	..	..
Ensemble des entreprises	23	24	25	23	22	22	22	22
Non-vie								
Entreprises nationales	33	34	36	36	35	37	36	37
Entreprises sous contrôle étranger	22	22	24	22	23	23	20	19
Succursales d'entreprises étrangères	2	2	2	2	2	2	2	2
Ensemble des entreprises	35	36	38	38	37	39	38	39
Mixtes								
Entreprises nationales	0	..	0	..	0	0	0	..
Entreprises sous contrôle étranger	0	..	0	..	0	0	0	..
Succursales d'entreprises étrangères	0	..	0	..	0	0	0	..
Ensemble des entreprises	0	..	0	..	0	0	0	..
Réassurance								
Entreprises nationales	1	1	1	1	2	2	2	3
Entreprises sous contrôle étranger	0	..	0	..	1	1	1	1
Succursales d'entreprises étrangères	0	..	0	..	0	0	0	..
Ensemble des entreprises	1	1	1	1	2	2	2	3
Total								
Entreprises nationales	57	59	62	60	59	61	62	62
Entreprises sous contrôle étranger	35	38	40	37	39	39	38	35
Succursales d'entreprises étrangères	2	2	2	2	2	2	2	2
Ensemble des entreprises	59	61	64	62	61	63	62	64
2.2 Nombre d'employés								
Entreprises d'assurance	17 304	18 297	19 305	19 274	19 240	19 883	19 117	14 228
Intermédiaires	16 994	15 603	15 587	18 931	35 992	40 231	20 605	40 000
Total	34 298	33 900	34 892	38 205	55 232	60 114	39 722	54 228

.. Non disponible

Note : Voir les métadonnées détaillées sur : *http://metalinks.oecd.org/ins/20210324/4b72.*

Source : *Statistiques de l'OCDE sur les assurances (base de données)*

ROYAUME-UNI

Tableau 1. Agrégats sélectionnés

Millions GBP

	2012	2013	2014	2015	2016	2017	2018	2019
1.1 Opérations d'assurance conclues dans le pays déclarant								
1.1.1 Opérations d'assurance, par intérêt								
Primes brutes								
Entreprises nationales	230 559	215 494	219 832	217 673	298 817	305 746	352 480	326 970
Entreprises sous contrôle étranger	75 289	69 361	57 959	58 471	..	..	..	..
Succursales d'entreprises étrangères	2 735	2 237	2 407	2 741	247	471	400	1 032
Ensemble des entreprises	233 294	217 731	222 239	220 414	299 064	306 217	351 620	328 002
Primes cédées								
Entreprises nationales	28 545	27 456	33 780	24 299	68 763	36 758	68 170	63 557
Entreprises sous contrôle étranger	8 285	9 270	11 048	10 801	0	..	..	..
Succursales d'entreprises étrangères	179	53	47	52	115	199	113	565
Ensemble des entreprises	28 724	27 509	33 827	24 351	68 878	36 957	68 283	64 122
Primes nettes émises								
Entreprises nationales	202 014	188 038	186 052	193 374	230 054	268 988	284 310	263 413
Entreprises sous contrôle étranger	67 004	60 091	46 911	47 670	..	..	..	..
Succursales d'entreprises étrangères	2 555	2 184	2 361	2 689	132	272	287	468
Ensemble des entreprises	204 570	190 222	188 412	196 062	230 186	269 260	283 337	263 881
1.1.2 Opérations d'assurance par risque à l'étranger, primes brutes								
Vie	..	..	..	..	..	..	..	..
Non-vie	..	..	..	..	..	..	..	..
Mixtes	..	..	..	..	..	..	..	..
dont :								
Vie	..	..	..	..	..	..	..	..
Non-vie	..	..	..	..	..	..	..	..
Total	..	..	..	..	..	..	..	..
1.1.3 Paiement par catégories d'assurance, primes brutes (vie)								
Rentes	..	20 899	22 295	17 278	..	..	..	..
Unit linked	..	112 727	114 296	117 452	..	..	..	..
Autre assurance vie	..	9 393	11 834	10 622	..	..	..	..
Total Assurance Vie	163 481	143 018	148 425	145 353	121 964	187 390	204 870	198 322
***dont :** Contrats de retraite*	143 813	104 333	132 542	128 601	..	..	..	..
1.1.4 Paiement par catégories d'assurance, primes brutes (non-vie)								
L'assurance automobile	12 643	12 133	12 069	12 883	18 956	16 564	15 520	19 010
Les assurances transport (y compris maritime et aérien)	3 634	3 805	3 098	2 604	9 395	9 610	10 636	9 554
L'assurance de fret	778	942	885	808	..	..	..	..
L'assurance incendie et des dommages aux bien	16 087	16 500	15 969	15 544	30 491	32 392	33 815	28 933
L'assurance des pertes pécuniaires	5 707	5 717	5 966	5 791	5 064	5 921	6 018	2 269
L'assurance de la responsabilité civile générale	8 750	10 218	10 593	10 308	16 201	16 585	18 635	17 451
Les assurances accidents et maladie	7 287	7 895	7 662	7 821	10 872	13 590	15 548	12 281
***dont :** Maladie*	..	..	..	..	8 287	7 817	11 055	10 454
Autres assurances non-vie	2 442	2 859	2 962	3 177	2 407	2 341	2 497	2 596
Réassurance obligatoire	..	..	..	..	..	..	..	..
Total assurance non-vie	57 328	60 070	59 206	58 936	93 387	97 003	102 669	92 094
1.2 Paiements bruts des sinistres								
Vie								
Entreprises nationales	166 655	166 084	161 503	172 514	131 443	227 698	263 732	224 133
Entreprises sous contrôle étranger	51 269	42 535	26 653	29 078	..	..	..	..
Succursales d'entreprises étrangères	4	-1	4	5	..	..	..	5
Ensemble des entreprises	166 658	166 083	161 507	172 518	131 443	227 698	263 732	224 138
Non-vie								
Entreprises nationales	30 566	33 152	32 079	30 897	30 260	32 185	30 902	24 435
Entreprises sous contrôle étranger	16 160	17 593	17 062	16 387	..	..	..	..
Succursales d'entreprises étrangères	1 785	1 405	1 469	1 871	43	..	280	293
Ensemble des entreprises	32 351	34 557	33 548	32 768	30 303	32 185	31 182	24 728
Mixtes								
Entreprises nationales	20 735	21 625	22 527	23 077	50 234	64 884	65 265	63 458
Entreprises sous contrôle étranger	615	754	2 170	2 734	..	..	..	..
Succursales d'entreprises étrangères	1 729	0	0	0	..	..	..	200
Ensemble des entreprises	22 464	21 625	22 527	23 077	50 234	64 884	65 265	63 658
dont :								
Vie	21 386	20 366	21 254	21 794	23 337	30 083	31 495	29 662
Entreprises nationales	19 657	20 366	21 254	21 794	23 337	30 083	31 495	29 462
Entreprises sous contrôle étranger	342	326	1 876	2 413	..	..	..	..
Succursales d'entreprises étrangères	1 729	0	0	0	..	..	..	200
Ensemble des entreprises	21 386	20 366	21 254	21 794	23 337	30 083	31 495	29 662
Non-vie	1 077	1 259	1 273	1 283	26 897	34 801	33 770	33 996
Entreprises nationales	1 077	1 259	1 273	1 283	26 897	34 801	33 770	33 996
Entreprises sous contrôle étranger	273	428	294	321	..	..	..	..
Succursales d'entreprises étrangères	0	0	0	0	..	..	..	..
Ensemble des entreprises	1 077	1 259	1 273	1 283	26 897	34 801	33 770	33 996
Total								
Entreprises nationales	217 956	220 861	216 108	226 488	211 938	324 767	359 899	312 026
Entreprises sous contrôle étranger	68 043	60 882	45 885	48 198	..	..	..	..
Succursales d'entreprises étrangères	3 517	1 404	1 474	1 875	43	..	280	498
Ensemble des entreprises	221 473	222 265	217 582	228 363	211 981	324 767	360 179	312 525

ROYAUME-UNI

Tableau 1. Agrégats sélectionnés (*suite*)

Millions GBP

	2012	2013	2014	2015	2016	2017	2018	2019
1.3 Commissions								
Vie								
Entreprises nationales	..	..	..	..	..	..	..	..
Entreprises sous contrôle étranger	..	..	..	..	..	..	..	..
Succursales d'entreprises étrangères	..	..	..	..	..	..	..	..
Ensemble des entreprises	..	..	..	..	..	..	..	..
Non-vie								
Entreprises nationales	..	..	..	..	..	..	..	..
Entreprises sous contrôle étranger	..	..	..	..	..	..	..	..
Succursales d'entreprises étrangères	..	..	..	..	..	..	..	..
Ensemble des entreprises	..	..	..	..	..	..	..	..
Mixtes								
Entreprises nationales	..	..	..	..	..	..	..	..
Entreprises sous contrôle étranger	..	..	..	..	..	..	..	..
Succursales d'entreprises étrangères	..	..	..	..	..	..	..	..
Ensemble des entreprises	..	..	..	..	..	..	..	..
dont :								
Vie	..	..	..	..	..	..	..	..
Entreprises nationales	..	..	..	..	..	..	..	..
Entreprises sous contrôle étranger	..	..	..	..	..	..	..	..
Succursales d'entreprises étrangères	..	..	..	..	..	..	..	..
Ensemble des entreprises	..	..	..	..	..	..	..	..
Non-vie	..	..	..	..	..	..	..	..
Entreprises nationales	..	..	..	..	..	..	..	..
Entreprises sous contrôle étranger	..	..	..	..	..	..	..	..
Succursales d'entreprises étrangères	..	..	..	..	..	..	..	..
Ensemble des entreprises	..	..	..	..	..	..	..	..
Total								
Entreprises nationales	..	..	..	..	..	..	..	..
Entreprises sous contrôle étranger	..	..	..	..	..	..	..	..
Succursales d'entreprises étrangères	..	..	..	..	..	..	..	..
Ensemble des entreprises	..	..	..	..	..	..	..	..
1.4 Dépenses brutes d'exploitation								
Vie								
Entreprises nationales	6 511	6 453	6 694	6 794	8 085	3 332	8 978	8 251
Entreprises sous contrôle étranger	961	976	929	850	..	..	..	..
Succursales d'entreprises étrangères	1	0	1	1	..	..	..	3
Ensemble des entreprises	6 512	6 453	6 695	6 795	8 085	3 332	8 978	8 254
Non-vie								
Entreprises nationales	6 843	7 125	6 782	6 639	15 414	15 040	16 657	12 334
Entreprises sous contrôle étranger	3 168	3 589	3 549	3 562	..	..	..	..
Succursales d'entreprises étrangères	200	167	174	186	59	117	119	135
Ensemble des entreprises	7 044	7 292	6 956	6 825	15 474	15 103	16 776	12 469
Mixtes								
Entreprises nationales	1 856	1 978	2 127	2 325	16 675	18 958	18 816	19 093
Entreprises sous contrôle étranger	195	172	277	328	..	..	..	..
Succursales d'entreprises étrangères	22	0	0	0	..	..	..	..
Ensemble des entreprises	1 877	1 978	2 127	2 325	16 675	18 958	18 816	19 093
dont :								
Vie	1 637	1 736	1 874	2 038	3 140	2 574	2 916	3 512
Entreprises nationales	1 616	1 736	1 874	2 038	3 140	2 574	2 917	3 512
Entreprises sous contrôle étranger	102	91	185	211	..	..	..	..
Succursales d'entreprises étrangères	22	0	0	0	..	..	..	..
Ensemble des entreprises	1 637	1 736	1 874	2 038	3 140	2 574	2 916	3 512
Non-vie	240	242	252	287	13 535	15 088	15 899	15 581
Entreprises nationales	240	242	252	287	13 535	15 088	15 899	15 581
Entreprises sous contrôle étranger	94	82	92	117	..	..	..	..
Succursales d'entreprises étrangères	0	0	0	0	..	..	..	..
Ensemble des entreprises	240	242	252	287	13 535	15 088	15 899	15 581
Total								
Entreprises nationales	15 209	15 556	15 602	15 759	40 174	37 330	44 451	39 678
Entreprises sous contrôle étranger	4 324	4 737	4 754	4 740	..	..	..	..
Succursales d'entreprises étrangères	224	167	175	187	59	117	119	138
Ensemble des entreprises	15 433	15 723	15 777	15 946	40 234	37 393	44 570	39 816

ROYAUME-UNI

Tableau 1. Agrégats sélectionnés *(suite)*

Millions GBP

	2012	2013	2014	2015	2016	2017	2018	2019
1.5 Opérations à l'étranger par succursale, primes brutes								
Vie								
Succursales et agences	..	..	..	..	..	..	..	..
Filiales	..	..	..	..	..	..	..	..
Total	..	..	..	..	..	..	..	..
Non-vie								
Succursales et agences	..	..	..	..	..	..	..	..
Filiales	..	..	..	..	..	..	..	..
Total	..	..	..	..	..	..	..	..
Mixtes								
Succursales et agences	..	..	..	..	..	..	..	..
Filiales	..	..	..	..	..	..	..	..
Total	..	..	..	..	..	..	..	..
dont :								
Vie	..	..	..	..	..	..	..	..
Succursales et agences	..	..	..	..	..	..	..	..
Filiales	..	..	..	..	..	..	..	..
Total	..	..	..	..	..	..	..	..
Non-vie	..	..	..	..	..	..	..	..
Succursales et agences	..	..	..	..	..	..	..	..
Filiales	..	..	..	..	..	..	..	..
Total	..	..	..	..	..	..	..	..
Total								
Succursales et agences	..	..	..	..	..	..	..	..
Filiales	..	..	..	..	..	..	..	..
Total	..	..	..	..	..	..	..	..

.. Non disponible

Note : Voir les métadonnées détaillées sur : *http://metalinks.oecd.org/ins/20210324/e8b5*.

Source : *Statistiques de l'OCDE sur les assurances (base de données)*

ROYAUME-UNI

Tableau 2. Nombre d'entreprises et d'employés

	2012	2013	2014	2015	2016	2017	2018	2019
2.1 Nombre d'entreprises								
Vie								
Entreprises nationales	184	183	181	181	74	75	69	70
Entreprises sous contrôle étranger	15	15	14	14	..	..	..	..
Succursales d'entreprises étrangères	1	1	1	1	1	1	0	1
Ensemble des entreprises	185	184	182	182	75	76	69	71
Non-vie								
Entreprises nationales	234	227	214	209	168	165	153	179
Entreprises sous contrôle étranger	104	99	92	89	..	..	..	..
Succursales d'entreprises étrangères	15	10	12	7	13	11	12	14
Ensemble des entreprises	249	237	226	216	181	176	165	193
Mixtes								
Entreprises nationales	21	21	25	25	21	22	19	15
Entreprises sous contrôle étranger	7	7	8	8	..	..	..	..
Succursales d'entreprises étrangères	2	2	2	2	1	1	1	1
Ensemble des entreprises	23	23	27	27	22	23	20	16
Réassurance								
Entreprises nationales	31	30	29	26	16	19	17	14
Entreprises sous contrôle étranger	19	18	16	13	..	..	..	..
Succursales d'entreprises étrangères	2	2	2	3	0	0	1	0
Ensemble des entreprises	33	32	31	29	16	19	18	14
Total								
Entreprises nationales	470	461	449	441	279	281	258	278
Entreprises sous contrôle étranger	145	139	130	124	..	..	..	..
Succursales d'entreprises étrangères	20	15	17	13	15	13	14	16
Ensemble des entreprises	490	476	466	454	294	294	272	294
2.2 Nombre d'employés								
Entreprises d'assurance	..	..	..	..	..	..	..	..
Intermédiaires	..	..	..	..	..	..	..	..
Total	..	..	..	..	..	..	..	..

.. Non disponible

Note : Voir les métadonnées détaillées sur : *http://metalinks.oecd.org/ins/20210324/e8b5.*

Source : *Statistiques de l'OCDE sur les assurances (base de données)*

ÉTATS-UNIS

Tableau 1. Agrégats sélectionnés

Millions USD

	2012	2013	2014	2015	2016	2017	2018	2019
1.1 Opérations d'assurance conclues dans le pays déclarant								
1.1.1 Opérations d'assurance, par intérêt								
Primes brutes								
Entreprises nationales	2 278 908	2 289 259	2 430 627	2 619 954	2 702 786	2 835 259	2 631 364	2 773 179
Entreprises sous contrôle étranger	317 074	321 246	330 660	324 083	393 449	401 025	273 750	320 958
Succursales d'entreprises étrangères	909	662	696	1 129	1 007	1 034	920	737
Ensemble des entreprises	2 279 817	2 289 921	2 431 323	2 621 083	2 703 793	2 836 293	2 632 284	2 773 916
Primes cédées								
Entreprises nationales	601 133	657 662	609 531	713 961	743 307	810 265	429 234	430 891
Entreprises sous contrôle étranger	140 316	175 424	134 223	139 675	195 708	226 256	108 845	175 820
Succursales d'entreprises étrangères	298	275	287	252	260	274	307	502
Ensemble des entreprises	601 431	657 937	609 818	714 213	743 567	810 539	429 541	431 393
Primes nettes émises								
Entreprises nationales	1 677 776	1 631 597	1 821 096	1 905 993	1 959 479	2 024 995	2 202 129	2 342 288
Entreprises sous contrôle étranger	176 758	145 822	196 437	184 408	197 742	174 769	164 906	145 138
Succursales d'entreprises étrangères	611	387	409	877	747	760	613	236
Ensemble des entreprises	1 678 387	1 631 984	1 821 505	1 906 870	1 960 226	2 025 755	2 202 742	2 342 524
1.1.2 Opérations d'assurance par risque à l'étranger, primes brutes								
Vie	38 347	22 113	..	..	..	..	..	..
Non-vie	..	..	..	..	..	..	..	..
Mixtes total	..	..	..	..	..	..	..	..
Total	38 347	22 113	..	..	..	..	..	..
1.1.3 Paiement par catégories d'assurance, primes brutes (vie)								
Rentes	272 564	248 568	261 327	264 944	254 313	247 002	277 044	302 021
Unit linked	..	..	..	..	..	..	..	..
Autre assurance vie	557 259	533 515	527 280	561 674	581 948	612 083	632 578	666 265
Total assurance vie	829 823	782 083	788 607	826 618	836 261	859 085	909 623	968 286
***dont :** Contrats de retraite*	..	..	..	..	..	..	..	..
1.1.4 Paiement par catégories d'assurance, primes brutes (non-vie)								
L'assurance automobile	329 520	342 548	379 889	393 897	422 808	459 200	297 284	309 499
Les assurances transport (y compris maritime et aérien)	3 545	3 245	3 070	2 911	4 815	2 732	2 187	2 340
L'assurance de fret	31 107	33 819	36 319	39 175	41 305	43 059	30 091	34 733
L'assurance incendie et des dommages aux bien	224 336	232 328	243 389	248 174	250 765	258 294	174 853	191 502
L'assurance des pertes pécuniaires	34 967	35 133	33 690	36 271	38 699	41 003	36 874	38 337
L'assurance de la responsabilité civile générale	183 263	191 562	204 069	208 722	211 362	218 298	144 286	160 208
Les assurances accidents et maladie	550 291	566 173	646 938	714 394	761 509	799 804	803 339	852 838
***dont :** Maladie*	..	..	..	..	..	..	..	..
Autres assurances non-vie	3 179	3 505	3 780	3 728	3 921	4 493	3 716	3 720
Réassurance obligatoire	..	..	0	0	0	..	..	..
Total assurance non-vie	1 360 207	1 408 312	1 551 144	1 647 272	1 735 184	1 826 883	1 492 630	1 593 177
1.2 Paiements bruts des sinistres								
Vie								
Entreprises nationales	356 040	369 618	357 201	376 240	396 611	416 664	436 219	461 577
Entreprises sous contrôle étranger	66 275	66 267	69 748	68 967	79 082	86 000	92 293	89 797
Succursales d'entreprises étrangères	0	0	0	0	0	0	0	0
Ensemble des entreprises	356 040	369 618	357 201	376 240	396 611	416 664	436 219	461 577
Non-vie								
Entreprises nationales	920 214	917 856	980 750	1 077 317	1 145 423	1 228 757	1 055 839	1 112 688
Entreprises sous contrôle étranger	80 801	84 201	76 540	79 309	84 878	95 499	71 727	70 810
Succursales d'entreprises étrangères	723	234	240	359	504	609	649	661
Ensemble des entreprises	920 937	918 090	980 990	1 077 676	1 145 927	1 229 366	1 056 488	1 113 349
Mixtes, ensemble des entreprises	..	..	..	..	..	..	..	..
Total								
Entreprises nationales	1 276 254	1 287 474	1 337 951	1 453 557	1 542 034	1 645 421	1 492 058	1 574 265
Entreprises sous contrôle étranger	147 076	150 468	146 288	148 276	163 960	181 499	164 020	160 607
Succursales d'entreprises étrangères	723	234	240	359	504	609	649	661
Ensemble des entreprises	1 276 977	1 287 708	1 338 191	1 453 916	1 542 538	1 646 030	1 492 707	1 574 926
1.3 Commissions								
Vie								
Entreprises nationales	..	..	53 082	56 784	67 963	59 387	..	71 982
Entreprises sous contrôle étranger	..	..	11 165	10 339	10 639	10 700	..	9 946
Succursales d'entreprises étrangères	..	..	0	0	0	0	..	0
Ensemble des entreprises	..	..	53 082	56 784	67 963	59 387	..	71 982
Non-vie								
Entreprises nationales	..	..	..	..	..	..	..	..
Entreprises sous contrôle étranger	..	..	..	..	..	..	..	..
Succursales d'entreprises étrangères	..	..	..	..	..	..	..	..
Ensemble des entreprises	..	..	..	..	..	..	..	..
Mixtes, ensemble des entreprises	..	..	..	..	..	..	..	..
Total								
Entreprises nationales	..	..	53 082	56 784	67 963	59 387	..	71 982
Entreprises sous contrôle étranger	..	..	11 165	10 339	10 639	10 700	..	9 946
Succursales d'entreprises étrangères	..	..	0	0	0	0	..	0
Ensemble des entreprises	..	..	53 082	56 784	67 963	59 387	..	71 982

ÉTATS-UNIS

Tableau 1. Agrégats sélectionnés (*suite*)

Millions USD

	2012	2013	2014	2015	2016	2017	2018	2019
1.4 Dépenses brutes d'exploitation								
Vie								
Entreprises nationales	67 534	65 424	67 225	68 488	69 722	75 161	75 904	78 079
Entreprises sous contrôle étranger	9 962	9 814	10 285	9 952	11 175	11 838	12 374	10 951
Succursales d'entreprises étrangères	0	0	0	0	..	..	0	0
Ensemble des entreprises	67 534	65 424	67 225	68 488	69 722	75 161	75 904	78 079
Non-vie								
Entreprises nationales	250 270	261 844	281 766	298 911	308 839	310 003	343 131	339 686
Entreprises sous contrôle étranger	22 153	23 185	23 274	23 035	26 711	26 891	31 608	30 224
Succursales d'entreprises étrangères	312	165	194	410	354	360	300	146
Ensemble des entreprises	250 582	262 009	281 960	299 321	309 193	310 363	343 431	339 832
Mixtes, ensemble des entreprises	..	..	..	..	..	..	..	..
Total								
Entreprises nationales	317 804	327 268	348 991	367 399	378 561	385 164	419 035	417 765
Entreprises sous contrôle étranger	32 115	32 999	33 559	32 987	37 886	38 729	43 982	41 175
Succursales d'entreprises étrangères	312	165	194	410	354	360	300	146
Ensemble des entreprises	318 116	327 433	349 185	367 809	378 915	385 524	419 335	417 911
1.5 Opérations à l'étranger par succursale, primes brutes								
Vie								
Succursales et agences	..	..	..	..	..	..	..	..
Filiales	..	..	..	..	..	..	..	..
Total	..	..	..	..	..	..	..	..
Non-vie								
Succursales et agences	..	..	..	..	..	..	..	..
Filiales	..	..	..	..	..	..	..	..
Total	..	..	..	..	..	..	..	..
Mixtes total	..	..	..	..	..	..	..	..
Total								
Succursales et agences	..	..	..	..	..	..	..	..
Filiales	..	..	..	..	..	..	..	..
Total	..	..	..	..	..	..	..	..

.. Non disponible

Note : Voir les métadonnées détaillées sur : *http://metalinks.oecd.org/ins/20210324/3b02.*

Source : *Statistiques de l'OCDE sur les assurances (base de données)*

ÉTATS-UNIS

Tableau 2. Nombre d'entreprises et d'employés

	2012	2013	2014	2015	2016	2017	2018	2019
2.1 Nombre d'entreprises								
Vie								
Entreprises nationales	904	995	1 031	1 030	738	735	715	728
Entreprises sous contrôle étranger	162	156	158	158	168	157	157	149
Succursales d'entreprises étrangères	..	..	..	..	..	..	0	0
Ensemble des entreprises	904	995	1 031	1 030	738	735	715	728
Non-vie								
Entreprises nationales	3 428	3 425	3 404	3 185	3 205	3 419	3 430	3 471
Entreprises sous contrôle étranger	407	403	404	390	418	405	399	388
Succursales d'entreprises étrangères	9	11	9	13	19	13	14	15
Ensemble des entreprises	3 437	3 436	3 413	3 198	3 224	3 432	3 444	3 486
Mixtes, ensemble des entreprises	**0**	**0**	**0**	**0**	**0**	..	..	..
Réassurance								
Entreprises nationales	250	247	234	354	221	228	235	228
Entreprises sous contrôle étranger	62	65	64	76	52	44	48	48
Succursales d'entreprises étrangères	1	1	1	4	2	1	1	2
Ensemble des entreprises	251	248	235	358	223	229	283	230
Total								
Entreprises nationales	4 582	4 667	4 669	4 569	4 164	4 382	4 380	4 427
Entreprises sous contrôle étranger	631	624	626	624	638	606	604	585
Succursales d'entreprises étrangères	10	12	10	17	21	14	15	17
Ensemble des entreprises	4 592	4 679	4 679	4 586	4 185	4 396	4 442	4 444
2.2 Nombre d'employés								
Entreprises d'assurance	..	..	..	..	..	..	..	..
Intermédiaires	..	..	..	..	..	..	..	..
Total	..	..	..	..	..	..	..	..

.. Non disponible
Note : Voir les métadonnées détaillées sur : *http://metalinks.oecd.org/ins/20210324/3b02.*
Source : *Statistiques de l'OCDE sur les assurances (base de données)*

www.ingramcontent.com/pod-product-compliance
Lightning Source LLC
LaVergne TN
LVHW080655011026
849160LV00014B/1433